KB189202

불교란 무엇인가

초심자가 던지는 질문

불교란 무엇 인가

이중표 지음

불광출판사

이 책을 읽는 분들께

'기구하다'라는 말이 있습니다. 행로가 순탄치 않고 탈이 많을 때 일컫는 말입니다. 『불교란 무엇인가』라는 이름의 이 책의 행로가 참으로 기구합니다. 이 책은 1995년 BBS 불교방송의 청탁을 받아 교리강좌를 진행하면서 쓴 방송 원고를 '대원정사'라는 출판사에서 출간한 것입니다. 그때의 이름은 『불교의 이해와 실천』이었으며, 원고량이 많아서 두 권으로 출간했습니다. 그런데 얼마 후에 출판사가 문을 닫으면서 책의 출판도 중단되었습니다.

책이 세상에 나올 수 없게 되자, 많은 독자들이 책을 다시 출판할 것을 요청하였습니다. 처음 출판할 때 불교방송 청취자들의 요청으로 방송 원고를 미처 손보지 못하고 급하게 출판하였기 때문에 좀 더 완성도를 높여서 책을 내야겠다는 생각으로 미루다 보니 10여 년의 시간이 흘렀습니다. 더는 미룰 수 없어 원고를 정리하는 과정에서 하나의 이름으로 두 권의 책을 내기보다는 각기 다른 이름의 두 권의 책으로 만드는 것이 더 좋을 것 같다는 생각을 하였습니다. 그래서 불교를

4

개괄적으로 이해하는 데 도움이 되는 부분을 뽑아 내용을 보충하여 『불교란 무엇인가』라는 이름을 붙였고, 붓다의 깨달음, 즉 연기법을 이해하는 데 도움이 되는 내용을 모아서 『붓다가 깨달은 연기법』이라는 이름을 붙였습니다.

『불교란 무엇인가』는 도피안사의 송암 스님의 배려로 스님께서 설립한 '종이거울'이라는 출판사에서 2012년에 출간되었고, 『붓다가 깨달은 연기법』은 2015년 '전남대학교출판부'에서 출간되었습니다. 그런데 최근에 출판계의 사정이 어려워지면서 '종이거울'이 책을 펴낼 수 없게 되었습니다. 이름을 바꾸어 새로 태어난 『불교란 무엇인가』가 2014년 2쇄를 마지막으로 다시 세상에 나올 수 없게 된 것입니다. 이런 딱한 사정을 아시고, 불광사 회주이시자 조계종 포교원장이신 지홍 스님께서 이 책을 '불광출판사'에서 출판할 수 있도록 배려해 주셨습니다. 그러나 '종이거울'과의 출판계약이 완료되지 않아 '불광출판사'에서 책을 내기 위해서는 '종이거울'의 승낙이 필요했습니다. 저는 송암 스님께 출판계약의 해지를 요청하였고, 스님께서는 불교포교를 위하여 기꺼이 제 청을 받아주셨습니다. 『불교란 무엇인가』는 이렇게 기구한 행로를 거쳐서 다시 독자 여러분과 마주하게 되었습니다. 이 책이 거듭 세상에 나올 수 있는 길을 열어주신 지홍 스님과 송암 스님께 깊이 감사드립니다.

『불교란 무엇인가』는 삼귀의에서 시작하여 사홍서원으로 끝을 맺습니다. 삼귀의는 불교의 출발점이고, 사홍서원은 불교의 결론이라고 생각합니다. 참된 진리에 의지하여 생사의 고해를 벗어나 모든 불자(佛子)가 함께 부처님 세상을 이루어 가는 것이 불교가 아니겠습니까?

이 같은 부처님 세상을 이룩하고자 하는 불자들에게 이 책이 조금이라도 도움이 되었으면 좋겠습니다.

어려움을 극복한 삶이 더 강하고 향기가 있듯이, 기구한 행로를 거치면서 새롭게 태어난 『불교란 무엇인가』가 맑은 법향으로 오래오래 여러분과 함께할 수 있기를 기원합니다.

2017. 4.
이중표 합장

차 례

1
장

삼귀의
(三歸依)

1

—

삼귀의(三歸依)는
왜 하는가?

불교의 모든 행사와 법회는 삼귀의로 시작됩니다. 삼귀의는 어떤 의미를 가지고 있으며, 왜 불교에서는 모든 행사를 삼귀의로 시작할까요?

———

　　　　삼귀의는 잘 아시다시피 불(佛)·법(法)·승(僧) 삼보(三寶)에 귀의한다는 자신의 맹세를 표현하는 것입니다. 부처님 당시에 불교에 귀의하여 부처님의 제자가 되려는 사람들에게 부처님께서는 다음과 같은 말을 하도록 했습니다.

　붓당 싸라낭 갓차미(Buddhaṃ saraṇaṃ gacchami)
　담망 싸라낭 갓차미(Dhammaṃ saraṇaṃ gacchami)
　상강 싸라낭 갓차미(Saṅghaṃ saraṇaṃ gacchami)

이 말을 문자 그대로 해석하면 다음과 같습니다.

부처님(佛, Buddha)이라는 피난처(saraṇa)로 나는 갑니다(gacchami).
부처님께서 가르치신 진리[法, Dhamma][1]라는 피난처로 나는 갑니다.
부처님의 가르침을 실천하는 승가(僧伽, Saṅgha)라는 피난처로 나는 갑니다.

여기에서 '피난처로 간다'는 말을 '귀의(歸依)'로 번역했습니다. 우리가 어떤 곤경에 처했을 때, 그 곤경을 피할 수 있는 곳이 피난처이고, 우리는 그 피난처에 가서 그곳에 의지함으로써 곤경을 피할 수 있으므로 '피난처로 간다'는 말은 '귀의'라는 말과 다름이 없는 말입니다.

우리가 처한 곤경은 어떤 것일까요?

———

　　　　　　부처님께서는 우리의 인생 자체가 괴로움이라고 말씀하셨습니다. 몸에 병이 없다고 해서, 가난하지 않고 부자라고 해서, 높은 지위에 있다고 해서 인생이 행복한 것이 아니라 우리는 이 세상에 태어나는 순간부터 괴로움의 바닷속에 빠져 있다는 것입니다.
　　『불설비유경(佛說譬喩經)』에 나오는 부처님의 말씀을 들어봅시다.

———————————

1　빠알리어로는 Dhamma이고 산스크리트어로는 Dharma이다.

어떤 사람이 광야에서 놀다가 사나운 코끼리에게 쫓겨 달아나는데 피할 곳이 없었습니다. 그러다가 한 우물을 발견했는데 우물 옆에는 큰 나무가 있고, 우물 속으로 뿌리가 하나 나 있었습니다. 그는 곧 나무뿌리를 타고 내려가 우물 속에 몸을 숨겼습니다.

그 우물 사방에는 네 마리의 독사가 있어서 그를 물려고 하였고, 나무뿌리는 흰 쥐와 검은 쥐가 번갈아 가며 갉고 있었습니다. 그리고 우물 밑에는 독한 용[毒龍]이 있었습니다. 그는 그 용이 몹시 두려웠고 나무뿌리가 끊어질까 걱정이었습니다.

나무에는 벌통이 달려 있어서 벌꿀이 다섯 방울씩 입에 떨어졌습니다. 그런데 나무가 흔들리면 벌들이 흩어져 내려와 그 사람을 쏘았습니다. 뿐만 아니라 들에서 불이 일어나 그 나무를 태우고 있었습니다.

이와 같은 이야기를 마치고 부처님께서는 왕에게 물었습니다.

"대왕이여, 이 사람이 벌꿀의 맛을 탐할 수 있겠습니까?"

왕이 대답했습니다.

"한량없는 고통을 받으면서 어떻게 그 조그마한 맛을 탐할 수 있겠습니까?"

그때 부처님께서는 다음과 같은 게송을 말씀하셨습니다.

광야는 무명(無明)의 어두운 인생이요,
사람은 그 속에서 살아가는 중생이라.
사나운 코끼리는 무상(無常)함의 비유이고,
몸을 숨긴 우물은 생사(生死)의 비유라네.

나무의 뿌리는 수명의 비유이고,
두 마리의 쥐는 낮과 밤이라.
네 마리의 독사는 지(地), 수(水), 화(火), 풍(風) 사대(四大)이니,
수명이 다하면 독사에게 먹히리라.

떨어지는 꿀방울은 오욕락(五欲樂)이요,
아프게 쏘는 벌은 그릇된 생각[邪見]이라.
들판에 이는 불은 늙어가고 병드는 일,
우물 밑의 독한 용은 죽음이라네.

지혜로운 사람은 이것을 생각하여
생사의 우물 속을 싫어하나니
오욕락을 탐하여 즐기지 않아야
비로소 우물을 벗어난다네.

죽음의 왕에게 쫓기면서도
무명의 바다에 편한 듯이 지내는가.
범부(凡夫)의 자리를 벗어나려면
소리와 빛깔을 쫓지 말지니.

　우리는 무상의 코끼리에 쫓기어 생사의 우물 속에 빠져 있습니다.
나무뿌리와 같은 수명에 의지해 살아가고 있으나 세월이라는 쥐가 하
루하루 갉아먹고 있어서 수명이 다하면 네 마리의 독사에게 먹히고
맙니다.

부처님께서 말씀하시는 괴로움은 바로 이와 같은 괴로움입니다. 그런데 중생들은 이것을 괴로움으로 생각하지 않습니다. 우물 속의 사람이 입에 떨어지는 꿀방울을 즐기듯이 오욕락, 즉 다섯 가지 감각적 쾌락을 즐기면서 행복하다고 믿습니다. 우물에서 벗어날 생각은 하지 않고 꿀방울을 많이 얻을 생각만 합니다. 중생들에게 행복은 꿀과 같은 오욕락을 많이 얻는 것이고 불행은 오욕락이 적은 것입니다.

중생의 생각은 바른 생각일까요? 부처님께서는 이러한 중생의 생각을 그릇된 생각[邪見]이라고 가르치셨습니다. 그릇된 생각에 빠져 있는 한 우리는 고통이 가득한 우물에서 벗어날 수 없습니다. 들판에 일어난 불처럼 늙음과 병고(病苦)에 휩싸여 있고, 죽음의 용이 벌린 입 위에서 끊어져 가는 수명 줄에 의지하고 있는 사람이 해야 할 일은 무엇이겠습니까? 남이 얻은 꿀이 많다고 부러워하고 내가 얻은 꿀이 적다고 괴로워해야 할까요?

삼보(三寶)는 생사의 우물에서 벗어나기 위해 의지하는 피난처입니다.

———

부처님께서는 생사의 우물 속이 온통 괴로움이라는 의미에서 "일체는 괴로움이다[一切皆苦]"라고 말씀하셨습니다. 불교의 출발점은 이와 같은 괴로움에 대한 깨달음입니다. 괴로움을 깨닫고 괴로움의 원인을 발견하여 이것을 없앰으로써 생사의 우물을 벗어나는 것이 불교의 목적입니다.

우리는 생사의 우물에 빠져서 죽음을 기다리는 곤경에 처해 있습니다. 이러한 곤경에서 벗어나기 위해서는 먼저 이와 같은 곤경에서 벗어난 사람을 의지해야 할 것입니다. 부처님께서는 바로 생사의 우물에서 벗어난 분입니다. 따라서 우리는 부처님을 피난처로 삼아 의지하지 않을 수 없습니다. 부처님께서는 우리에게 생사의 우물에서 벗어나는 방법을 가르치셨습니다. 따라서 우리는 부처님의 가르침을 피난처로 삼아 의지하지 않을 수 없습니다. 부처님의 제자들은 부처님의 가르침을 실천하는 사람들입니다. 우리도 생사의 우물에서 벗어나기 위해서는 부처님의 가르침을 실천하지 않으면 안 됩니다. 따라서 우리는 부처님의 가르침을 실천하는 승가를 피난처로 삼아 의지하지 않을 수 없습니다.

이와 같이 삼귀의는 생사의 우물에서 벗어나고자 하는 사람들이 부처님[佛]과 부처님께서 가르치신 진리[法]와 부처님의 가르침을 실천하는 승가(僧伽)를 피난처로 삼아 의지하여 살아가겠다는 맹세입니다. 부처님의 제자는 생사의 괴로움을 벗어나기 위해 삼보(三寶)에 의지하여 살아가는 사람입니다. 따라서 부처님의 제자들은 모든 행사나 법회를 하기 전에 삼귀의를 합송(合誦)함으로써 자신들이 생사의 괴로움을 벗어나기 위해 삼보를 의지하여 살아가고 있는 부처님의 제자라는 것을 확인하고 밝히는 것입니다.

다른 종교의 믿음과 불교의 귀의(歸依)는 어떤 차이가 있을까요?

———

삼귀의는 불교를 다른 종교와 구분 짓는 불교의 중요한 특징 가운데 하나입니다. 기독교에서는 믿음의 대상이 신과 신의 아들인 예수입니다. 그런데 불교에서는 귀의의 대상이 불법승 삼보입니다. 삼귀의는 이렇게 불교의 종교적 입장을 밝혀 주고 있습니다.

믿음과 귀의에는 많은 차이가 있습니다.

교회에서는 예배를 할 때 '믿습니다'라는 말을 자주 사용합니다. 이렇게 믿는다고 말하는 기독교인들의 믿음이란 어떤 것일까요? 그들은 신의 존재를 믿습니다. 이 세상을 창조하고 지배하는 상주불변하고 전지전능한 신이 존재하고 있다고 믿는 것입니다. 그리고『성경』을 믿습니다.『성경』에 나오는 이야기가 진리라고 믿는 것입니다. 그리고 예수가 신의 아들로서 우리를 구원하러 온 구세주라는 것을 믿습니다. 예수를 믿고 의지하면 예수가 우리를 구원하여 천국으로 인도한다고 믿는 것입니다.

이러한 기독교의 믿음은 믿고 있는 대상이 실재하는지의 사실 여부를 확인할 수가 없습니다. '신'은 믿는 사람들에게만 존재할 뿐 믿지 않는 사람들에게는 아무런 의미가 없습니다. 서양의 철학자 니체는 19세기 말에 "신은 죽었다"고 선언했습니다. 니체가 "신은 죽었다"고 한 것은 신이 살고 있다가 늙거나 병들어서 죽었다는 것이 아니라, 20세기를 맞이하는 서양인들에게 신의 존재에 대한 믿음이 사라졌다는 것을 의미합니다.

서양에서 과학이 발달하기 전에는 신이 세상을 창조하고, 지배하고, 예수가 죄 많은 인간을 구원한다는 것을 의심 없이 믿었습니다. 그러나 과학이 발달하면서 세상은 신이 창조한 것이 아니라 자연의 법칙에 의해 발생과 소멸을 반복하고 있다는 것이 밝혀지자 신의 존재에 대한 믿음이 사라졌습니다. 신이 있는지 없는지는 그 누구도 알 수 없습니다. 확실한 것은 신은 항상 믿음 속에서만 존재한다는 것입니다. 따라서 '믿음'이 없으면 기독교는 공허한 종교가 되고 맙니다. 따라서 '믿음'은 기독교의 시작이자 끝입니다.

언제부터인가 불교인들도 불교를 믿는다고 이야기하고 있습니다. 기독교를 믿듯이 불교를 믿는다는 것입니다. 이렇게 되면 불교와 기독교는 차이가 없게 됩니다. 신을 믿듯이 부처님을 믿고, 『성경』을 믿듯이 『불경』을 믿고, 예수를 믿듯이 관세음보살을 믿는다면 이름만 바뀌었을 뿐 내용은 다름이 없게 되는 것입니다.

옛사람들은 불교를 믿는다고 하지 않고 불교를 공부한다고 했습니다. 불교에도 믿음이 없는 것은 아니지만 믿음에서 끝나는 것이 아닙니다. 여러분도 잘 아시다시피 불교는 신(信)·해(解)·행(行)·증(證)의 종교입니다. 먼저 부처님의 가르침을 믿고 그 가르침의 의미를 잘 이해하여 그것을 실천함으로써 가르침을 펴신 부처님과 같은 깨달음을 증득하는 것이 불교입니다. 따라서 저는 '불교를 믿는다'고 하는 것은 불교를 오해할 소지가 있으므로 '불교에 귀의했다'고 하는 것이 좋다고 생각합니다.

그렇다면 믿음과 귀의는 어떤 차이가 있을까요? 믿음의 대상은 그것이 존재하는지 알 수 없고, 볼 수 없으며, 그렇게 되는지 확인할 수 없는 것입니다. 신이 존재하는지 알 수 없기 때문에 믿고, 신을 믿으면 죽어서 가게 되는 천당이 참으로 존재하는지 알 수 없기 때문에 믿어야 하는 것입니다.

자신의 부모의 존재를 믿는 사람은 아무도 없습니다. 왜냐하면 믿을 필요가 없이 확실하게 존재하기 때문입니다. 신의 존재도 이와 같다면 신을 믿을 필요가 없을 것입니다. 자기가 살고 있는 집의 존재를 믿는 사람이 없듯이, 천당의 존재를 볼 수 있다면 천당을 믿을 필요가 없습니다. 이와 같이 알 수 없고 볼 수 없을 때 믿어야 하는 것이며, 알게 되고 보게 되면 믿을 필요가 없는 것입니다. 따라서 믿음의 대상은 공허합니다. 믿고 있을 때는 그 존재를 알 수 없고, 알게 되면 믿을 필요가 없는 것이므로 믿음에서 시작하여 믿음에서 끝나는 종교적 신념은 실로 공허한 것입니다.

그러나 귀의의 대상인 삼보(三寶)는 그렇지 않습니다. 불교의 삼보(三寶)는 피난처입니다. 피난처는 위급한 상황에서 몸을 안전하게 피하는 곳입니다. 따라서 현실적으로 존재하지 않으면 안 됩니다. 비가 올 때 비를 피하기 위해서는 비를 가려줄 무엇인가가 실제로 있어야 합니다. 보이지 않고 실재하지 않는 어떤 것이 비를 막아줄 것이라고 믿는다고 해서 비를 피할 수는 없는 것입니다.

부처님은 2,500여 년 전에 인도에서 태어나 인간으로 살아가신 역사적으로 실재하는 분입니다. 실제로 존재했던 분이기 때문에 믿을 필요가 없습니다. 따라서 우리는 이분을 피난처로 삼을 수 있습니다. 그런데 지금은 살아계시지 않으니 어떻게 이분을 피난처로 의지할 수 있을지 의문이 들 수 있습니다.

우리가 부처님을 의지하는 것은 부처님의 육신이 아니라 부처님께서 깨달으신 진리와 부처님의 삶입니다. 부처님의 몸이 부처님이 아니라 생사의 우물에서 벗어나는 방법을 깨달아 그 방법을 실천하여 생사를 벗어난 삶을 살아가신 분이 부처님인 것입니다. 모습이 어떠하든, 어느 나라 사람이든, 남자든, 여자든, 진리를 깨달아 실천하면 부처님이라고 불리는 것입니다. 그런데 이 세상에 그런 분이 실재했던 것입니다. 진리를 깨달아 실천한 분이 계셨다는 사실은 지금도 변함없는 사실이고 영원히 변함없는 사실입니다. 그리고 이분은 신의 아들이나 우리와 다른 어떤 존재가 아니라, 바로 우리와 똑같은 인간이었다는 사실입니다.

우리가 부처님을 피난처로 의지한다는 것은 바로 이러한 사실에 의지하는 것입니다. 부처님도 인간이고 우리도 인간입니다. 부처님은 깨달음을 통해 생로병사의 괴로움에서 벗어나 열반을 증득하셨습니다. 따라서 우리도 부처님처럼 깨달아 열반을 성취할 수 있을 것입니다. 생로병사의 괴로움 속에서 살아가고 있는 우리 중생들에게는 생로병사의 괴로움을 벗어난 분이 있다는 사실이 바로 의지할 피난처인 것입니다.

부처님께서 가르치신 진리는 우리가 알 수 없고 볼 수 없는 것이 아니라 누구든지 귀를 기울이면 이해할 수 있고, 볼 수 있는 진리입니다. 부처님께서는 항상 사람들에게 "귀 있는 자는 와서 듣고, 눈 있는 자는 와서 보라"고 말씀하셨습니다. 부처님께서는 누구나 확인하고 볼 수 있는 진실을 말씀하신다는 것입니다. 이와 같이 부처님께서 가르치신 진리는 믿을 필요가 없이 확실한 것이기 때문에 우리가 의지할 피난처인 것입니다.

부처님의 가르침을 실천하는 승가(僧伽)는 개개인을 의미하는 것이 아니라 부처님의 가르침을 함께 실천하며 살아가는 공동체를 의미합니다. 승가는 부처님을 따르는 사람들에 의해 결성되어 지금도 존재하고 있습니다. 우리가 부처님의 제자가 된다는 것은 이러한 공동체의 일원이 된다는 것입니다. 즉, 부처님의 제자는 승가라는 공동체를 피난처로 삼아 의지하여 살아가는 사람인 것입니다.

부처님(佛)과 부처님의 가르침(法)과 승가(僧)를 왜 삼보(三寶)라고 할까요?

————

불교에서는 불·법·승을 삼보, 즉 세 가지 보물이

라고 합니다. 앞에서 이야기했듯이, 언어는 외부의 사물을 지시하는 것이 아니라 우리의 생각을 표현합니다. 보물이라는 말도 밖에 실재하는 보물을 지시하는 것이 아니라 우리가 귀하게 여기는 것을 보물이라고 부르는 것입니다. 따라서 보물은 사람에 따라 달라집니다.

어느 날 부처님께서 아난존자와 길을 가다가 길가에 진귀한 보석이 가득 담긴 보석상자가 떨어져 있는 것을 보았습니다. 이것을 보고 부처님께서 아난에게 말했습니다. "아난아, 저기 무서운 독사가 있는 것이 보이느냐?" 아난이 대답했습니다. "예, 보고 있나이다. 세존이시여, 참으로 무서운 독사이옵니다."

이 이야기를 길을 가던 나그네가 들었습니다. 그 나그네는 얼마나 무서운 독사인지 궁금했습니다. 그래서 부처님께서 지나가신 후에 그곳에 가보았습니다. 그런데 그곳에 있는 것은 독사가 아니라 보석상자였습니다. 그는 부처님의 말씀을 의아하게 생각하면서 남이 볼세라 주어 왔습니다. 그런데 그 보석상자는 그 나라의 왕이 잃어버린 것이었습니다. 왕은 소중히 여기던 보석을 잃어버리고 백방으로 찾고 있었습니다. 그러다가 그 나그네에게 보석이 있다는 것을 알고는 그 나그네를 잡아다가 가두어놓고 갖은 형벌을 가하였습니다. 나그네는 그때야 비로소 부처님께서 보석상자를 무서운 독사라고 한 까닭을 알았습니다.

우리 중생들은 무엇이 진정한 보물인지를 알지 못합니다. 우리가 보물로 생각하는 것을 부처님께서는 독사와 같이 위험한 것으로 보고, 부처님께서 보물로 보시는 것을 우리는 하찮은 것으로 여깁니다. 그렇다면 보물이란 무엇일까요? 보물은 우리를 행복하게 해주는 것입니다. 우리가 보석과 같은 재물을 보물로 생각하는 것은 재물이 우리를 행복하게 해준다고 믿고 있기 때문입니다. 그러나 부처님께서는 재물은 우리에게 행복을 가져다주기보다는 우리를 속박하는 재앙이라고 가르치셨습니다.

가난할 때는 의가 좋던 형제가 부자가 되면 재물 때문에 서로 다투고 친구나 친지와 불화하는 것도 대부분은 재물이 원인인 경우가 많습니다. 그래서 중국의 방거사라는 분은 "세상 사람들은 진귀한 보배를 귀히 여기지만 나는 한 찰나의 고요한 마음을 귀중하게 여긴다. 금은 사람의 마음을 흩어 놓지만 고요한 마음은 진여(眞如)의 자성을 본다"고 했습니다. 우리는 진정한 보물을 보지 못하고 재앙을 보물로 알고 있습니다.

부처님께서는 무엇이 행복을 가져다주고 무엇이 우리를 불행하게 하는 것인 줄 잘 아시는 분입니다. 그분께서 가장 훌륭한 보물이라고 가르쳐주신 것이 불·법·승 삼보입니다.

흔히들 불법승 삼보를 부처님과 부처님의 말씀을 기록한 불경과 출가한 스님으로 알고 있습니다. 삼보는 물론 부처님과 불경과 스님들을 의미합니다. 그러나 부처님이니까 보물이고, 불경이니까 보물이고, 스님이니까 보물인 것은 아닙니다. 부처님, 불경, 스님은 외부에 객관적으로 존재하는 사물이 아니라 진리를 깨달아 열반을 성취했을 때 부처님이라는 이름으로 불리고, 깨달음의 길을 바르게 알려주고 있을 때 진리라고 불리고, 깨달음의 길을 충실히 실천하고 있을 때 승가라고 불립니다. 불·법·승은 어떤 존재를 의미하는 것이 아니라 진리를 깨달았을 때, 가르침이 진리일 때, 진리를 실천하고 있을 때 붙여진 이름입니다. 그래서 『금강경』에서 말씀하시기를 "밖에 존재하는 것처럼 보이는 것[凡所有相]은 모두가 허망한 것[皆是虛妄]이며, 이와 같이 밖에 보이는 모든 것을 허망한 것으로 보게 되면[若見諸相非相] 곧 여래를 보게 된다[卽見如來]"고 하신 것입니다. 만약 삼보를 우리의 외부에 존재하는 불상(佛像), 불경(佛經), 스님으로 보고 있다면 우리는 삼보를 보지 못하고 있다는 말씀입니다.

2
—
불보(佛寶)란
어떤 것인가?

우리가 귀의해야 할 진정한 불보는 어떤 것인가요?

———

　　　　　　　　　제 친구 가운데 불심이 깊은 의사가 있습니다.
이 친구가 불교에 귀의하게 된 인연이 참 재미있습니다. 등산을 좋아
했던 이 친구는 산에 갔다가 잠자리가 마땅치 않으면 절에 가서 숙식
을 하는 경우가 종종 있었답니다. 한 번은 지리산에 갔다가 화엄사에
들러 잠자리를 청하니 그곳의 스님께서 절에서 먹고 자려면 예불에
꼭 참석해야 한다는 조건을 내걸었답니다. 그날 법당에서 예불을 마
치고 나오는데 함께 예불을 마치고 나오던 어떤 스님께서 이 친구에
게 "학생은 누구에게 절을 했소?"하고 묻더랍니다. 법당에 모셔놓은
불상에 절하고 나오면서 누구에게 절했느냐고 물으니 이 친구는 좀

어이가 없더랍니다. 이 스님이 불상에 절한 것을 모를 리는 없고 아마 무슨 뜻이 있나 보다 싶어서 "스님께서는 누구에게 절을 했습니까?"라고 반문했답니다. 그러자 스님은 빙그레 웃으시면서 "나는 나에게 절을 했소"하더랍니다. 이 이야기를 듣고 느낀 바가 있어서 불교 공부를 하게 되었다고 합니다. 훌륭한 스님의 한마디가 훌륭한 불자 한 사람을 만든 것입니다.

우리가 귀의하는 불보는 불상이 아닙니다. 그렇다고 해서 불상을 모시고 그 앞에 예불이나 법회를 봉행하는 일이 잘못된 일이라는 것은 아닙니다. 불상은 우리가 귀의하는 부처님을 상징하고 있습니다. 따라서 불상을 보면서 그 불상이 의미하는 것을 알지 못한다면 그 불상은 돌이나 나무에 지나지 않을 것입니다. 그렇지만 의미를 바르게 알고 보면 불상은 그대로 진정한 부처님이 되는 것입니다. 그러므로 부처님에 관해 분명히 알고 불상에 예불을 드린다면 이것은 살아있는 부처님에게 예불 드리는 것과 다름이 없습니다.

부처님은 이천 육백여 년 전 인도의 카필라성에서 수도다나왕의 태자로 탄생하여 바른 깨달음을 성취하신 석가모니부처님을 의미합니다. 그렇다면 부처님께서는 무엇을 깨달았을까요? 부처님께서 깨달은 내용은 너무 심오하고 방대해서 팔만대장경의 말씀으로도 그 일부분조차 다 이야기하지 못했다고 합니다. 그러나 단 한마디로 이야기한다면 그것은 우리의 참모습입니다. 부처님께서 깨닫고 보니 우리는 모두가 부처님이더라는 것입니다. 다만 부처님인 줄 모르고 스스로를 중생으로 알고 있더라는 것입니다.

석가족의 왕자 싯다르타가 왕위를 버리고 출가한 것은 우리가 태어나서 늙고 병들어 죽어 가는, 어디서 와서 어디로 가는지도 모르는

체 생사의 고해를 윤회하는, 유한하고 무능하고, 무지하고, 고통스러운 존재라는 사실 때문이었습니다. 보통 사람들은 이러한 현실을 그대로 받아들이고 있습니다. 기껏해야 전지전능한 신이 있어서 이렇게 힘없고 가련한 우리를 구원해 줄 것이라는 소망을 갖는 정도입니다.

그러나 싯다르타는 이 현실을 그대로 받아들일 수가 없었습니다. 만약에 이러한 우리의 현실이 극복될 수 없는 것이라면 우리의 삶이 아무런 의미가 없다고 생각했습니다. 왜냐하면 우리는 죽기 위해 사는 꼴이기 때문입니다. 언젠가는 죽게 되는데 언제 죽을지도 모르는 체 하루하루 눈앞의 순간적인 쾌락을 추구하며 살아가는 자신이 참으로 한심하게 느껴졌습니다. 그래서 과연 죽어 가는 우리의 인생이 극복할 수 없는 절대적인 사실인지, 아니면 생사를 벗어난 의미 있는 인생이 있는지를 스스로 확인해 보기로 했습니다. 죽음에 도전한 것입니다. 6년 동안의 갖은 고행과 명상 끝에 그는 태어남과 죽음이 환상이라는 것을 깨달았습니다. 우리는 어리석음 때문에 태어나 죽는 것으로 잘못 알고 살고 있다는 것입니다. 이것이 소위 부처님께서 깨달았다는 십이연기(十二緣起)입니다. 십이연기는 심오한 진리이기 때문에 뒤에 자세하게 말씀드리기로 하고, 여기에서는 십이연기란 태어나 죽어 가는 고통스러운 삶이 '참 나'를 모르는 어리석은 무명에서 비롯된 환상임을 밝히는 교리라는 것만 알아두도록 합시다.

싯다르타는 깨달았습니다. 자신은 결코 태어나서 죽어 가는 존재가 아니라는 것을! 자신뿐만이 아니라 이 세상의 모든 것은 본래 생멸(生滅)이 없다는 것을 깨달았습니다. 다시 말해 모두가 부처님이라는 것입니다. 삼보 가운데 불보(佛寶)는 이렇게 본래 생사가 없는 우리의 참모습을 의미합니다.

생사(生死)가 없는 우리의 참모습은 어떤 것인가요?

우리는 무엇을 '나'라고 할까요? 우리는 먼저 '몸', 즉 육신을 나라고 생각합니다. 이 세상에 태어났다고 할 때도 이 몸이 태어난 것이고, 죽었다고 할 때도 이 몸이 죽은 것입니다. 몸은 이렇게 생멸이 있으므로 '참 나'가 아닙니다. 그렇다면 우리의 마음이 '참 나'일까요? 마음은 쉴 사이 없이 생겼다가 사라집니다. 따라서 마음을 생사가 없는 '참 나'라고 할 수도 없습니다. 우리는 이렇게 '참 나'가 아닌 것을 '참 나'인 줄로 잘못 알고 있기 때문에 그들의 생멸에서 자신의 생사를 느끼는 것입니다. 이렇게 우리가 생각하고 있는 나는 모두가 거짓된 나입니다. 그런데 우리는 이 거짓된 나에 의지해서 살아갑니다. 부처님께 귀의한다는 것은 이렇게 거짓된 나에 의지해 살아가는 삶을 전환하여 '참 나'로 돌아가서 '참 나'에 의지해 살아가겠다는 의미입니다.

불교의 교리와 수행은 결국 '부처가 무엇이냐?' 다시 말해서 '참 나가 어떤 것이냐?'를 밝히는 것입니다. 이 책을 통해서 우리가 해야 할 일도 바로 '참 나'를 함께 찾는 일입니다. 따라서 성급하게 '참 나'가 무엇인가를 알려고 하지 마시고, 일단 부처님은 '참 나'를 의미한다는 정도만 알아둡시다. 그리고 '참 나'는 지금까지 내가 생각해온 나와는 같지가 않다는 것만 알아둡시다. 한 가지 분명한 것은 생사는 뜬구름처럼 허망한 것이라는 사실입니다. 그래서 이러한 사실을 깨달은 사람은 다음과 같이 노래하고 있습니다.

태어난다는 것은 한 조각의 뜬구름이 일어나는 것이요,

죽음이란 한 조각의 뜬구름이 사라지는 것이다.
生也一片浮雲起 死也一片浮雲滅

　　맑고 푸른 하늘에 한 조각의 구름이 생겨서 이리저리 떠다니다가 사라지는 것을 볼 수 있습니다. 그러나 구름이 생겼다가 사라진다고 해서 푸른 하늘이 생기거나 사라지지는 않습니다. 그런데 만약에 그 구름이 '이것이 나다'라고 생각한다면 구름은 '나는 생겨서 떠다니다가 죽는 존재다'라고 생각할 것입니다. 생각해 봅시다. 푸른 하늘이 본모습입니까, 구름이 참모습입니까? 싯다르타는 지금까지 나라고 생각한 것들이 구름과 같다는 것을 알았습니다. 그리고 구름이 생겨서 사라지는 푸른 하늘은 생멸이 없듯이 허망하고 거짓된 '나'가 사라지면[無我] 바로 그것이 생사가 없는 '참 나'임을 깨달은 것입니다.
　　싯다르타는 이렇게 생사가 없는 나의 참모습을 깨닫고 '참 나'에 의지해 살아감으로써 부처가 된 것입니다. '참 나', 즉 부처란 이렇게 생사로부터 해탈한 자유로운 존재입니다. 우리가 불보에 귀의하는 것은 우리도 부처님처럼 생사윤회의 굴레에서 벗어나 자유롭게 되기 위해서입니다.

해탈이란 무엇인가요?

———

　　　　　　해탈이라는 말은 너무 신비하게 느껴지는 말입니다만, 요즈음 우리가 사용하는 말로 바꾸면 자유입니다. '자유'라는 말을 모르는 사람은 없을 것입니다. 그러나 무엇이 진정한 자유인지를 아는 사람은 많지 않은 것 같습니다. 과연 무엇이 진정한 자유일까요? 자유에는 여러 가지가 있습니다. 언론의 자유, 사상의 자유, 종교의 자유, 집회의 자유, 등등 헤아릴 수가 없습니다. 우리는 구속된 상태에서는 행복을 느낄 수가 없습니다. 그래서 인류는 끊임없이 자유를 갈망하고 자유를 위해 투쟁했습니다. 인류의 역사는 자유를 얻기 위한 역사라고 해도 과언이 아닐 것입니다. 그래서 오늘날 우리는 모든 사람이 자유를 누리는 사회를 민주주의라는 이념 아래 실현했다고 여깁니다. 그런데 과연 우리는 참으로 자유를 얻었다고 확신할 수 있을까요?

우리가 생각하는 자유는 '내 마음대로 하는 것'을 뜻할 것입니다. 마음대로 말할 수 있는 것이 언론의 자유이고, 마음대로 생각할 수 있는 것이 사상의 자유이며, 자기 마음대로 종교를 믿을 수 있는 것이 종교의 자유인 것입니다. 그런데 이렇게 자기 마음대로 할 수 있는 것이 자유라고 한다면 우리는 결코 자유로울 수가 없습니다. 왜냐하면 나는 내 마음대로 하고 너는 너의 마음대로 해야 우리 모두가 자유로울 수 있는데, 내 마음대로 하는 것이 남의 마음에 맞지 않을 때는 상호간에 갈등과 투쟁이 생기지 않을 수 없고 결국 누군가의 자유는 구속될 수밖에 없기 때문입니다.

옛날에는 가정에 어른이 있어서 어른의 뜻을 따르는 것이 옳다고 생각했습니다. 그런데 민주화가 된 오늘의 가정에는 어른이 없어졌습니다. 누구나 자유로운 존재이기 때문입니다. 그 결과 집안에 불만이 많아졌습니다. 아버지는 아버지 뜻대로 하고 싶고, 아들은 아들 뜻대로 하고 싶고, 어머니는 어머니 뜻대로 하고 싶고, 딸은 딸 뜻대로 하고 싶어 합니다. 그러다 보니 한 식구도 날이 갈수록 남처럼 되어갑니다.

옛날 가족은 한 몸처럼 느끼며 살았습니다. 동생이 학업을 계속할 수 있도록 누나가 공장에 다니며 희생을 하면서도 동생을 위해 희생하고 있다고 불만을 갖기보다는 자신의 노력으로 동생이 훌륭한 사람이 된다는 보람을 느꼈습니다. 한국 전쟁 때에는 형이 집안의 대를 이어야 한다는 생각에서 군대에 가면 죽을 것이 뻔한데, 형을 대신해서 군대에 간 사람들이 있었다고 합니다. 요즈음은 생각할 수도 없는 일입니다. 그러나 우리는 분명히 그렇게 살았습니다. 그렇게 살면서도 집안에 자유가 없다고 생각하지 않았습니다.

그런데 요즈음은 누구나 마음대로 하고 있으면서도 집안에서 자유롭지 못하다고 느끼고 있습니다. 자유가 없는 것처럼 보이던 옛날보다 요즈음의 가정에서 가출하는 청소년이 더 많은 것을 보더라도 가정에서 사람들이 느끼는 자유는 예전보다 훨씬 적다는 것을 알 수 있습니다. 옛날에는 집안 형편이 어렵기 때문에 가출하고 성공하면 집에 돌아와 집안을 일으키려고 생각했는데, 요즈음은 집안 식구의 간섭이 싫어서 가출하고 성공하더라도 집으로 돌아가겠다는 생각은 하지 않습니다. 식구들이 귀찮고 싫어진 것입니다.

자유란 마음대로 하는 것이라고 생각하면 이렇게 개인주의가 되어 모두가 남이 됩니다. 형제간도 남이 되고, 부모와 자식의 사이도 남이 됩니다. 부부도 남입니다. 모두가 남이 되다 보니 정도 사라지고 오직 커지는 것은 개인적이고 감각적인 욕망뿐입니다. 그래서 요즈음의 사회는 개인적인 욕망과 그 욕망을 충족하기 위한 쾌락만을 추구합니다.

왜 자유를 추구하는 사회가 이렇게 되었을까요? 우리는 자유를 포기해야 하는 것일까요? 그렇지 않습니다. 이것은 자유를 바르게 이해하지 못한 결과입니다. 자유가 나의 마음대로 하는 것이라면 바른 자유를 성취하기 위해서 우리는 '나'가 무엇인가를 먼저 알아야 합니다. 나를 '몸'이라고 생각하기 때문에 몸이 시키는 대로 하는 것을 자유라고 하는 데서 오늘날과 같은 사회현상이 생기는 것입니다. 우리의 몸은 눈·코·귀·혀·몸으로 되어 있습니다. 눈은 보기 좋은 것을 원하고, 코는 좋은 냄새를 탐하고, 귀는 좋은 소리를, 혀는 맛있는 것을, 몸은 감촉이 좋은 것을 탐합니다. 그리고 이 눈·코·귀·혀·몸에 의해 지배되는 마음은 몸이 원하는 것을 충족시키려는 생각으로 움직입니다. 그 마음이 진정한 자기의 마음이라고 생각하기 때문에 자유를 그 마음이 시키는 대로 하는 것이라고 생각하는 것입니다. 그 결과가 오늘날과 같은 병든 사회, 오염된 환경을 만든 것입니다.

따라서 우리는 이와 같은 사회병리를 척결하고 공해에 오염된 환경을 되살려 정이 넘치고 깨끗한 환경 속에서 진정한 자유를 누리는 행복한 세상을 만들기 위해서 '참 나'를 찾지 않으면 안 됩니다. 부처님께 귀의하는 것은 이렇게 진정한 자유를 성취하기 위해서 필수적입니다. 진정한 자유는 '참 나'를 발견한 사람만이 얻을 수 있기 때문입니다.

진정한 자유란 어떤 것인가요?

———

우리는 누구나 행복하기를 원합니다. 그렇다면 행복이란 어떤 것일까요? 행복이란 자신이 원하는 것을 충분히 얻었을 때 느끼는 충족감입니다. 우리의 마음은 이러한 자신의 행복을 위해서 작용합니다. 이렇게 행복을 얻고자 하는 마음의 작용이 아무런 장애를 받지 않을 때 우리는 자유롭다고 말합니다. 따라서 자유란 행복을 얻기 위한 마음의 작용이 아무런 방해를 받고 있지 않은 상태라고 할 수 있습니다. 그리고 구속이란 자기의 행복을 위해 작용하는 마음의 작용이 방해를 받고 있는 상태라고 할 수 있습니다. 따라서 진정한 자유를 얻기 위해서는 '참 나'가 무엇인지를 알아야 합니다.

우리는 '참 나'가 아닌 이 몸을 나라고 생각하기 때문에 자유롭게 산다고 하면서도 행복을 얻지 못하고 있습니다. 우리가 '참 나'를 발견하고 그것이 나라는 것을 확신한다면 우리의 마음은 그 '참 나'의 행복을 위해 작용할 것입니다. 그리고 이렇게 '참 나'에 의지하여 일어난 마음을 가지고 나의 마음대로 행동할 수 있을 때 우리는 진정한 자유를 얻을 수 있을 것입니다.

이제 무엇이 '참 나'인가를 살펴봅시다. 『반야심경(般若心經)』은 우리의 참모습을 발견하여 행복을 얻는 길을 가르치는 경전입니다. 이 경의 첫머리는 이렇게 시작됩니다.

관자재보살은 깊은 반야바라밀다에 도달하여 오온(五蘊)이 모두 비어있음을 비추어 보고 일체의 괴로움과 재앙을 벗어났다.
觀自在菩薩 行深般若波羅蜜多時 照見五蘊皆空 度一切苦厄

반야의 지혜로 오온이 비었음을 깨달아야 괴로움에서 벗어날 수 있다는 것이 『반야심경』의 주제입니다. 따라서 『반야심경』은 오온이 무엇인지를 알아야만 바르게 이해될 수 있습니다.

오온이란 색(色)·수(受)·상(想)·행(行)·식(識)입니다. 대부분의 불교 교리 소개서에서 오온은 물질과 정신을 의미한다고 설명하고 있습니다. 색은 물질을 의미하고, 수상행식(受想行識)은 정신을 의미한다는 것입니다. 오온이 이와 같은 것이라면 『반야심경』은 물질과 정신이 모두 비어있음을 깨달으면 모든 괴로움에서 벗어나게 된다는 내용이 됩니다. 우리의 눈에 보이는 모든 것이 허공처럼 텅 비어 보이고, 모든 정신작용이 사라지면 괴로움도 없을 것이고 즐거움도 없을 것입니다. 온 세상이 이렇게 텅 비어버리면 아무것도 없는 허무가 될 것입니다. 이렇게 허무한 세계가 반야바라밀다의 세계일까요?

『잡아함경(306)』을 보면 오온에 대하여 다음과 같은 설명을 하고 있습니다.

> 눈으로 색을 보면 무엇인가를 보는 마음이 생긴다. 이렇게 보는 마음이 있을 때 무엇인가가 보이며, 보이면 그것에 대하여 느낌이 일어나고, 생각이 일어나고, 그것을 가지고 어떻게 하려는 생각이 일어난다. 이것이 수[느낌], 상[생각], 행[어떻게 하려는 생각], 식[무엇인가를 보는 마음]이다. 보는 눈[色]과 이들 네 가지[受想行識]를 사람이라고 하면서 이들 오온에서 사람이란 생각을 하여 … 다음과 같이 말한다. "내가 눈으로 색을 보고, 내가 귀로 소리를 듣고 …"
> 眼色緣生眼識 三事和合觸 觸俱生受想思 此四無色陰 眼色此等法名爲人 於斯等法作人想 … 又如是說 我眼見色 我耳聞聲 …

이 경전에 의하면 오온이란 우리가 나라고 생각하고 있는 것들입니다. 우리는 눈으로 어떤 사물을 보면 "내가 본다"고 생각합니다. 이때의 나는 '눈을 가지고 있는 나, 즉 몸[色]'입니다. 한편 꽃을 보고 아름답다고 느낄 때 "내가 느낀다"고 생각합니다. 이때의 나는 '느끼는 나[受]'입니다. 이 밖에도 나는 '생각하는 나[想]', '행동하는 나[行]', '의식하는 나[識]'가 있습니다. 우리는 보고, 느끼고, 생각하고, 행동하고,

의식하는 '나'가 태어나서 죽을 때까지 존재하고 있다고 생각하고 있습니다. 그래서 "내가 눈으로 색을 보고, 감정으로 느끼고, 이성으로 생각하고, 의지로 행동하고, 의식으로 인식한다"고 말합니다. 오온이란 이렇게 우리가 '나'라고 생각하고 있는 '다섯 가지 우리의 생각'일 뿐 물질과 정신이라는 객관적인 사물을 의미하는 것이 아닙니다. 오온이라는 다섯 가지 요소가 모여서 사람을 이루고 있는 것이 아니라, 우리가 허망한 생각으로 나라고 집착하고 있는 '다섯 가지 망상(妄想)'을 부처님께서 오온이라고 부른 것입니다.

이러한 다섯 가지의 '나'는 지혜롭게 깊이 생각해 보면 실체가 없음을 알 수 있습니다. 보고, 느끼고, 생각하고, 행동하고, 의식하지 않을 때는 '나'라는 생각 자체가 없습니다. 매 순간 우리는 다른 것을 보고, 다르게 느끼고, 다르게 생각하고, 다르게 행동하고, 다른 것을 의식합니다. 따라서 다섯 가지 생각은 무상하다고 할 수 있고, 이것을 불경에서는 "오온은 무상하다"고 말합니다. 따라서 무상하다는 것은 그 속에 어떤 불변의 실체가 없음을 의미합니다. 이것을 불경에서는 "오온은 무아(無我)다"라고 이야기합니다.

오온이 이와 같은 것이라면 『반야심경』은 다음과 같은 의미를 갖습니다.

관자재보살은 지혜롭게 깊이 생각하여 지금까지 '나'라고 생각해 왔던 몸, 감정, 이성, 의지, 의식 등이 모두 인연에 따라서 순간순간 일어났다가 사라지는 허망한 생각일 뿐, 실체가 없이 텅 비어있다는 것을 깨닫고서 '나'로 인해서 생겨난 모든 괴로움에서 벗어날 수 있었다.

『반야심경』은 이렇게 우리가 '나'라고 생각하고 있는 것들이 '허망한 망상'임을 깨우치고 있습니다. 그러나 여전히 '참 나'의 구체적인 모습은 시원하게 드러나 있지 않습니다. 하지만 잘 생각해 보면 이 경속에 우리의 참모습이 보입니다. 제가 좋아하는 게송 가운데 '만리무운 만리천(萬里無雲 萬里天)'이라는 구절이 있습니다. 수만 리의 하늘에 구름이 없으면 수만 리가 그대로 하늘일 뿐이라는 것입니다. 하늘을 떠나 따로 구름이 없고, 구름을 떠나 따로 하늘이 없습니다. 우리의 마음에서 허망한 생각을 지워버리면 모든 것이 그대로 우리의 참모습인 것입니다. 그래서 『반야심경』에서는 '색즉시공 공즉시색(色卽是空 空卽是色)'이라고 말하고 있습니다. 만약 몸이 내가 아니라고 해서 몸을 없애고, 느낌, 생각, 의지, 의식이 내가 아니라고 해서 이들을 없애버리면 남는 것은 허무일 뿐입니다. 문제는 몸이나 느낌 등의 실상을 알지 못하고 이들을 잘 못 보고 있는 데 있습니다. 오온의 실상을 알고 보면 오온이 곧 그대로 '참 나'가 되는 것입니다.

그렇다면 오온의 실상은 어떤 것일까요? 우선 '색', 즉 우리의 몸을 잘 살펴봅시다. 우리는 부모에게 몸을 받고 태어나 그 몸으로 평생을 살아간다고 생각합니다. 이렇게 태어나서 죽을 때까지 몸이 변함없이 존재하고 있다고 믿기 때문에 태어나서 죽는 이 몸에 대하여 '나'라는 생각을 일으킵니다. 그리고 이 생각 때문에 나는 태어나서 죽는 존재라고 생각합니다. 그러나 몸을 잘 관찰해 보면 태어날 때의 몸과 죽을 때의 몸은 동일한 몸이 아닙니다. 태어날 때의 몸은 태어난 순간부터 변화합니다. 어릴 때의 사진과 성장해서의 사진을 비교해 보면 같지가 않습니다. 그런데도 우리는 어렸을 때의 '나'와 성장해서의 '나'를 '동일한 나'라고 생각합니다. 이렇게 동일하지 않은 몸을 동일한 나라고 생각하는 것이 색온(色蘊)입니다. 즉, 색온은 우리의 몸의 실상이 아니라 우리가 꾸며놓고 집착하고 있는 허망한 자아의식일 뿐입니다.

그렇다면 몸의 실상은 어떤 것일까요? 몸의 실상을 알기 위해서는 우리의 몸을 잘 관찰해야 합니다. 이렇게 우리의 몸을 관찰하는 수행을 사념처(四念處) 가운데 신념처(身念處)라고 합니다. 신념처는 우리의 생각을 몸을 관찰하는 데 집중하는 수행법입니다. 우리의 몸을 잘 관찰하면 몸은 먹는 것에 의해 존재하고 있다는 것을 알게 됩니다. 잘 먹으면 살이 찌고 못 먹으면 몸이 마릅니다. 또 먹지 않으면 존속하지 못하고 사라져갑니다. 따라서 몸은 음식이 있으면 존재하고 음식이 없으면 존재하지 못합니다. 다시 말해서 음식과 몸은 서로 떨어져 있지 않습니다. 음식을 먹어 내 몸에 들어오면 음식은 나의 몸이 되고, 소화가 되어 배설하고 나면 배설물은 내 몸이 아닙니다. 그러나 배설물이 논밭에 뿌려져 쌀이 되고 과일이 되어 우리 몸에 들어오면 다시 내 몸이 됩니다. 이렇게 생각하면 내 몸과 음식물과 배설물이 결코 둘이 아니라는 것을 알게 됩니다.

이제 음식에 대하여 살펴봅시다. 음식은 땅이 있어야 생길 수 있고, 나무, 공기, 태양, 물 등이 있어야 생길 수 있습니다. 따라서 음식은 나무, 공기, 태양, 물 등과 둘이 아니라는 것을 알게 됩니다. 그렇다면 나의 몸은 곧 나무이며, 공기이며, 태양이며, 물이라는 것을 알게 됩니다. 이 세상 어느 것 하나 나의 몸 아닌 것이 없습니다. 이렇게 보면 내 몸은 태어나서 죽는 것이 아니라 생사가 없이 인연 따라 다양한 모습으로 나타나고 있다는 것을 알게 됩니다. 따라서 몸은 무상하여 상주 불변하는 실체는 없지만 인연 따라 항상 나타나고 있음을 알게 됩니다. 『반야심경』에서는 무상하여 실체가 없는 모습을 공(空)이라고 부르고, 인연 따라 나타난 모습을 색이라고 부릅니다. 그래서 나의 몸의 참모습은 '색즉시공 공즉시색(色卽是空 空卽是色)'인 것입니다. 수·상·행·식도 마찬가지입니다.

'참 나'를 이렇게 알았다면 '참 나'의 행복을 위해 우리는 어떻게 살아야 할까요? 흙이나 공기가 내 몸이 아니라고 오염시키고 흐르는 강물이 내 몸이 아니라고 강물을 더럽힐 수 있겠습니까? 흙이나 공기나 물이 오염되면 우리의 몸은 정상적으로 유지될 수 없습니다. 따라서 세상의 모든 것을 나라고 생각하는 사람은 나의 몸을 위해서 내 몸을 보살피듯이 환경을 깨끗하게 보존하고 보살피지 않을 수 없을 것입니다. 나와 남이 둘이 아니라 모두가 '참 나'라고 생각하면 나를 위해 남을 해치지 않을 것입니다. 친구를 위해 헌신하면서도 남을 위해 헌신한다고 생각하지 않을 것입니다. 형제를 위해 죽음의 길로 가면서도 억울하다고 생각하지 않을 것입니다. 오히려 자신의 마음대로 이웃을 위해 봉사하고 희생할 것입니다. 이것이 참 자유입니다. 우리에게는 이런 자유가 얼마든지 보장되어 있습니다. 아니 보장되어 있는 것이 아니라 본래 우리는 그렇게 살 때 행복을 느끼도록 되어있습니다. 이것이 본래 해탈을 구족하고 있는 우리의 참모습입니다. 이 자유를 구속하고 있는 것은 남이 아니라 자기 자신의 어리석고 허망한 생각, 즉 무명과 번뇌일 뿐입니다. 그래서 3조 승찬 스님에게 4조 도신 스님이 "스님 자비로써 저를 해탈법문으로 이끌어 주십시오"라고 했을 때 승찬 스님은 "누가 너를 묶었느냐?"고 반문했고, 승찬 스님의 이 말씀에 도신 스님은 본래 구속됨이 없는 자신의 참모습을 크게 깨달았던 것입니다.

부처님께서는 이렇게 '참 나'를 깨달아 '참 나'를 위해 자유롭게 살아가는 사람에게 붙여진 이름입니다. 이러한 부처님께서는 '참 나'를 밝게 비추어보는 지혜와 그 지혜에 의해 모든 중생을 한 몸으로 여기는 동체자비(同體慈悲)를 구족하신 분입니다. 따라서 우리는 귀의불양족존(歸依佛兩足尊), 즉 지혜와 자비공덕 두 가지를 빠짐없이 구족하신 부처님께 귀의하는 것입니다.

자유는 참으로 소중한 것입니다. 그러나 잘못된 자유는 우리를 자유롭게 하는 것이 아니라 오히려 온갖 욕망의 노예로 만들 뿐입니다. 현대인은 이러한 잘못된 자유의 결과로 수많은 고통을 겪으면서 자신과 남과 우리의 세계를 파멸로 몰아가고 있습니다. 이러한 시대에 부처님에게 귀의한다는 것은 참된 자유인이 되어 인류의 파멸을 막는 거룩한 일입니다.

3
—

법보(法寶)란
어떤 것인가?

불경(佛經)은 무엇이고, 대장경(大藏經)은 무엇이며, 삼장(三藏)은 무엇입니까?

———

우리나라의 해인사에는 팔만대장경이 있습니다. 팔만대장경은 대장경을 나무에 판각한 것인데, 그 목판의 수가 팔만여 장이라고 해서 붙여진 이름입니다. 우리가 불경(佛經)이라고 부르는 것에는 부처님의 설법을 기록한 경장(經藏)과 부처님께서 제정하신 계율(戒律)을 기록한 율장(律藏)과 후대에 부파불교시대에 여러 부파에서 경장과 율장을 주석하고 이론화한 논장(論藏)이 있습니다. 이 세 가지를 삼장(三藏)이라고 부르며 삼장을 대장경(大藏經)이라고 부릅니다. 우리나라의 팔만대장경은 팔만여 장의 목판에 삼장을 모두 갖추고 있는 대장경이기 때문에 팔만대장경이라고 부르는 것입니다. 대장경은 부처님의 가르침과 부처님의 가르침을 실천하여 깨달음을 성취한 많은 사람들의 말씀을 기록하고 있기 때문에 이 모두를 불경(佛經)이라고 부르며, 이것을 법보(法寶)로 존중하고 귀의하는 것입니다.

부처님의 가르침을 전하는 경장에는 근본경전과 대승경전이 있습니다. 율장(律藏)에도 근본율장과 대승율장이 있으며, 논장(論藏)에도 각 부파에 의해 형성된 논장들이 있습니다. 율장과 논장을 설명하기에는 많은 번거로움이 따르기 때문에 여기에서는 경장에 대해서만 설명하겠습니다.

불경 가운데는 부처님께서 직접 설하신 법문을 기록하고 있는 초기의 근본경전이 있고, 후대에 부파불교 시대가 되면서 부처님의 근본정신이 왜곡되어 사라져 가자, 부처님의 근본정신을 되찾기 위해 발흥한 대승불교에 의해 새롭게 결집된 대승경전이 있습니다. 우리나라를 비롯한 중국과 일본의 불교는 주로 대승경전에 의지하여 발전한 불교이기 때문에 우리에게 친숙한 불경은 대부분 대승경전입니다. 예를 들면 『화엄경』, 『법화경』, 『금강경』, 『반야심경』, 『원각경』, 『능엄경』, 『열반경』, 『유마경』 등은 모두 대승경전입니다.

석가모니 부처님께서 직접 설하신 말씀을 모아 놓은 초기의 근본경전에는 스리랑카, 태국, 미얀마 등 남방 불교권에 전승된 빠알리(Pāli)어로 기록된 『니까야(Nikāya)』가 있고, 한국, 중국, 일본 등 북방 불교권에 전승되어 한문으로 번역된 『아함경(阿含經)』이 있습니다. 『니까야(Nikāya)』에는 『디가 니까야(Dīgha Nikāya)』, 『맛지마 니까야(Majjhima Nikāya)』, 『쌍윳따 니까야(Saṃyutta Nikāya)』, 『앙굿따라 니까야(Aṅguttara Nikāya)』, 『쿳다까 니까야(Khuddaka Nikāya)』 이렇게 5부(五部) 니까야(Nikāya)가 있고, 『아함경(阿含經)』에는 『장아함경(長阿含經)』, 『중아함경(中阿含經)』, 『잡아함경(雜阿含經)』, 『증일아함경(增一阿含經)』, 이렇게 4아함(四阿含)이 있습니다. 『니까야(Nikāya)』와 『아함경(阿含經)』의 내용은 대동소이합니다.

근본경전 가운데 한문으로 번역된 『아함경』의 '아함(阿含)'이라는 말은 범어 'āgama'를 음사한 것인데, 이 말은 '전승되어 오는 가장 권위 있는 문헌'이라는 의미를 갖습니다. 이러한 『아함경』에 대하여 북방 불교권에서는 많은 오해가 있어 왔습니다. 『아함경』은 근기가 낮은 중생들을 대상으로 설한 소승경전(小乘經典)이라고 여겨져 온 것입니다. 그러나 『아함경』은 모든 불교의 뿌리가 되는 부처님의 말씀이기 때문에 소승경전이라고 해서는 안 됩니다. 그래서 저는 『니까야』와 함께 『아함경』을 '근본경전'이라고 부르고 있습니다.

역사적으로 대승불교의 발흥은 부처님의 가르침을 바르게 이해하지 못하고 여러 부파로 분열하여 대립한 아비달마불교에 대한 비판에서 비롯된 것입니다. 따라서 대승불교에서 소승(小乘)이라고 비판한 것은 이비달마불교이지 결코 근본경전인 『아함경』과 『니까야』가 아닙니다. 대승불교 운동은 근본경전에 나타나 있는 부처님의 가르침으로 돌아가, 부파불교에 의해 왜곡되고 있는 불교의 본질을 회복하려는 불교 부흥 운동입니다. 따라서 대승경전은 부처님의 진정한 가르침, 다시 말해서 근본경전의 참된 의미를 재천명한 것이라고 할 수 있습니다.

후대에 결집된 대승경전은 석가모니부처님께서 직접 설하신 말씀이 아니기 때문에 가짜 불경이라고 주장하는 사람들도 있습니다. 이러한 주장은 대승불교가 성립할 당시부터 있었습니다. 물론 대승경전은 석가모니부처님께서 직접 하신 말씀은 아닙니다. 그러나 그 내용을 깊이 살펴보면 부처님의 사상을 바르게 계승하고 있기 때문에 불경이 아니라고 해서는 안 된다고 생각합니다.

이와 같이 대장경은 근본경전과 대승경전, 그리고 후대에 이루어진 모든 논장(論藏)을 포함하는 것으로서 불교의 긴 역사 속에서 이루어진 중요한 문헌을 통칭합니다. 그리고 이러한 대장경이 불교의 진리를 담고 있기 때문에 우리는 대장경을 법보라고 부르는 것입니다.

우리가 귀의해야 할 진정한 법보(法寶)는 어떤 것인가요?

———

법보(法寶)는 부처님의 설법을 전하고 있는 불경(佛經)을 의미합니다. 그러나 불경은 종이로 된 책을 의미하는 것이 아니라 부처님께서 깨달은 진리를 의미합니다. 이런 말씀이 있습니다.

나에게 한 권의 경이 있으니 종이와 먹으로 된 것이 아니다. 펼쳐보면 한 글자도 없으나 항상 대광명(大光明)을 내고 있다.
我有一卷經 不因紙墨成 展開無一字 常放大光明

진정한 불경은 밖에 있는 종이나 먹으로 된 것이 아니라 우리의 참모습, 즉 본래 청정하고 온갖 공덕을 구족한 우리의 마음이라는 의미의 말씀입니다. 따라서 한 글자도 없지만 항상 지혜와 자비의 대광명이 나오고 있다고 하는 것입니다. 이와 같이 불보와 법보는 근본적으로는 다른 것이 아닙니다. 불경은 '우리의 참모습이 왜 부처인가? 우리는 어떻게 하면 우리의 참모습을 찾을 수 있는가?'에 대하여 부처님께서 우리에게 가르치신 말씀입니다. 이와 같이 불경은 우리에게 부처 되는 길을 가르쳐주고 있습니다. 따라서 법보에 귀의한다는 것은 우리가 부처 되는 길에 돌아가 그 길에 의지하여 살아가겠다는 다짐을 하는 것입니다.

불경의 내용을 분석해 보면 크게 네 가지로 되어 있습니다. 부처님께서는 우리에게 네 가지 진리, 즉 사성제(四聖諦)를 가르치신 것입니다. 먼저 고성제(苦聖諦)는 중생들의 삶의 실상입니다. 중생들은 무명과 번뇌 속에서 생사의 괴로움에 빠져 있습니다. 그러나 중생들은 자신들이 이런 괴로움에 빠져 있다는 것을 알지 못하기 때문에 그 속에서 빠져 나올 생각을 하지 않고 순간순간의 쾌락을 즐기고 있습니다. 앞에서 이야기했듯이 생사의 우물 속에서 나무뿌리와 같은 수명에 의지하여 언제 죽을지 모르는 위태로운 처지를 외면한 채 꿀방울과 같은 감각적 쾌락을 탐착하고 있는 것입니다. 부처님께서는 먼저 우리에게 이러한 우리의 현실을 바로 보도록 가르치고 있습니다.

집성제(集聖諦)는 이러한 중생들의 괴로운 현실이 존재하게 된 원인과 그 원인에서 생사의 괴로움이 전개되는 원리입니다. 오온(五蘊), 십이입처(十二入處), 십팔계(十八界), 십이연기(十二緣起) 등 우리가 일반적으로 불교교리라고 알고 있는 것은 집성제입니다.

멸성제(滅聖諦)는 괴로운 현실의 원인을 알아 그 원인을 제거하면 나타나는, 생사가 없는 본래의 세계, 즉 열반(涅槃, Nirvāṇa)을 의미합니다.

도성제(道聖諦)는 열반을 얻기 위해 우리가 실천해야 할 수행을 의미합니다. 팔정도(八正道)로 이야기되는 사념처(四念處) 등 37조도품(助道品)이 도성제입니다.

이와 같은 사성제를 한마디로 말한다면 연기법, 즉 십이연기입니다. 십이연기는 모든 것은 인연 따라 나타난다는 진리입니다. 괴로운 중생들의 세계는 무명과 탐욕이 있을 때 나타나고, 생사가 없는 열반의 세계는 수행을 통해 무명과 탐욕을 없애면 나타난다는 것입니다.

부처님께서는 이러한 연기법을 깨닫고, 깨달음을 실천하여 열반을 성취하셨습니다. 그래서 부처님께서는 "연기를 보는 자는 법을 보고, 법을 보는 자는 연기를 본다. 연기를 보는 자는 여래를 보고, 여래를 보는 자는 연기를 본다"고 말씀하셨습니다. 부처님께서 깨달으신 진리는 바로 이와 같은 연기법입니다. 따라서 법보란 한마디로 연기법이라고 할 수 있으므로 연기법이 무엇인가를 이야기함으로써 법보의 의미를 설명하겠습니다.

연기법은 이 세상의 존재원리입니다. 인류는 긴 역사를 통해 이 세상의 존재원리를 알아보고자 많은 노력을 기울였습니다. 그 결과 세상에는 많은 종교와 철학이 나타났습니다. 세상의 종교와 철학은 나름대로 이 세상의 존재원리를 밝힌 것입니다. 이 세상에는 수많은 종교와 철학이 있어서 나름대로 진리를 이야기하지만 크게 나누어보면 네 가지라고 할 수 있습니다.

첫째는 기독교와 같은 종교에서 주장하는 것으로 이 세상은 조물주와 같은 신이 창조했다는 사상입니다. 전지전능한 신이 무에서 유를 창조했다는 것입니다.

둘째는 여러 가지 요소들이 모여서 이 세상이 이루어졌다는 사상입니다. 이것은 유물론과 현대과학에서 주장하는 것입니다.

셋째는 정신이라는 실체가 있어서 이 정신이 가지고 있는 원리에 따라 이 세상이 전개되고 있다는 사상입니다. 서양철학에서 말하는 관념론(觀念論)이 이것인데 독일의 철학자 헤겔(Hegel)이 대표적인 사람입니다. 이 관념론 철학은 언뜻 보기에는 일체유심조(一切唯心造), 즉 모든 것은 마음이 만들었다는 불교의 입장과 비슷하게 보이지만 사실은 크게 다릅니다. 이 점은 우리가 불교교리를 바르게 이해하게 되면 스스로 알게 될 것입니다.

넷째는 세상에 진리는 없고 모든 것은 우연이라고 주장하는 사상입니다.

잘 살펴보면 이들 사상은 모순이 많다는 것을 알 수 있습니다. 부처님께서는 이들 사상을 삼종외도(三種外道), 즉 진리에서 벗어난 세 가지 사상이라고 규정짓고 다음과 같이 비판했습니다.

첫째로 조물주가 이 세상을 만들어 우리의 인생과 세계를 지배하고 있다는 사상에 대한 비판입니다. 이러한 사상을 존우화작론(尊佑化作論)이라고 하는데 기독교가 여기에 속합니다. 기독교 교리에 의하면 신은 세상을 만들었을 뿐 아니라 우리의 인생을 지배하고 있다고 합니다. 우리가 노력해서 천국에 갈 수 있는 것이 아니라 신이 천국으로 보내 주어야 갈 수 있다는 것입니다. 그리고 우리는 우리의 마음대로 살아가는 것 같아도 실은 신의 뜻에 의해 움직이고 있다고 합니다. 그래서 천국에 갈 사람과 지옥에 갈 사람은 이미 정해져 있다고 하기도 합니다. 그리고 이 세상은 신의 계획에 의해 종말과 심판의 날이 정해져 있다고 합니다. 우리나라에서 1992년 휴거 소동이 일어난 것도 다 이러한 기독교의 교리 때문입니다.

부처님께서는 이러한 존우화작론을 우리의 인생을 무의미하게 만든다고 비판했습니다. 우리가 착한 일을 하는 것도 신의 뜻이고, 악한 일을 하는 것도 신의 뜻이라면, 착한 일을 한 사람을 착한 사람이라고 할 수도 없고, 악한 일을 한 사람을 비난할 수도 없을 것입니다. 모두가 신의 의도에 따라 한 일이므로 우리는 사람을 죽이고도 내가 죽였다고 할 수가 없을 것입니다. 그래서 기독교 광신자들은 우리의 소중한 불교문화재를 파손하기도 하고, 다른 종교를 믿는 사람을 사탄이라고 욕하면서도, 그것이 잘못된 일이라고 생각하기는커녕 신의 종으로서 당연히 해야 할 일이라고 생각하고 있습니다. 자신의 행동을 신의 뜻에 따른 것이라고 생각하는 것입니다. 그래서 부처님께서는 이러한 종교나 사상은 우리의 도덕적 삶을 파괴하는 매우 위험한 것이라고 비판했습니다.

둘째는 인간과 세계의 미래는 이미 결정되어 있다는 결정론입니다. 이것을 숙작인론(宿作因論)이라고 하는데 유물론적 과학이나 원자론적이고 기계론적인 사고방식, 그리고 서양의 관념론과 같은 철학도 여기에 속합니다.

유물론적 과학에 의하면 이 세상은 원자와 같이 불멸하는 실체들이 인과적인 법칙의 지배 아래서 기계적으로 변화한다고 합니다. 영국의 물리학자 스티븐 호킹(Stephen W. Hawking)이 쓴 『시간은 항상 미래로 흐르는가』라는 책을 보면 이 우주는 미래가 결정되어 있다고 합니다. 처음에 이 우주는 원자보다도 작은 먼지였다고 합니다. 이 먼지가 폭발을 일으켜 계속 팽창하면서 지금과 같은 우주가 되었다고 합니다. 지금도 우주는 계속 팽창하고 있다고 합니다. 이것이 소위 우주는 큰 폭발에 의해 생겼다는 빅뱅 이론입니다. 이 이론에 따르면 '이 우주가 끊임없이 팽창할 것인가, 아니면 어느 정도 팽창하다가 멈출 것인가, 어느 한계에 오면 다시 수축할 것인가'는 최초의 폭발 당시에 결정된다고 합니다. 모든 물질은 서로 잡아당기는 인력이 있습니다. 이것이 만유인력의 법칙입니다. 만약 처음 폭발할 당시에 폭발력이 너무 커서 이 인력을 능가했다면 우주는 계속 팽창할 것이고, 인력과 폭발력의 크기가 같다면 폭발력과 인력이 상쇄하는 지점에서 팽창을 멈출 것이며, 폭발력이 인력보다 작았다면 팽창하다가 인력 때문에 다시 수축하게 될 것이라는 것입니다. 결정된 것은 우주의 팽창한계뿐이 아닙니다. 우주 속에 있는 물질들도 그것이 어떤 모습을 지닐 것인가가 이때 결정된다고 합니다. 왜냐하면 모든 물질은 어떤 조건 아래서는 필연적으로 어떤 상태가 될 수밖에 없기 때문에 최초에 주어진 조건에 따라 연쇄적으로 다음의 상태가 결정될 수밖에 없다는 것입니다.

이 이론에 의하면 이 세상의 생명체도 물질의 필연적인 변화 과정에서 필연적인 결과로 나온 것이 됩니다. 또 그 생명체가 살아가는 것도 생명체를 구성하고 있는 물질들의 작용에 의한 것이므로 우리 인간의 행동도 자유로운 의지에 의한 것이 아니라 그 사람의 뇌를 구성하고 있는 물질의 필연적인 작용의 결과라고 보게 됩니다. 그래서 결론은 우주의 모든 것은 결정되어 있다는 것입니다.

한편, 헤겔이 주장하는 관념론에서는 절대이성(絕對理性)이라는 정신적 실체가 자기 자신 속에 있는 원리에 따라 자기발전을 하는 과정에서 세계와 인간이 나온다고 봅니다. 이 세계와 인간의 역사는 절대정신의 자기발전의 과정에서 나타난 현상인 것입니다. 이렇게 되면 인간과 세계는 절대이성 속에 내재하는 원리의 필연적인 전개이므로 유물론과 마찬가지로 결정론이 되고 맙니다.

우리의 인생은 사주팔자와 같은 숙명에 의하여 결정되었다는 숙명론도 결정론에 속합니다. 점쟁이들은 우리의 미래를 점칩니다. 누구나 타고난 운명이 있다는 것입니다.

이러한 결정론을 우리의 운명이 숙명(宿命)에 의해 결정되었다고 주장한다는 의미에서 숙작인론(宿作因論)이라고 부르는데 부처님께서는 이것도 존우화작론과 다를 바가 없다고 비판하였습니다. 모든 것이 숙명적으로 결정된 것이라면 어떤 사람이 사람을 죽이는 것도 이미 태어나기 전에 결정된 일이라고 할 수밖에 없을 것입니다. 이런 사상에서 어떻게 우리는 착한 일을 해야 한다는 도덕적 당위성을 발견할 수 있겠습니까?

마지막으로 세상만사가 다 우연이라고 생각하는 우연론(偶然論)이 있습니다. 착한 일을 한다고 복을 받고, 악한 일을 한다고 벌을 받는 것이 아니라 모든 것이 우연이라는 것입니다. 그러니 착한 일이건, 악한 일이건 나에게 이익이 되는 일은 아무 짓이든 해서 이익만 보면 된다는 것입니다. 요즈음과 같이 종교와 사상이 혼란한 시대에 이러한 생각을 가진 사람이 많이 나타납니다. 이러한 생각을 원인도 없고, 인연도 없다고 주장한다는 의미에서 무인무연론(無因無緣論)이라고 부르는데 부처님께서는 이것도 도덕을 파괴하는 위험한 생각이라고 비판했습니다.

그렇다면 부처님께서 깨달았다는 연기법은 어떤 것일까요?

연기법에 대해서는 앞으로 계속해서 다룰 것이므로 여기에서는 아주 간단하게 설명하겠습니다. 한마디로 말해서 연기법은 모든 것은 인연에 따라 생기고 없어진다는 이론입니다. 그렇다면 인연이란 무엇일까요? 그것은 업(業)입니다. 우리는 "당신과 나는 전생에 인연이 있었나 봅니다"라는 말을 합니다. 이때 인연이란 전생에 내가 당신에게 했던 일과 당신이 나에게 했던 일을 의미합니다. 즉, 당신과 나는 전생에 어떤 관계를 맺는 일을 한 적이 있다는 의미입니다. 이러한 업이 나와 내가 사는 세상을 만들어 간다는 사상이 연기설입니다.

그렇다면 업은 어떤 것일까요? 마음이 업의 근본입니다. 우리는 마음에 따라 말을 하고 행동을 합니다. 이것을 업이라고 합니다. 따라서 업이 세상을 만든다는 연기설은 마음이 세상을 만든다는 일체유심조(一切唯心造)의 사상이라고 할 수 있습니다.

그렇다면 마음은 어떤 것일까요? 이것은 관념론에서 말하는 실체로서의 정신과는 다릅니다. 마음의 본 모습은 아무런 모양이 없습니다. 마음은 업에 의해 그 성질과 모습이 정해집니다. 즉, 업에 따라 항상 변하는 것이 마음입니다. 바늘 도둑이 소도둑이 된다는 속담이 있습니다. 조그만 도둑질이라 할지라도 자주 하게 되면 도둑질을 예사로 할 수 있는 마음이 되어 큰 도둑이 되는 것입니다. 도둑은 태어나면서부터 도둑으로 태어나는 것이 아니라 이렇게 업에 의해 도둑이 되는 것입니다. 도둑에게는 도둑의 세계가 나타납니다. 이렇게 업에 따라 마음이 변하고, 마음이 변하면 나와 나의 세계가 변합니다. 이것이 연기법입니다. 따라서 연기법을 깨달은 사람은 자기의 마음을 잘 다스려서 좋은 나와 좋은 세상을 만들기 위해 노력하지 않을 수 없는 것입니다.

세계의 존재원리로서의 연기법은 어떤 것입니까?

———

앞에서는 윤리적인 측면에서 연기법이 아닌 다른 사상은 우리의 도덕적인 삶의 근거가 되지 못한다고 했습니다. 이제 세계의 존재원리로서의 연기법에 대하여 설명하겠습니다.

이 세상에는 세계의 존재원리를 나름대로 주장하는 사상과 종교가 많습니다.

기독교에서는 신이 세상을 만들었다고 주장하고, 과학자들은 여러 가지 원소가 모여서 세상이 이루어졌다고 주장합니다. 부처님 당시의 인도에도 이러한 생각을 가진 사람들이 있었습니다. 바라문교(Brahmanism)에서는 이 세상이 브라만신이 변해서 된 것이라고 주장했고, 바라문교를 인정하지 않는 새로운 사상가들은 지(地)·수(水)·화(火)·풍(風), 즉 사대(四大)와 같은 몇 가지 요소로 이루어졌다고 주장했습니다. 그렇다면 부처님께서는 어떻게 주장했을까요? 『잡아함경(319)』에는 다음과 같은 이야기가 있습니다.

"구담[2]이시여, 일체(一切)라고 할 때, 당신은 무엇을 일체라고 하나이까?"
부처님께서 바라문에게 이르시되 "일체는 십이입처(十二入處)이다."
瞿曇 所謂一切者 云何名一切 佛告婆羅門 一切者謂十二入處

이 경에서 바라문이 묻고 있는 '일체(一切)'는 인간과 세계의 근원을 의미합니다. 바라문교에서는, 일체는 브라만신이 변해서 된 것이기 때문에 모든 것은 다 브라만이라고 주장했습니다. 바라문은 부처님에게 "세상을 만든 것은 무엇인가?"를 묻고 있는 것입니다. 부처님께서는 이 질문에 대하여 그것은 '십이입처'라고 대답했습니다. 십이입처는 안(眼)·이(耳)·비(鼻)·설(舌)·신(身)·의(意)라고 하는 내입처(內入處)와 색(色)·성(聲)·향(香)·미(味)·촉(觸)·법(法)이라고 하는 외입처(外入處)를 말합니다.

---

2 부처님의 성은 고따마(Gautama)이고, 이름은 싯달타(Siddhārttha)이다. '구담'은 '고따마'를 한자음으로 음사한 것이다. 『아함경』에서 부처님의 제자들은 부처님을 '세존'이라고 부르고, 외도들은 '구담'이라고 부른다.

일반적으로 십이입처를 육근(六根)과 육경(六境)이라고 이해하고 있습니다. 그러나 이러한 이해는 잘못된 것입니다. 만약 육입처(六入處)를 육근과 동일한 것으로 이해하면 불교의 교리는 알 수 없는 것이 됩니다. 예를 들어 십이연기(十二緣起)에서는 무명(無明)을 연하여 행(行), 식(識), 명색(名色), 육입(六入)이 차례로 연기한다고 하는데 어떻게 무명에서 우리의 감각기관인 육근이 연기할 수 있겠습니까? 그리고 무명이 사라지면 육입도 사라진다고 하는데, 무명이 사라진 부처님께서는 육근이 없이 살아가셨을까? 십이입처를 육근과 육경이라고 해석한 것은 후대의 아비달마불교입니다. 근본경전인『아함경』과『니까야』에는 육입처와 육근이 다른 의미로 설해져 있습니다. 그런데 후대의 아비달마불교에서 십이입처를 육근과 육경이라고 해석한 이후 모두가 그 해석을 따르게 되었습니다. 저는 그것이 잘못된 해석이라는 것을 20여 년 전에 제 박사학위 논문인『아함의 중도체계 연구』에서 밝혔습니다. 그러나 여전히 많은 사람들이 아직도 육입처와 육근의 차이를 이해하지 못하고 있어서 안타깝게 생각하고 있습니다.

아무튼 내입처(內入處)와 육근(六根), 외입처(外入處)와 육경(六境)은 동일한 것이 아닙니다. 육근은 눈·귀·코와 같은 우리의 감각이고, 육경은 빛·소리·냄새와 같은 감각의 대상을 의미합니다. 그러나 내입처와 외입처는 감각과 감각의 대상을 의미하는 것이 아닙니다.『잡아함경(239)』에서는 십이입처에 대하여 다음과 같이 이야기하고 있습니다.

어떤 것이 번뇌에 묶여 있는 법인가? 안(眼)-색(色), 이(耳)-성(聲), 비(鼻)-향(香), 설(舌)-미(味), 신(身)-촉(觸), 의(意)-법(法) 이것이 번뇌에 묶여있는 법이다. 이들을 묶고 있는 번뇌는 어떤 것인가? 욕탐이 이들을 묶고 있는 번뇌다.

云何結所繫法 眼色, 耳聲, 鼻香, 舌味, 身觸, 意法 是名結所繫法

云何結法 謂欲貪是名結法

이 경에서 이야기하듯이 십이입처는 욕탐이라는 번뇌에 묶여 있는 우리의 마음, 즉 망상(妄想)을 의미합니다. 아마 대부분의 사람들은 십이입처가 우리의 마음이라는 것을 이해하기 어려울 것입니다. 그러나 십이입처는 분명히 우리의 마음입니다.

우리는 눈으로 색을 본다고 생각합니다. 그러나 보는 것은 얼굴에 달린 눈이 아닙니다. 눈을 통해 우리의 마음이 봅니다. 이렇게 보는 마음이 내입처의 안(眼)입니다. 우리는 밖에 있는 색을 본다고 생각합니다. 그러나 색은 밖에 있는 것이 아닙니다. 빛은 파장입니다. 빛의 파장은 극히 짧은 것에서부터 매우 긴 것까지 무수하게 존재합니다. 우리는 그 가운데 가시광선의 파장만을 인식할 수 있습니다. 빛은 이렇게 파장의 길고 짧음의 차이만 있을 뿐 색깔의 차이는 없습니다. 빛의 파장에 의해 우리의 시신경이 자극을 받으면 자극의 정도에 따라 색깔의 차이를 느낍니다. 이와 같이 우리가 보는 색은 우리의 마음에 생긴 감각입니다. 소리도 냄새도 마찬가지입니다. 이렇게 보는 마음에 의해 보이는 마음이 외입처입니다. 따라서 내입처와 외입처는 모두 우리의 마음일 뿐입니다.

우리는 이러한 사실을 깨닫지 못하고, 보는 것[眼]은 안에 있는 나라고 생각하고, 보이는 것[色]은 밖에 있는 존재라고 생각합니다. 이렇게 진실을 알지 못하고 무명(無明)의 상태에서 보는 행동[行]을 통해 사물을 인식할 때[識] 인식되는 사물[名色]에 대하여 그것을 보고 있는

'안에 있는 나'라는 생각이 일어났을 때 '안에 있는 나라는 생각'이 내입처(內入處)이고, 내가 보고 있는 대상이 밖에 존재한다는 생각이 일어났을 때, '밖에 있는 존재라는 생각'이 외입처(外入處)입니다. 사물을 인식하는 눈·코·귀·혀·몸·마음의 내부에 '자아'가 들어있다고 생각한다는 의미에서 내입처(內入處)라고 부르고, 우리의 몸 밖에는 색·소리·냄새·맛·촉감을 지닌 사물 속에 그 사물의 실체가 들어있다고 생각한다는 의미에서 외입처(外入處)라고 부르는 것입니다.

결국 십이입처는 '나(我)와 세계(世界)를 분별하는 망상(妄想)'이라고 할 수 있고, 이 망상(妄想)에서 중생의 세계인 삼계(三界)가 벌어진다는 것이 부처님의 말씀입니다. 우리가 '나'라고 생각하는 것을 살펴보면 나는 보고, 듣고, 만지고, 생각하는 존재입니다. 우리가 '세계'라고 생각하는 것을 보면 보이고, 들리고, 만져지고, 인식되는 것들입니다. 따라서 일체는 십이입처라고 할 수 있는 것입니다.

모두가 우리의 마음인데, 왜 우리는 보는 것은 '몸 안에 있는 나'이고, 보이는 것은 '몸 밖에 있는 세계'라는 생각을 일으키는 것일까요? 부처님께서는 우리가 욕탐이라는 번뇌에 묶여 있기 때문이라고 말씀하셨습니다. 조용한 숲속을 아무 생각 없이 고요한 마음으로 산책을 한다고 합시다. 고요한 마음속에는 나와 남을 분별하는 마음이 없습니다. 싱그러운 녹음, 맑은 공기, 밝은 햇살, 주변에 피어있는 예쁜 꽃, 고요한 마음에서는 이 모든 것이 나와 하나가 됩니다. 그런데 꽃이 아름다우니 꺾어야 되겠다고 생각하게 되면, 그 순간 다른 것은 나에게서 떠나버리고 오직 욕심의 대상인 꽃만이 내 시야에 들어옵니다. 이때 내 마음은 '나와 남을 분별하는 마음'이 됩니다. 세상은 나와 나 아닌 꽃과 꽃 아닌 바람과 햇빛 등등이 따로따로 존재하게 됩니다.

나와 꽃, 나무, 공기, 바람, 햇살, 등은 모두가 따로따로 존재하고 있는 것일까요? 나는 맑은 공기를 마시기에 존재합니다. 맑은 공기는 나무에서 산소를 내보내기에 존재합니다. 나무는 햇빛과 비를 받아서 존재합니다. 이렇게 모든 것은 어느 하나 개별적으로 존재하는 것은 없습니다. 모두가 서로 인연이 되어 존재하고 있습니다. 모든 것은 인연이라는 하나의 끈으로 연결되어 있습니다. 이 끈이 끊어지면 어느 것도 존재할 수가 없습니다. 나와 세계는 이렇게 모두가 한 몸입니다. 연기법은 이와 같이 이 세상은 개별적인 원자나 개체적인 존재가 모여서 이루어진 것이 아니라 서로서로 인연이 되어 한 몸을 이루고 있다는 진리입니다.

이렇게 한 몸인 세계, 이것을 불교에서는 일진법계(一眞法界)라고 합니다.

장엄염불(莊嚴念佛) 가운데 다음과 같은 게송이 있습니다.

염주를 굴리면서 법계를 살펴보니, (我執念珠法界觀)

허공이 끈이 되어 모든 것을 묶고 있네. (虛空爲繩無不貫)

평등한 비로자나 어디라서 없을쏜가, (平等舍那無何處)

이와 같이 살피면서 서방정토 찾아가네. (觀求西方阿彌陀)

일진법계에서 무명과 욕탐에 의해 십이입처와 같은 허망한 분별심이 일어나면 나와 남을 구별하는 온갖 차별심이 나타나서 분별하고 차별하는 마음에 따라 수많은 세계가 벌어집니다. 그러나 우리의 마음에 분별이 사라지면 세상의 모든 것이 평등하게 청정법신(淸淨法身) 비로자나 부처님입니다. 이와 같이 법보는 탐욕이 사라진 청정법신을 의미합니다. 그래서 우리는 '귀의법이욕존(歸依法離欲尊)', 즉 "모든 탐욕을 떠난 청정한 법신에게 의지합니다"라고 서원하는 것입니다.

법보에 귀의한 사람의 삶은 어떤 모습일까요?

———

우리는 평등을 추구합니다. 우리가 평등을 원하는 것은 평등해야 행복할 수 있기 때문입니다. 그래서 인류는 자유를 추구했듯이 평등을 추구했습니다. 남녀의 평등, 귀천이 없는 평등, 모두가 함께 나누는 평등, 인류는 이런 온갖 평등을 실현하고자 노력했습니다. 우리가 사는 현대는 어느 시대보다도 이러한 평등이 실현된 시대라고 이야기합니다.

그러나 잘 생각해 보면 꼭 그렇지만은 않은 것 같습니다. 옛날에는 찬물도 위아래가 있다고 생각했으나, 요즈음은 어른이라고 해서 차별된 대우를 하는 것을 마치 시대에 뒤진 것처럼 생각합니다. 여필종부(女必從夫)라 해서 아내는 남편의 뜻을 따르는 것을 미덕으로 여겼으나, 요즈음은 남편의 뜻을 따르는 것은 평등한 자신의 권리를 찾지 못하는 못난 짓으로 생각합니다. 이렇게 모두가 평등하다고 생각하다 보니, 요즈음은 존경하는 사람도 없어졌습니다. 어른에 대한 존경, 스승에 대한 존경, 부모에 대한 존경, 이와 같은 다른 사람에 대한 존경이 사라져 가고 있습니다.

뿐만 아니라 현대에도 여전히 많은 차별이 존재합니다. 옛날처럼 반상(班常)의 차별은 없지만 가진 자와 없는 자의 차별은 여전히 존재하고 있고, 사회적으로 출세한 사람과 소외된 사람의 차별은 예전보다 더하면 더하지 결코 덜하지 않습니다. 법 앞에는 평등하다고 하지만 가진 사람, 권력 있는 사람은 큰 죄를 지어도 가벼운 벌을 받고, 돈 없고 권력 없는 사람은 조그만 죄를 지어도 엄한 법의 심판을 받습니다. 법 앞에 평등하다고 하지만 현실은 결코 평등하지가 않습니다.

평등한 사회를 추구한 인류가 얻은 것은 없고, 차별된 사회라고 생각했던 옛날보다 더 살기 어려운 시대가 되어 가는 것 같습니다. 왜 이런 현상이 벌어지는 것일까요? 그것은 진정한 평등의 의미를 모르기 때문입니다. 우리는 평등이란 서로 다른 두 개의 사물이 같은 것을 의미한다고 생각합니다. "너와 나는 개별적인 존재인데 너와 나는 평등하다. 즉, 다를 것이 없다." 이렇게 생각하는 것을 평등이라고 알고 있는 것입니다. 그러나 이 세상에 같은 것은 아무것도 없습니다. 한날 한시에 태어난 쌍둥이도 서로 다릅니다. 가진 자와 없는 자가 같을 수 없고, 높은 지위에 있는 사람과 낮은 지위에 있는 사람이 같을 수 없습니다. 따라서 나와 남을 서로 개별적인 존재로 생각할 때는 결코 평등이 실현되지 않습니다.

앞서 이야기했듯이 부처님께서 깨달은 연기법을 통해 보면 이 세상 모든 것은 인연이라는 끈으로 연결된 '한 몸[同體]'입니다. 평등은 이렇게 우리는 모두 '한 몸[同體]'이라는 생각을 가질 때 실현됩니다. 나와 남을 분별하는 분별심이 있으면 결코 평등한 생각이 일어날 수 없습니다. 나무와 땅과 물과 공기가 서로 개별적인 존재라고 할 때는 결코 평등하지 않습니다. 그러나 나무가 없으면 맑은 공기가 있을 수 없고, 맑은 공기가 없으면 나무가 있을 수 없고, 나무가 없으면 땅이 있을 수 없고, 땅이 없으면 물이 흘러갈 수 없습니다. 이렇게 존재하는 모든 것은 서로서로 인연이 되어 존재하므로 크게 보면 '한 몸'을 이루고 있습니다. 이것을 깨닫는다면 나무가 공기를 업신여길 수 없고, 땅이 나무를 업신여길 수 없을 것입니다. 나무는 땅을 존중하고, 공기는 나무를 존중하고, 물은 땅을 존중하고 이렇게 모두가 서로 존중할 것입니다. 이렇게 모두가 존중할 때 모두가 존중받는 존재로서 평등해집니다. 연기법의 입장에서 보면 이렇게 모든 것은 평등합니다. 우리가 보고 있는 차별은 연기법이라는 존재의 근본원리를 모를 때 나타나는 망상일 뿐입니다. 나무는 나무이고, 흙은 흙일 때, 나무와 흙이 평등한 것이지, 나무와 흙이 같아야 나무와 흙이 평등해지는 것은 아닙니다. 이와 같이 이 세상의 모든 것은 같은 것이 하나도 없지만, 모두가 다르기 때문에 평등한 것입니다. 어른과 아이가 같을 수 없고, 남자와 여자가 같을 수 없지만, 어른은 어른답게 행동할 때 존경을 받고, 아이는 어른을 공경할 때 사랑을 받으며, 남자는 남자다울 때 존경을 받고, 여자는 여자다울 때 존경을 받습니다. 사장은 사원들 덕분에 회사가 유지되고 있으므로 사원에게 감사하고, 사원은 사장의 회사에서 일할 수 있으므로 사장에게 감사할 때 사장과 사원은 서로 고마운 존재로서 평등해집니다. 이것이 연기법입니다. 따라서 법보에 귀의한 사람은 모든 것을, 그것이 사람이든 하찮은 미물이든, 생명이 없는 돌이나 물까지도 나를 존재하게 하는 고마운 존재이며 나와 평등한 존재라고 생각해야 합니다. 만법(萬法)은 평등합니다. 이것이 연기법이고, 우리가 귀의하는 법보입니다. 자유와 평등, 그것은 진리이고 또한 우리의 참모습이기 때문에 그것에 의지할 때 행복을 느끼고, 멀어져 있을 때 불행해지는 것입니다.

4

승보(僧寶)란
어떤 것인가?

우리가 귀의해야 할 진정한 승보(僧寶)는 어떤 것인가요?

———

승보라고 하면 우리는 스님들을 생각합니다. 물론 스님들은 승보입니다. 그러나 스님 개인 개인이 승보는 아닙니다. 불보가 부처님을 의미하지만, 부처님 개인만을 의미하는 것이 아니라 우리 모두의 참모습을 의미하듯이 승보는 스님을 의미하지만 스님 개개인을 의미하는 것은 아닙니다.

우선 '귀의승(歸依僧)'이라고 할 때의 승(僧)이 어떤 말인지를 알아봅시다. 승이라는 말은 범어 'saṅgha(상가)'를 음사한 것입니다. '상가'를 소리 나는 대로 '승가(僧伽)'라고 한자로 표기했고 여기에서 '가(伽)'가 탈락하여 간단히 '승(僧)'이라고 부르는 것입니다.

'상가'라는 말의 뜻은 원래 모임이나 집합을 의미하는 것인데 인도에서 출가수행자들이 나타나 집단을 이루어 생활했기 때문에 이들의 집단, 즉 교단을 '상가'라고 부르게 되었고, 또 같은 목적이나 이념으로 살아가는 사회공동체를 '상가'라고 부르게 되었습니다. 우리는 절을 '가람(伽藍)'이라고 부릅니다. 이 말도 '상가'에서 유래한 것입니다. 인도에서 출가수행자가 교단을 이루어 살아가기 시작한 초기에는 요즈음의 사찰과 같은 크고 많은 건물이 없이 공원이나 큰 정원과 같은 곳에 모여서 살았습니다. 인도는 날씨가 덥기 때문에 집이 없어도 나무 밑이나 동굴 같은 데서 수행하며 살아갈 수 있었던 것입니다. 그래서 출가 수행자들이 집단을 이루어 머물고 있는 곳을 'sangha-arāma(상가-아라마)', 즉 '상가의 정원'이라고 불렀습니다. 'arāma'는 정원이나 공원을 의미하는 말입니다. 이 'sangha-arāma'라는 말을 '승가람(僧伽藍)'이라고 음사했고, 여기에서 '승(僧)'이 탈락하여 '가람(伽藍)'이 된 것입니다.

우리가 귀의승이라고 할 때의 승은 '상가', 즉 불교 교단을 의미합니다. 스님들을 '승'이라고 부르는 것은 '상가'에 속한 사람, 즉 승려(僧侶)라는 의미에서 그렇게 부릅니다. 스님을 의미하는 '승'은 '승려'에서 '려'가 탈락한 것입니다. 그런데 『아함경』을 보면 처음 불교에 귀의하는 사람들이 부처님 앞에서 귀의의 서약으로 삼귀의를 할 때 "비구승(比丘僧)에게 귀의합니다"라는 말을 하고 있습니다. 이것을 보고 승보는 '비구스님'을 의미한다고 생각하기 쉽습니다. 그러나 아함경에서 말하는 '비구승'은 'bhikkhu-sangha', 즉 비구들의 교단을 의미합니다.

'승보'의 의미는 불교의 긴 역사를 통해 그 의미가 확대되었습니다. 처음에는 '비구의 교단'을 의미했던 것이 여인의 출가로 인해 비구니도 승단의 일원이 되었고, 대승불교의 발흥과 더불어 재가신도도 '승보'에 포함되게 됩니다. 비구, 비구니, 우바새, 우바이를 사부대중(四部大衆)이라고 하는데 사부대중이 곧 '승보'인 것입니다. 그러나 분명히 알아야 할 것은 그 대중이 계율을 지킬 때 '승보'가 된다는 점입니다.

승보가 부처님의 가르침에 따라 수행하면서 살아가는 공동체를 의미한다면, 승보에 귀의한다는 것은 무엇을 의미하는 것일까요?

─────

공동체에는 규율이 있습니다. 우리가 조그마한 친목계나 어떤 모임을 만들어도 거기에는 회칙이라는 것이 있습니다. 회칙을 지키지 않는 사람은 그 모임의 구성원이 될 수 없습니다. 부처님께서도 교단을 이끄시면서 교단의 구성원들이 지켜야 할 계율을 만드셨습니다. 그러나 부처님께서 제정하신 계율은 단지 불교교단을 유지하기 위하여 만든 것이 아니라, 부처님의 깨달음에 근거를 두고, 진리에 따르는 행복한 사회를 건설하기 위해 만드신 것입니다.

부처님께서 법을 설하신 목적은 모든 중생의 행복을 위해서입니다. 그리고 우리의 행복은 우리의 참모습과 이 세상의 존재원리를 알아서, 이에 따라 살아갈 때 실현됩니다. 부처님께서 정하신 계율은 바로 이러한 우리의 참모습과 세상의 존재원리에 바탕을 두고 있습니다.

불교의 계율은 여러 종류가 있지만 근본은 오계(五戒)와 십선계(十善戒)입니다. 살생(殺生)·투도(偸盜)·사음(邪淫)·망어(妄語)·음주(飮酒), 이들 다섯 가지를 금하는 것이 오계이고, 이 오계를 신(身)·구(口)·의(意),

삼업(三業)으로 나누어 몸으로 짓게 되는 살생(殺生)·투도(偸盜)·사음(邪淫) 세 가지를 금하고, 입으로 짓게 되는 거짓말, 꾸며대는 말, 이간질하는 말, 욕설과 같은 사나운 말 네 가지를 금하고, 마음에서 일어나는 탐욕스러운 생각, 성내는 생각, 어리석은 생각 세 가지를 금하는 것이 십선계입니다. 이들 계율을 살펴보면 우리 모두가 평화롭게 공존하기 위해서는 반드시 지켜야 할 것들입니다.

부처님께서 깨달은 것은 우리는 모두 인연의 끈으로 연결되어 함께 연기하고 있는 '한 몸(同體)'이라는 사실이었습니다. 이러한 연기법의 진리에서 본다면 살생은 스스로를 죽이는 것이 되고, 거짓말은 스스로를 속이는 것이 됩니다. 이것은 이론적으로만 그런 것이 아니라 실제적으로도 그러합니다.

살생을 예로 들어봅시다.

살생은 사람을 죽이는 것만을 의미하지 않습니다. 생명이 있는 모든 것의 생명을 해쳐서는 안 된다는 것이 불살생(不殺生)의 의미입니다. 대부분의 다른 종교에서도 살인을 해서는 안 된다는 계율이 있습니다. 그러나 다른 동물은 사람을 위해서는 죽여도 좋다고 생각하고 있습니다. 그래서 신에게 제사를 지낼 때 다른 동물을 죽여서 제물로 바치기도 합니다. 우리도 대부분 다른 동물을 죽이는 것은 죄가 되지 않는다고 생각합니다. 그러나 생태학자들은 모든 생명체는 먹이사슬이라는 끈으로 연결되어 있어서 그 사슬을 구성하고 있는 한 종류의 생명체가 사라지면 다른 생명체도 모두 죽게 된다는 사실을 발견했습니다. 모든 생명은 하나라는 연기법이 진리임을 증명한 것입니다. 따라서 우리가 살기 위해서는 다른 생명을 살리지 않으면 안 됩니다.

거짓말도 마찬가지입니다. 내가 남을 속이면 남도 나를 속이게 됩니다. 내가 속이면 결국은 나도 속게 됩니다.

어떤 사람이 지옥과 극락을 가보니 지옥이나 극락이나 다를 바가 없더랍니다. 환경도 같고, 먹고 입는 것도 같은데 지옥의 사람들은 몸이 마르고 눈에는 사나운 독기가 서려있으며 서로 미워하고, 경쟁하고, 다투며 살고 있었습니다. 이와 달리 극락의 사람들은 몸이 윤택하고 눈빛은 자애로우며, 서로 존경하고 도우며 살더랍니다. 그 이유가 무엇인지 궁금했는데 식당에서 식사하는 것을 보고서 그 이유를 알았답니다.

지옥이나 극락이나 모두 모여 식탁 양쪽에 서로 마주보며 식사를 하게 되어있는데 수저와 젓가락이 매우 길더랍니다.

지옥의 사람들은 긴 젓가락으로 자신의 음식에는 손을 대지 않고 남의 음식을 집어다 먹더랍니다. 앞 사람이 자신의 음식에 손을 대는데 그 사람이 가만있겠습니까? 그 사람은 앞 사람에게 욕설을 하면서 상대의 음식을 집어가고, 이렇게 서로 남의 음식을 탐하다 보니 밥을 먹다가 싸움이 벌어져 음식은 먹어보지도 못하고 엎질러져 먹을 수 없게 되고, 요행히 젓가락으로 집은 음식도 자신의 입에 넣으려고 하니 젓가락이 길어서 음식이 입으로 들어가지를 않더랍니다. 그래서 식사 시간이 끝나도록 음식은 먹어보지를 못한 채 서로 싸움만 하다가 나와서는 서로를 원망하면서 반목하더랍니다.

극락의 사람들을 보니 긴 젓가락으로 자신의 음식을 집어 앞 사람, 옆 사람의 입에 넣어주면서 좋은 음식을 서로서로 권하더랍니다. 아무도 자신의 음식을 자기가 먹는 법이 없지만 흘리는 음식도 없고, 먹지 못한 음식도 없이 배불리 먹고서는 "오늘은 주변의 여러 사람 덕에 식사를 잘했다"고 하면서 서로 존경하고 친목하더랍니다.

이렇게 되니 지옥에는 원망이 가득하고, 극락에는 존경과 사랑이 넘치더라는 것입니다. 나 혼자만 살려고 하면 나도 살 수 없게 되고, 나 혼자만 속지 않으려고 하면 나도 속게 됩니다. 이런 사회에는 원망과 미움과 투쟁이 가득합니다. 그러나 남을 살리면 나도 살게 되고, 남을 속이지 않으면 나도 속지 않게 됩니다. 이런 사회는 존경과 사랑과 평화가 충만합니다. 이것이 연기법의 진리에 의해 존재하는 세상의 모습입니다. 부처님의 계율은 이렇게 우리가 평화로운 사회를 만들기 위해 반드시 지켜야 할 삶의 길입니다.

계율은 평화와 화합의 길입니다. 승가는 부처님의 계율 아래서 존경과 사랑으로 화합된 평화로운 공동체입니다. 승보에 귀의한다는 것은 이러한 화합된 평화로운 공동체의 일원이 되어 부처님의 계율 속에서 살아간다는 것을 의미합니다.

부처님께서는 불교교단이 분열하는 것을 매우 우려하셨습니다. 『아함경』에 보면, 그 당시 자이나교의 지도자가 죽자 교단이 반목하고 분열하는 것을 보고 부처님께서 제자들에게 이렇게 말씀하십니다. "비구들이여, 너희는 우유와 물처럼 화합하라."

우리는 과연 우유와 물처럼 화합하고 있습니까? 우리 사회는 남달리 화합이 요구되고 있습니다. 남북이 사상적으로 대립하고 있고, 동서가 지역적으로 대립하고 있습니다. 이러한 대립은 자신은 옳고 남은 그르다고 하는 편견 때문에 나타난 것입니다. 나를 버리면 화합하지 못할 이유가 없습니다. 그러나 우리는 지나치게 자신의 생각을 고집하고 있는 것 같습니다.

재미있는 이야기를 하나 하겠습니다. 옛날 어느 큰 절에서 스님들이 공부를 하다가 야외에 소풍을 갔습니다. 오랜만에 밖에 나오니 엄한 절 생활에서 해방된 기분을 느꼈겠지요. 길을 가다 보니 주막이 있었습니다. 일행 중의 한 스님이 주막을 보고 "우리 오랜만에 나왔으니 곡차나 마련해서 먹고 놉시다." 이렇게 제안을 하니 모두들 그렇게 하자고 동의를 했습니다. 그런데 그중의 한 스님은 다른 스님들이 모두 동의하니까 반대는 못했지만 속으로는 "술을 마시는 것은 파계인데 이거 큰일이로구나." 이렇게 생각했습니다. 술통을 짊어지고 가는데 들에서 소가 풀을 뜯고 있었습니다. 이것을 보고 한 스님이 "안주도 없이 어떻게 술을 먹겠소. 저 소를 잡아 안주로 씁시다." 하니 또 모두 찬성을 했습니다. 이 스님은 "이제는 도둑질에 살생까지 하는구나. 이것은 절대로 묵과해서는 안 된다." 이렇게 생각하고서 남들은 모두 먹고 마시며 즐겁게 노는데 자신은 아무 재미도 느끼지 못하고 야유회를 마치고 절로 돌아오게 되었습니다. 모두들 언제 술 먹고 소 잡아먹었느냐는 듯이 태연하게 절로 돌아왔는데 이 스님은 그날 밤 몰래 큰스님에게 찾아가 그날 있었던 일을 고해바치고 스님들에게 엄한 벌을 내릴 것을 요구했습니다. 큰스님은 이 이야기를 듣고 "알았다. 큰일이로구나." 이렇게 대답하고서 다음 날 소풍 갔던 스님들을 모두 모이게 했습니다. 이 스님은 "이제 대중들이 큰 꾸지람을 받겠지." 이렇게 생각하고 있는데 큰 스님께서 이 스님을 불러 대중 앞에 세우더니 "이놈이 대중의 화합을 깨뜨렸다. 당장 이놈을 절에서 내쫓아라." 이렇게 호령을 하더랍니다.

물론 이 이야기는 실화가 아닙니다. 단지 공동체에서 화합이 얼마나 중요한가를 일깨워주는 이야기입니다. 아무리 옳은 것도 대중의 의사에 반한다면 양보할 줄 알아야 한다는 이야기입니다. 그래서 "대중이 원하면 소도 잡아먹는다"는 말이 있습니다.

계율을 지키지 않아도 좋다는 이야기가 아닙니다. 계율은 맹목적으로 지키기 위한 것이 아니라 공동체 속에서 화합하여 평화롭게 사는 데 그 의의가 있다는 것을 말하고자 하는 것입니다. 부처님의 계율은 우리가 화합하여 평화롭게 사는 데 가장 옳고 바른 길입니다. 따라서 우리는 화합된 평화로운 사회를 건설하기 위해 계율을 지켜야 하는 것입니다.

인간은 사회적 동물입니다. 우리는 사회를 떠나서는 살 수 없습니다. 그래서 승보에 대한 귀의를 맹세하는 '귀의승중중존(歸依僧衆中尊)', 즉 공동체 가운데 가장 존귀한 승가에 귀의한다는 말은 다음과 같은 뜻을 지닙니다.

"승가에 귀의합니다. 대중 속에서 부처님의 계율을 지켜 그들과 화합할 것을 맹세합니다. 우리는 부처님의 계율 속에서 화합하여 평화로운 사회를 만들겠습니다."

5

염불(念佛)은
왜 하는가?

불교에서 염불할 때 나무아미타불과 나무관세음보살은 무슨 의미인가요?
그리고 염불하며 기도하는 것은 기독교의 기도와 어떤 차이가 있습니까?

───────

　　　　　나무아미타불(南無阿彌陀佛), 나무관세음보살(南無
觀世音菩薩)이라고 할 때 나무(南無)란 범어 'namo'를 소리 나는 대로 음
역(音譯)한 것입니다. 여기에서 주의할 것은 한자어 남무(南無)를 불교
식으로는 '나무'라고 발음한다는 점입니다. 범어 'namo'의 원뜻은 '존
경한다'는 의미입니다. 따라서 '나무아미타불', '나무관세음보살'이라
고 하는 것은 아미타불을 신을 믿듯이 믿는다, 관세음보살을 예수 믿
듯이 믿는다는 말이 아니라 "아미타불을 존경한다", "관세음보살을 존
경한다"는 말입니다.

우리가 어떤 사람을 존경하는 것은 그 사람의 생각이나 행동이 옳다고 생각되기 때문입니다. 그렇다면 옳다는 것은 무엇을 의미하는 것일까요? '이것은 옳다', '저것은 그르다', 이와 같이 말할 때 옳다는 것은 '참되다', '거짓이 아니다', '진실이다', '진리다'는 것을 의미합니다. 거짓이 아니고 참되고 진실인 진리에 대하여 우리는 존경의 마음을 일으키게 됩니다.

그렇다면 진리는 무엇일까요? 진리는 모든 것의 근원입니다. 진리는 모든 존재의 존재원리이므로 모든 것은 진리에 의해 이루어집니다. 행복도 진리에 따르고, 불행도 진리에 따릅니다. 착한 일을 하면 행복해지고, 악한 일을 하면 불행해지는 것이 진리입니다. 그런데 생명을 가진 모든 것은 행복하기를 원합니다. 사람도 누구나 행복을 원합니다. 그렇지만 누구나 행복하지는 않습니다. 행복은 원한다고 얻어지는 것이 아니라 행복이 이루어지는 진리를 알아서 이 진리에 순응하여 살아갈 때 얻어집니다. 아무리 행복해지기를 원한다 해도 자신도 모르게 불행을 가져오는 행동을 한다면 우리는 불행해질 수밖에 없습니다.

우리가 부처님을 존경하는 것은 부처님께서 성취하여 우리에게 가르쳐준 행복이 이러한 진리에 일치하는 참된 것이기 때문입니다. 따라서 행복을 원하는 사람은 부처님을 존경하지 않을 수 없습니다. 우리가 부처님을 존경하는 것은 이처럼 우리가 행복을 소망하기 때문입니다.

존경한다는 것은 우러러 받드는 것과는 다릅니다. 우러러 받드는 것은 상하관계에서 이루어집니다. 기독교신자는 신이나 예수를 우러러 받듭니다. 이러한 기독교 신자는 결코 신이나 예수가 될 수 없습니다. 신은 영원히 인간의 주인이고 인간은 신의 영원한 종이기 때문입니다. 그러나 존경은 평등한 관계에서 이루어집니다. 어떤 어린이가 이순신 장군을 존경한다는 것은 "나도 자라서 이순신 장군과 같은 훌륭한 인물이 되어 우리나라의 안녕과 번영을 위해 살아가겠다"는 생각을 가지고 있다는 것을 의미합니다. 따라서 존경하는 마음을 변치 않고 지속하면서 이순신 장군을 본받으면 그는 이순신 장군과 같이 자신의 안락보다는 국가와 민족의 안녕과 번영을 위해 일하는 사람이 될 것입니다. 'namo'는 이런 의미의 존경입니다.

아미타불(阿彌陀佛)은 무량수불(無量壽佛)이라고도 하는데, '아미타'라는 말은 범어로 '한량없는 수명'이란 의미이기 때문에 한자로 번역하여 '무량수(無量壽)'라고 한 것입니다. 『무량수경』에 의하면 아미타불은 전생(前生)에 법장(法藏) 비구라는 이름을 가진 수행자였다고 합니다. 법장 비구는 모든 사람들이 행복하게 살 수 있는 세상, 즉 극락정토를 만들기 위해 48가지 큰 원을 세웠습니다.

그 내용을 요약하면, 단 한 사람이라도 고통받는 사람이 있다면 자신은 결코 부처가 되지 않겠다는 것이며, 모두가 평등하고 자유로운 세상에서 한량없는 수명을 누리며 행복하게 살지 못한다면 자신은 결코 부처가 되지 않겠다는 것입니다. 그리고 자신이 부처가 되어 괴로움이 없고, 풍요롭고, 아름다운 극락세계를 건설하면 누구든지 자신의 이름, 즉 '아미타불'을 10번만 부르면 자신의 불국정토에 태어나게 하겠다는 것입니다.

행복을 추구하는 우리가 부처님을 존경하는 것은 우리도 부처님과 같이 행복을 가져다주는 진리를 깨달아서 그 진리에 의지하여 살아가겠다는 생각을 가지고 있다는 것을 의미합니다. 따라서 '나무아미타불'을 염불하는 것은 "나는 아미타불을 존경합니다. 아미타불께서 48원을 세워 모든 중생이 행복을 누리는 극락세계를 성취하셨듯이 나도 큰 원을 세워 모든 중생과 함께 무량한 수명을 누리는 행복한 세상을 만들겠습니다"라는 자신의 결의를 다지는 것입니다.

관세음보살을 염불하는 것도 마찬가지입니다. 관세음보살님은 이 세상에서 고통받는 중생들이 자신의 이름을 부르면 어떤 고통에서든 벗어나게 해주겠다는 원을 세웠습니다. 남의 고통을 외면하지 않겠다는 것입니다. 이러한 관세음보살님을 존경하고 본받는 것이 '나무관세음보살'입니다. 그리고 우리가 관세음보살을 염불하면서 관세음보살님을 본받아 남의 고통을 외면하지 않고 그들의 고통을 덜어주기 위해 노력하면 그들의 고통은 물론 자신의 고통도 함께 소멸됩니다.

아미타불처럼 행복하고 아름다운 세상을 꿈꾸지 않으면 우리는 결코 아름답고 행복한 세상에서 살 수가 없습니다. 관세음보살님처럼 다른 사람의 고통을 덜어주기 위해 노력하지 않으면 우리는 근본적으로 고통에서 벗어날 수가 없습니다. 염불은 맹목적인 믿음이 아니라 염불하는 불보살의 원력(願力)을 본받아 행복한 세상에서 고통 없이 살아가기 위한 다짐인 것입니다.

'무량수불', 즉 '아미타불'을 염불하는 법을 가르치는 『관무량수경』에 다음과 같은 말씀이 있습니다.

모든 부처님께서는 법계(法界)³를 몸으로 하며, 모든 중생의 심상(心想) 가운데 들어있느니라. 그러므로 그대들의 마음이 부처님을 생각

---

3 불교에서는 온 우주를 법계라고 한다.

할 때 이 마음이 곧 삼십이상(三十二相)과 팔십수형호(八十隨形好)의 공덕을 갖추어서 이 마음이 부처를 이루나니 이 마음이 곧 부처니라.

諸佛如來是法界身 入一切衆生心想中 是故汝等心想佛時
是心卽是三十二相八十隨形好 是心作佛 是心是佛

이와 같이 염불은 우리가 부처님과 보살님을 생각함으로써 우리 자신이 부처가 되고 보살이 되기 위해 하는 것입니다.

청화(淸華) 대선사께서는 『정토삼부경』⁴을 번역하시고 머리말에서 다음과 같이 말씀하셨습니다.

정녕 우리 중생은 본래의 자성(自性)이 아미타불이요, 우리가 본래 살고 있는 고향은 극락세계인데 짓궂은 번뇌 업장에 가리어 미처 깨닫지 못하고 그지없이 생사고해(生死苦海)에 방황하다가 다행히 부처님의 교법을 만나 비로소 참다운 자아와 진정한 고향인 극락세계로 돌아가게 되는 것입니다.

실로 영원불멸한 우주 자체의 대생명(大生命)이 바로 부처님이요, 그 부처님의 대명사가 아미타불이며, 부처님의 자비화신(慈悲化身)이 관세음보살이요, 부처님의 지혜화신(智慧化身)이 대세지보살입니다.

〈중략〉

그리고 우리들이 참다운 실상세계(實相世界)인 극락세계의 장엄 찬란

---

4 '정토삼부경'은 아미타불과 극락세계를 설하고 있는 『무량수경(無量壽經)』·『관무량수경(觀無量壽經)』·『아미타경(阿彌陀經)』을 일컫는 말로 정토신앙의 소의경전이다. 청화 대선사께서는 염불선을 제창하시면서 정토삼부경을 번역하시었다.

한 경계를 흠모하고 동경하며, 우주 자신의 이름이요, 우리의 본래 면목(本來面目)의 이름이기도 한 아미타불이나 관세음보살을 일심으로 생각하며 그 이름을 외우고 부르는 것은 우리 범부 중생이 찰나 찰나에 끊임없이 스스로 부처임을 자각하면서 부처가 되어가는 절실하고 안온한 성불의 첩경이 아닐 수 없습니다.

이와 같이 염불은 하느님이나 예수님을 믿고 의지하여 천당에 가려고 하듯이 아미타불이나 관세음보살님을 믿고 의지하여 극락세계에 가기 위해서 하는 것이 아니라 우리 스스로가 본래 생사가 없는 무량한 수명을 지닌 무량수불이며, 우리의 마음이 본래 자비가 충만한 관세음보살이라는 것을 자각하여 우리 스스로 극락세계를 성취하기 위해서 하는 것입니다.

2
장

부처님 당시의 인도사회

1
—

부처님 당시의 인도사회는
어떠했는가?

모든 사상은 그 시대의 사회적 상황을 배경으로 하고 있습니다.

———

　　　　물론 부처님께서 깨달은 진리는 시대와 지역을
초월한 것입니다. 그러나 그 진리를 표현하신 말씀은 시대적·지역적
상황을 벗어날 수가 없습니다. 부처님께서는 당시의 여러 사상을 비
판하고, 그 비판 위에 서 깨달은 진리를 말씀하셨습니다. 따라서 부처
님의 가르침을 바르게 이해하기 위해서는 부처님 당시 인도의 사회와
사상을 살펴보지 않을 수 없습니다.

　오늘날의 인도문화를 이룩한 민족은 인도 아리안(Āryan)족입니
다. 이들은 본래 코카서스의 북방에 살고 있었는데, 그중의 일부가 인
도의 서북부에 있는 인더스강 유역을 거쳐 펀자브 지방으로 들어와

토착민인 드라비다족, 문다족 등을 정복하고 정착하게 됩니다. 그리고 아리안족에 의해 정복당한 토착민은 노예가 되어 수드라라는 가장 천한 계급으로 전락합니다. 이 시기는 B.C. 13세기경으로 추정되는데 인도 최고(最古)의 문헌인 베다(Veda)의 본집(本集)은 이 무렵에 형성되기 시작합니다. 이때부터 B.C. 1,000년까지를 인도 역사에서 베다기(期)라고 부릅니다.

부처님 당시의 인도사회와 사상은 어떻게 형성되었는가?

———

『리그베다(Ṛg-Veda)』, 『사마베다(Sama-Veda)』, 『야주르베다(Yajur-veda)』와 같은 베다의 본집이 형성된 후에 B.C. 1,000~B.C. 800년이 되면 아리안의 사회는 동쪽으로 옮겨집니다. 그리고 유목 위주의 생활방식에서 강을 끼고 있는 비옥한 땅에 정착하여 논농사를 짓는 농경사회로 변화합니다. 이 시기에 아리안족은 인도에서 안정된 사회를 이루게 되며, 제사가 세상의 모든 일을 결정하는 큰 힘을 가졌다고 믿음으로써 브라만의 지위가 높아지고, 안정된 사회를 유지하기 위해서 전사(戰士)들이 정치를 관장하게 됩니다. 이리하여 브라만(Brāhman), 크샤트리아(Kṣatriya), 바이샤(Vaiśya), 수드라(Śūdra)라는 사성(四姓) 계급(階級)이 확립됩니다. 그리고 제사의 의식이 만능화(萬能化)되면서 제사의 의식을 체계적으로 기술하고 베다의 본집을 설명하는 『브라흐마나(Brāhmaṇa)』라는 문헌이 형성됩니다. 그래서 이 시기를 브라흐마나기(期)라고 합니다.

　　B.C. 8세기에서 B.C. 5세기경이 되면, 은퇴한 브라만들이 숲속에

들어가 베다의 내용을 명상하면서 인간과 우주에 대한 철학적인 탐구가 이루어집니다. 그 결과 인도사상의 특징을 이루는 범아일여사상(梵我一如思想), 윤회(輪廻)사상, 업설(業說), 해탈론(解脫論) 등을 담고 있는 『우파니샤드(Upaniṣad)』라는 문헌이 형성됩니다. 이 시기를 우파니샤드 기(期)라고 합니다.

갠지스강의 상류에 정착했던 아리안은 동쪽으로 진출을 계속하여 B.C. 8~B.C. 7세기경에는 활동의 중심지가 갠지스강의 중류 지역으로 옮겨지고, 사회적·문화적으로 큰 변화가 일어납니다. 비옥한 갠지스강 유역의 풍부한 농산물을 토대로 상공업이 발달하게 되고, 그 결과 도시를 중심으로 여러 국가가 생겼으며, 점차 큰 군사력을 가진 국가에 의해 큰 나라로 병합되는 추세를 보였습니다. 당시의 강대한 국가의 체계를 갖춘 나라 가운데 코살라, 마가다, 아반티, 밤사 네 나라가 가장 강성한 나라였다고 합니다.

부처님 당시의 시대상은 어떠했는가?

―――――

이 시대에 브라만 계급은 점차 권위를 잃어가고 그 대신 크샤트리아와 바이샤 계급이 권력과 부를 장악하게 되었습니다. 브라만 계급의 몰락과 함께 바라문교의 권위도 더 이상 큰 영향력을 발휘할 수 없게 되었습니다. 서양에서 르네상스와 시민혁명, 그리고 산업혁명에 의해 부를 축적한 부르주아의 사회적 지위가 급상하면서 기독교 교회의 권위와 힘이 약화된 것과 매우 유사한 현상이라고 할 수 있습니다.

바라문교의 권위가 상실되었다는 것은 전통적인 질서와 윤리가
파괴되었다는 것을 의미합니다. 과거에는 세속적인 행복이 브라만신
의 은혜로 주어진다고 생각하여 바라문교에서 선이라고 가르친 것을
따르는 것이 윤리가 되었는데 이제는 재물이 행복을 보장한다고 믿게
됨으로써 돈벌이와 향락적인 생활이 인생의 목적이 되어버렸습니다.

이렇게 전통적인 질서가 무너지고 사회가 혼란해지자 혼란한 사
회를 떠나 출가하는 수행자들이 나타났습니다. 이들에 의해 바라문교
의 교리에 반대하는 다양한 사상들이 우후죽순처럼 나타나 인도사회
는 극심한 사상적 혼란을 겪게 되었습니다.

부처님 당시의 사회와 오늘날 우리 사회의 상황은 크게 다르지 않습니다.

———

부처님께서 태어난 B.C. 7~B.C. 6세기경의 인도
사회는 이렇게 정치·경제·문화·사상 등 사회 전반에 걸쳐서 혼란이
극에 달한 시기였습니다. 이 시기는 우리의 현실과 매우 유사합니다.
1960년대까지 농업을 위주로 하던 우리 사회가 1970년대에 산업화되
는 과정에서 기존의 유교 윤리는 무너지고 서구의 사상과 문물은 비
판 없이 수용되었습니다. 그 결과 사람들은 돈벌이와 향락에만 열중
하는가 하면 이러한 세상에 염증을 느껴서 종말론을 믿고 삿된 종교
에 빠져들고 있는 우리의 모습이 아마 그 당시의 인도사회의 모습과
별반 다르지 않았을 것입니다.

부처님께서는 이러한 혼란한 시기에 인간의 바른 삶을 밝히는 진
리를 찾아 출가하셨고, 연기법이라고 하는 진리를 발견하여 우리에게

가르치셨습니다. 오늘과 같은 혼란한 시대에 우리가 불교를 공부해야 하는 까닭은 불교 속에 오늘의 현실을 극복할 수 있는 길이 있기 때문입니다.

당시의 사상계는 어떠했나요?

———

사상계에는 당시의 혼란한 사회상을 반영하는 많은 사상들이 나타났는데 이들 사상은 정통 바라문교의 교리가 신뢰할 수 없는 독단론이라는 비판에서 비롯된 것입니다. 우파니샤드사상에 의하면 이 세계는 최초의 유일한 존재인 브라만신이 세상의 많은 것으로 되려는 욕망을 일으켜, 불과 물과 영양분을 차례로 방출한 다음, 그 속에 아트만의 형태로 들어가 세상의 모든 존재가 되었다고 합니다. 이것을 '브라만 전변설(轉變說)'이라고 합니다. 전변설에 의하면 세상의 모든 존재는 브라만이 변해서 된 것이기 때문에 그 본질인 아트만은 브라만과 동일하다고 합니다. 이것을 '범아일여(梵我一如) 사상'이라고 합니다.

이러한 바라문교에 반대하여 사문(沙門, Śramaṇa)이라고 불리는 새로운 사상가들이 나타났는데 바라문교에 반대하는 자유사상가들은 브라만신의 존재를 부정했습니다. 브라만신이 세상으로 변한 것을 어떻게 입증할 수 있느냐는 것입니다. 본 사람도 없는 브라만신의 존재를 믿을 것이 아니라 눈에 보이는 물질을 믿자는 유물론적 사고방식이 이들의 입장입니다. 그래서 그들은 눈에 보이는 물질과 같은 현실적인 사물을 구성하는 요소가 무엇인가를 탐구하는 데 열중하였습니다. 그리고 대부분은 이 세상에 인간이 반드시 실천해야 할 윤리나 도덕은 존재하지 않고 물질적인 요소들의 이합집산(離合集散)만이 있을 뿐이라고 주장했습니다.

근본경전에서는 당시의 사상가들을 육사외도(六師外道)로 소개하고 있습니다.

———

『장아함경(長阿含經)』의『사문과경(沙門果經)』에서는 이러한 자유사상가들 가운데 가장 큰 영향력을 가진 여섯 사람의 사상을 소개하고 있습니다. 이들을 일반적으로 육사외도(六師外道)라고 부릅니다.

육사외도 가운데 뿌라나 까삿빠(Pūraṇa Kassapa)는 도덕부정론자(道德否定論者)입니다. 그는 아무리 몹쓸 행동을 해도 그것이 악(惡)이 아니며, 그 행동의 결과 죄의 과보를 받는 일도 없다고 주장했다고 합니다.

아지따 께사 깜발라(Ajita Kesa Kambala)는 유물론자(唯物論者)로 유명합니다. 그는 사람도 지(地)·수(水)·화(火)·풍(風) 사대(四大)가 일시적으로 모여 있을 뿐이므로 죽으면 지·수·화·풍으로 뿔뿔이 흩어지고 만다고 주장했습니다. 그러므로 인간에게는 선악업(善惡業)에 따르는 과보도 없고, 현세와 내세도 없으며, 심지어는 부모도 없고, 태어나서 죽는 존재도 없다고 주장했습니다. 오직 사대(四大)라는 물질적 요소의 이합집산(離合集散)만 있을 뿐이라는 것이 아지따의 주장입니다.

빠꾸다 깟짜야나(Pakuda Kaccāyana)는 기계적(機械的) 불멸론(不滅論)을 주장했습니다. 아지따의 사대설(四大說)에 의하면 고락의 감정이나 인간의 생명현상은 죽음과 함께 사라집니다. 그렇다면 고락의 감정이나 인간의 생명현상을 이루는 요소는 없다는 것이 됩니다. 그는 없는 것은 생길 수 없다고 봅니다. 그래서 고(苦)·락(樂)·생명(生命)도 사대(四大)와 마찬가지로 요소라고 보고 7요소설(要素說)을 주장했습니다. 이 세상은 불멸하는 7요소가 기계적으로 모였다가 흩어지고 있다는 것입니다.

막칼리 고쌀라(Makkhali Gosāla)는 결정론자(決定論者)입니다. 이 세상은 요소가 우연히 이합집산(離合集散)하는 것이 아니라 이미 결정된 법칙에 의해 필연적으로 이합집산(離合集散)하므로, 인간의 삶을 포함하여 세상의 모든 일은 이미 결정되어 있다고 주장합니다. 그래서 그는 7요소에 물질이 이합집산할 수 있는 공간(空間)과 이들이 모이는 법칙인 득(得)과 이들이 흩어지는 법칙인 실(失), 그리고 사람이 태어나는 법칙인 생(生)과 죽는 법칙인 사(死) 다섯 가지를 추가하여 12요소설을 주장했습니다. 인간의 운명이나 사물의 생멸은 자연법칙에 의해 이들 요소가 결합된 것이기 때문에 생기고 없어지는 것은 이미 결정되어 있다는 주장입니다. 오늘날의 과학자 가운데 결정론을 주장하는 사람들이 있는데 막칼리 고쌀라가 바로 그와 같은 사상을 가졌다고 할 수 있습니다.

산자야 벨라띠뿟따(Sañjaya Belaṭṭiputta)는 회의론자(懷疑論者)입니다. 당시의 사문들은 감각적이고 현실적인 경험에 의지하여 업보와 내세를 부정했는데 산자야는 그런 문제들에 대하여 논의조차 해서는 안 된다고 주장했습니다. 내세를 경험할 수 없는데 어떻게 내세가 있는지 없는지를 알 수 있느냐는 것입니다. 그는 이렇게 철저하게 감각적이고 현실적인 경험에만 의존하기 때문에 진리 그 자체가 있다는 것을 의심하는 회의론에 빠져 있었던 것입니다.

　마지막으로 니간타 나따뿟따(Niganṭha Nātaputta)는 고행주의자(苦行主義者)입니다. 그는 자이나교의 창시자로서 부처님과 같이 왕족 출신입니다. 그는 부처님처럼 혼란한 사회를 구원할 생각으로 출가하여 스스로 진리를 깨달았다고 합니다. 그에 의하면 전생의 업에 의해 현생에 받을 괴로움이 결정되어 있다고 합니다. 그러므로 현생에서 받을 괴로움을 미리 받아버리고 새로운 업을 짓지 않으면 생사의 윤회에서 저절로 해탈하게 된다는 것이 그의 주장입니다. 그래서 그는 무조건 고행(苦行)을 해야 한다고 주장했습니다.

　부처님 당시에는 이렇게 다양한 사상이 나타나 대립하고 있었습니다. 부처님의 사상적 입장인 중도(中道)는 이러한 외도들의 사상을 비판한 것입니다. 부처님께서는 이들이 모순대립하고 있는 입장을 그 어느 것도 취하지 않고 모두 버렸으며 이것이 중도(中道)입니다.

2

—

부처님 당시의 종교와 사상은
어떠했는가?

불교를 바르게 이해하기 위해서는 우선 부처님께서 비판하신 당시의
사상에 대하여 알아야 합니다.

———

　　　　　　부처님 당시의 인도 사상을 개략(槪略)하면, 정통
바라문교는 브라만이 변해서 이 세상의 만물을 이루어 그 속에 들어
가 아트만이 되었다는 전변설적인 범아일여사상을 가지고 있었고, 바
라문 사상을 반대하여 나타난 사문들은 다양한 요소가 모여서 세상을
이루고 있다는 적취설을 주장했습니다.

　우리가 이들 외도들의 사상을 살펴보아야 하는 까닭은 불교가 파
사현정(破邪顯正)의 종교이기 때문입니다. 부처님께서는 사견(邪見)을
논파하고 정견(正見)을 드러냈기 때문에 우리가 부처님의 가르침을 바

르게 이해하기 위해서는 부처님께서 논파하신 사견이 무엇인지를 먼저 알아야 합니다.

사상이나 종교, 철학은 모두 삼라만상의 근원에 대한 이론을 가지고 있습니다. 철학에서는 이것을 형이상학, 또는 존재론이라고 합니다. 예를 들면 기독교에서는 이 세계를 신이 창조했다고 주장합니다. 신이 삼라만상의 근원이라는 것입니다. 이때 신은 형이상학적 존재이며, 제일의적(第一義的) 존재입니다. 과학자들은 수많은 원자가 모여서 이 세상을 이루고 있다고 주장합니다. 과학자들은 원자를 제일의적 존재로 보고 있는 것입니다.

이들 이론은 나름대로 자신들의 이론이 옳다는 것을 증명할 수단을 필요로 합니다. 철학에서는 이것을 인식론이라고 부릅니다. 기독교에서는 신이 세상을 만들었다는 이론이 옳다는 것을 『성경』으로 증명합니다. 『성경』에 그렇게 적혀있다는 것입니다. 과학자들은 원자가 모여서 이 세상이 이루어졌다는 것을 현미경을 통해 증명합니다. 모든 물질을 쪼개 보면 원자와 같은 원소를 발견할 수 있다는 것입니다. 다시 말해서 우리의 눈으로 보아서 그것을 알 수 있다는 것입니다.

인도의 사상도 마찬가지입니다. 바라문교에서는 브라만신이 변해서 삼라만상이 되었다고 주장합니다. 그들은 그 증거를 자신들의 성전인 『베다』에 두고 있습니다. 인도에서는 이렇게 『베다』의 권위를 인정하는 사상을 정통바라문사상이라고 부릅니다. 바라문의 사상이 다 같은 것은 아니지만, 『베다』의 권위를 인정한다는 점에서 이들을 하나로 보는 것입니다.

이미 언급했듯이 정통바라문교는 상공업을 중심으로 하는 도시문화의 발달로 세력이 약화되며, 새롭게 출현한 사문(沙門, Śramaṇa)이라고 불리는 자유사상가들의 도전을 받게 됩니다. 이들은 먼저 바라문교의 주장에 대하여 "우리가 어떻게 브라만신이 변해서 세상을 만들었다는 것을 알 수 있는가?"라는 인식론적인 문제를 제기합니다. 보지 않고는 알 수 없다는 것입니다. 바라문교에서는 『베다』를 그 증거로 내세우지만 『베다』의 권위를 인정하지 않는 사문들에게 『베다』는 아무런 의미가 없었던 것입니다.

새로운 사상가들의 대부분은 이렇게 눈에 보이는 것만을 인정하는 인식론적 입장을 취했습니다. 인도 논리학에서는 이것을 현량(現量)이라고 합니다. 현실적으로 경험할 수 있는 것을 가지고 진위의 여부를 판단한다는 것입니다. 서양철학적으로 이야기하면 경험론인 셈이지요. 한편 바라문교와 같이 권위 있는 책의 내용이나 사람의 말을 가지고 진위의 여부를 판단하는 것을 성언량(聖言量)이라고 부릅니다. 신뢰할 수 있는 말씀에 의지하여 판단한다는 것입니다. 현량, 성언량과 함께 인도철학에서 폭넓게 인정받고 있는 인식의 타당한 수단에는 비량(比量)이 있습니다. 비량은 논리적인 추론을 의미합니다. 예를 들면 눈앞의 불을 보고 불이 있다는 것을 아는 것은 현량(現量)이고, 산너머에서 연기가 나는 것을 보고 논리적으로 추론하여 그곳에 불이 있다는 것을 아는 것은 비량(比量)입니다. 불이 난 것을 전혀 알지 못하는 사람이 신문이나 방송을 통해서 불이 났다는 것을 알았다면 이것은 성언량(聖言量)입니다.

**새로운 사상가들은 대부분 현실적인 경험을 통해 성립된 지식만을
인정했습니다.**

———

　　　　　　　　새로운 사상가들은 보이지 않는 것은 믿을 수 없
다는 입장이었습니다. 그 결과 그들은 『베다』에 의지하고 있는, 브라
만이 변해서 삼라만상이 생겼다는 전변설(轉變說)을 인정하지 않았습
니다. 브라만이 변해서 삼라만상이 이루어지는 것을 본 사람이 없다
는 것입니다.

　그들은 세상의 존재 근거를 우리가 볼 수 있는 것 가운데서 찾았
습니다. 그 결과 그들은 생멸(生滅)·변화(變化)하는 것 가운데 변치 않
는 것이 있음을 알았습니다. 벽돌은 생겨서 부서져 사라집니다. 그러
나 벽돌을 이루고 있는 흙은 새로 생기지도, 변하지도, 사라지지도 않
습니다. 벽돌로 있을 때도 흙이고, 부서진 후에도 흙입니다. 물은 네모
난 그릇에 넣으면 네모지고, 둥근 그릇에 담으면 둥근 모양이 됩니다.
아무리 모양은 달라도 같은 물입니다. 이렇게 형태는 달라도 근본 성
질은 변함없이 물입니다. 불은 장작불이든 촛불이든 밝고 뜨거운 근
본성질은 변함이 없이 불입니다. 강바람이든 산바람이든 이름은 달라
도 근본은 변함없는 바람입니다. 이렇게 생기지도 않고, 변하지도 않
고, 없어지지도 않고, 형태와 이름은 달라도 근본 성질은 변하지 않는
요소를 위대한 존재라는 의미에서 'mahābhūta'라고 했는데 이것을 한
자로 대(大)로 번역했습니다. 그리고 흙(地)·물(水)·불(火)·바람(風)은
변함없고, 생멸(生滅)이 없는 요소라고 생각하여 이들을 네 가지 상주
불변하는 근본요소라는 의미에서 사대(四大)라고 불렀습니다.

　이와 같이 새로운 사상가들은 우리가 현실적으로 인식할 수 있는

한계 속에서 인간과 우주의 근본을 찾았습니다. 그 결과 아지따 께사 깜발라는 사대(四大)를 근본 요소로 생각했고, 빠꾸다 깟짜야나는 여기에 우리가 느낄 수 있는 괴로움과 즐거움도 요소가 지닌 불변하는 고유한 성질로 파악했고, 영혼도 이들 요소의 성질을 지각하는 불변의 요소라고 생각하여 7요소설을 내세웠습니다.

이렇게 인간과 세계를 요소의 집합으로 본다면 이 세상과 인간은 이들 요소의 기계적인 결합체에 지나지 않을 것입니다. 그래서 그들은 내세도 부정하고, 선악과 윤리도 부정했습니다. 요소들의 우연한 결합체인 인간이 죽는다는 것은 요소가 흩어지는 것이므로 선악이 있을 수 없으며, 죽어서 다음 세상에 태어난다는 것도 있을 수 없다는 것입니다. 그래서 이들은 사람을 칼로 베어 죽인다 해도 칼이 요소 사이를 지나가 요소의 결합이 파괴되었을 뿐 없어진 것은 아무것도 없다는 주장까지 서슴없이 하게 되었습니다. 그래서 그들은 인간의 삶에는 죄가 되는 것도 없고, 착한 일도 없으며, 오직 살아있는 동안 감각적 쾌락을 누리다가 죽으면 그만이라는 인생관을 갖게 되었습니다. 자연과학을 진리로 믿고 있는 현대인들이 내세를 부정하고, 윤리관을 상실한 채, 감각적 쾌락을 맹목적으로 추구하고 있는 것과 비슷하다고 할 수 있습니다.

막칼리 고쌀라는 우연론을 극복하기 위해 결정론을 주장합니다.

———

이렇게 이 세계를 요소들의 우연한 결합으로 생각하는 우연론[無因無緣論]을 극복하려고 한 사람이 막칼리 고쌀라입니다. 그는 인간과 세계가 아무 질서 없이 이합집산하고 있다고 보기에는 많은 문제가 있음을 알았습니다. 자연의 질서를 보면 이 세상을 요소들의 우연한 이합집산으로 볼 수는 없다는 것입니다.

그는 우리가 태어나서 죽는 것이나 어떤 사물이 모이고 흩어지는 것도 그것을 가능하게 하는 어떤 요소가 있기 때문이라고 생각했습니다. 그래서 그는 이들 요소가 활동하는 공간으로서의 허공(虛空)과 생명체의 생(生)과 사(死), 그리고 사물의 득(得)과 실(失)도 요소라고 생각하여, 7요소에 이들 다섯을 더하여 12요소를 주장했습니다.

그는 사람이 태어나 죽는 것은 생(生)이라는 요소와 사(死)라는 요소가 결합해있기 때문이고, 어떤 현상이 나타나고 사라지는 것은 득(得)과 실(失)이라는 요소가 결합에 있기 때문이라고 생각한 것입니다. 그는 내세나 윤회와 해탈을 부정하지는 않았습니다. 그는 내세나 윤회와 해탈은 이미 결정되어 있다고 생각했습니다. 우리가 착한 일을 하면 내세에 좋은 세상에 태어나고, 악한 일을 하면 지옥과 같은 곳에 태어나는 것이 아니라, 어떤 요소와 결합에 있느냐에 따라 우리의 현세에서의 삶과는 관계없이 천상에 태어날 것인가, 지옥에 태어날 것인가가 결정된다는 것입니다.

수행을 한다고 해서 빨리 해탈하거나, 수행을 하지 않는다고 해서 해탈을 못하는 것이 아니라, 해탈의 시기도 이미 정해져 있다고 주장했습니다. 세계와 인간은 이와 같이 요소들이 자연법칙에 의해 결합된 것이기 때문에 우리의 운명은 태어날 때 이미 숙명적으로 결정되어 있다는 것입니다.

산자야 벨라띠뿟타는 회의론(懷疑論), 즉 불가지론(不可知論)을 주장했습니다.

———

한편 산자야 벨라띠뿟타는 이러한 여러 주장에 대하여 의문을 제기합니다. 그는 철저하게 감각적인 지각, 즉 현량(現量)만을 인정합니다. 다른 사람들이 주장하는 요소가 진정 변치 않는 것이라는 것을 어떻게 알 수 있느냐는 것입니다. 흙이나 물이 변치 않는다는 것을 우리가 알 수 있는 것은 우리가 살아있는 동안뿐입니다. 내가 살아있는 동안은 변함이 없지만, 죽은 후에도 영원히 변치 않으리라는 것은 유한한 생명을 지닌 우리로서는 알 수가 없다는 것입니다. 그래서 그는 회의론을 자신의 입장으로 삼았습니다. 그는 그런 문제는 알 수 없으므로 어떤 주장을 하든지 관심이 없었습니다. 누가 이런 문제를 물으면 상대가 알 수 없는 궤변으로 문제 자체를 모호하게 만들었습니다. 알 수 없는 이런 문제로 고민하기보다는 현실에서 어떻게든 쾌락을 얻는 것이 현명하다고 생각했던 것 같습니다.

우리가 만약 감각적인 지각만을 진리의 인식 수단으로 인정한다면, 산자야 벨라띠뿟따의 견해에 따르지 않을 수 없을 것입니다. 부처님의 제자인 사리불과 목건련도 처음에는 산자야의 큰 제자였다고 합니다. 그러나 사리불은 '앗사지(Assaji, 馬勝尊者)'[5]라고 하는 부처님의 제자가 매우 평화로운 모습으로 위의를 갖추고 당당하게 걸어가는 것을 보고, "이 사람은 무언가 우리가 얻지 못한 행복을 얻은 사람임이 분명하다"고 생각하여 그에게 스승이 누구인지를 물었다고 합니다. 사리불은 감각적 쾌락보다 더 크고 수승한 즐거움이 있다는 것을 앗사지

———

5 부처님으로부터 처음 설법을 들은 5비구 가운데 한 분.

의 거동 속에서 읽었던 것입니다. 그래서 그는 부처님을 만나, 부처님을 통해서 산자야의 회의론을 극복하고 목건련과 함께 부처님의 제자가 되었습니다.

아무튼 부처님 당시에는 이렇게 정통 바라문교의 범아일여론, 유물론, 도덕부정론, 기계적 불멸론, 숙명론, 회의론과 같은 다양한 사상이 서로 대립하고 있었습니다. 이러한 상황은 서양에서 르네상스 이후 기독교의 몰락과 과학사상의 대두로 나타난 현대의 사상적 혼란과 너무나 유사합니다. 이러한 혼란에서 이를 극복하려고 했던 사람이 자이나교의 교주인 니간타 나따뿟따와 부처님이었습니다.

3

—

불교와 자이나교는
어떤 차이가 있는가?

니간타 나따뿟따는 부처님과 같은 시기에 활동한 사람으로서 부처님과 비슷한 점이 많습니다. 그래서 초기의 서양 불교학자들은 불교와 자이나교를 혼동했다고 합니다. 니간타 나따뿟따도 왕자였다고 합니다. 그도 부처님과 마찬가지로 젊어서 출가하여 스스로 도를 성취했다고 주장하면서 인도사회에 큰 영향을 끼쳤습니다. 지금도 인도에는 자이나교도가 많습니다.

**니간타 나따뿟따는 당시의 모든 사상을 조화롭게 종합 통일함으로써
사상적 대립과 모순을 극복하려고 했습니다.**

———

　　　　　　　　니간타 나따뿟따는 사상의 혼미로 인해 인도사
회가 도덕적으로 타락해 가는 것을 크게 염려했던 사람으로 생각됩니
다. 그래서 그는 당시의 모든 사상을 조화롭게 종합 통일함으로써 사
상적 대립과 모순을 극복하려고 했습니다. 이것은 그의 사상을 살펴
보면 알 수 있습니다.

　그는 이 세상이 정신적 실체와 물질적 실체로 되어있다고 주장
합니다. 그는 정신적 실체를 지바(Jīva)라고 불렀는데 이것은 우리가
'영혼'이라고 하는 것과 비슷합니다. 그리고 물질적 실체에는 물질
(pudgala), 허공(ākāśa), 법(法, dharma), 비법(非法, adharma), 이렇게 네 가지
가 있다고 주장합니다.

　'지바'는 동물이나 식물뿐만 아니라 현실적으로 존재하고 있는 모
든 존재 속에 깃들어 있는 생명력으로서 모든 정신작용의 주체이며
행동의 주체입니다. 그리고 이것은 사물을 지각하거나 인식하는 성질
을 그 본성으로 하고 있습니다. '지바'는 현실세계에서는 항상 물질과
결합하여 그 속에 내재하는데 이때 '지바'는 자신이 취하고 있는 물질
과 같은 크기로 존재합니다. 예를 들면 어릴 때의 '지바'는 크기가 어
릴 때의 몸의 크기만 하고, 어른이 되면 어른 크기가 된다는 것입니다.

　'지바'는 본래 전지전능할 뿐 아니라 괴로움이 전혀 없는 안락한
존재라고 합니다. 모든 것을 보고, 모든 것을 알 수 있으며, 어떤 일이
든 할 수 있는 항상 안락한 존재가 '지바'인데 이것이 모든 존재의 내
면에 존재하고 있다는 것입니다. 우리 인간도 각자 업에 따라 다른 몸

을 받고 있으나 몸 안에는 똑같은 '지바'가 있으며, 이것이 평등한 우리의 참모습이라는 것입니다.

그런데 우리는 업 때문에 몸을 받아 '지바'의 본성이 가려진 채로 각기 다른 능력과 모습으로 존재한다고 합니다. 그는 우리의 눈이나 귀와 같은 감각기관이 우리의 인식을 돕는 것이 아니라 오히려 제한하고 있다고 생각했습니다. 눈이 있어서 사물을 볼 수 있는 것이 아니라 눈이 있기 때문에 어두운 밤이나 잠잘 때는 보지 못하고, 또 멀리 있거나 옆이나 뒤에 있는 것은 보지 못하고 앞에 가까이 있는 것만 볼 수 있다는 것입니다.

따라서 자이나교에서는 인생의 궁극적인 목적은 정신적 실체이며 우리의 참된 자아인 '지바'를 물질적 실체로 된 몸과 분리시켜 '지바'의 본성을 회복하는 일이라고 주장합니다. 이렇게 '지바'가 물질과 분리하여 독립함으로써 얻게 되는 완전하고 포괄적인 인식을 '독존지(獨存知, kevalajñāna)'라고 합니다. 불교에서 말하는 '일체지(一切智)'에 해당하는 것입니다.

이상과 같은 니간타 나따뿟따의 사상은 바라문사상과 사문들의 사상을 종합한 것이라고 생각됩니다. 그는 모든 존재 속에 '지바'가 내재하고 있다고 함으로써, 모든 존재 속에 불변의 실체로써 '아트만'이 내재하고 있다고 하는 바라문교의 사상을 수용했습니다. 한편 물질적 실체와 정신적 실체를 독립적인 실체로 봄으로써 사문들의 요소설을 수용하고 있습니다. 또 운동의 조건인 '법'과 정지의 조건인 '비법'을 실체로 인정함으로써 막칼리 고쌀라의 결정론을 수용하여 우연론을 극복하려고 했습니다. 생성과 운동은 우연히 이루어지는 것이 아니라 '법'과 '비법'이라는 실체의 고유한 성질에 의해 일어나는 필연적인 것이라고 본 것입니다. 이렇게 결정론을 수용하면서도 그는 '지바'가 전지전능한 능력이 있다고 함으로서 결정적 숙명론을 극복하려고 했습니다. '지바'는 무한한 능력이 있으므로 자발적으로 해탈을 추구할 수 있는 자유가 있다고 함으로서 숙명론에서처럼 해탈까지도 결정된 것으로 보지 않고 이를 극복하려 했던 것입니다. '지바'의 이러한 특성은 바라문교의 '아트만'과 비슷한 것입니다.

이와 같이 니간타 나따뿟따는 바라문교의 독단적인 전변설은 요소설로 극복하고, 유물론적 요소설의 우연론은 마칼리 고쌀라의 결정론을 수용하여 극복하려고 했으며, 결정적 숙명론은 바라문교의 '아트만'을 수용하여 극복하려고 했던 것입니다.

그는 또 산자야 벨라띠뿟따의 회의론은 상대주의적인 인식론을 통해 극복하려고 했습니다. 인간과 세계의 근본이 되는 실체는 어떤 고정적인 언어로 표현될 수 없으므로 "이것은 무엇이다"라는 식으로 단정해서는 안 되고, 그것에 대해서 우리가 언급할 수 있는 모든 표현을 종합할 때 완전하게 인식할 수 있다는 것입니다. 예를 들면 장님이 코끼리를 만져보았을 때, 한 사람의 이야기만으로는 코끼리의 참된 모습을 알 수 없지만, 모든 장님의 이야기를 종합하면 코끼리의 참모습을 알 수 있듯이 서로 모순되는 주장은 어느 것이 옳고 그른 것이 아니라 각각 진리의 일부분을 이야기한 것이므로 이들을 종합하면 진리의 참모습이 된다는 것입니다. 이와 같이 니간타 나따뿟따는 철저하게 그 당시의 모든 사상을 종합하여 혼란한 사상을 통일시키려고 했습니다.

그러나 사견(邪見)을 종합(綜合)한다고 해서 정견(正見)이 되는 것은 아닙니다.

———

부처님도 코끼리를 보는 장님의 비유를 말씀하셨지만 근본 취지는 전혀 다릅니다. 하나의 비유를 들어봅시다. 아버지는 고혈압이고 어머니는 저혈압인 사람이 있다고 합시다. 자이나교의 견해는, 이 사람은 저혈압과 고혈압이 합해졌으므로 혈압이 정상일 것이라고 생각하는 것과 같습니다. 그러나 부처님께서는 이 사람은 고혈압과 저혈압을 동시에 가지고 있는 더욱 심각한 병이 있다고 보는 입장입니다. 그래서 부처님께서는 사견을 종합하지 않고 버리도록 했습니다. 사견은 아무리 모여도 결코 정견이 될 수 없다는 것입니다. 사견은 모이면 모일수록 더욱 허망한 사견이 될 뿐입니다.

니간타 나따뿟따는 당시의 사문들이 윤리를 부정하고 쾌락에 빠져 있는 것을 크게 우려했던 것이 분명합니다. 그는 사문들이 진리를 전체적으로 보지 못하고 부분적으로 본 결과 윤리를 부정하게 되었다고 생각하여 위에서 이야기한 바와 같이 이들을 종합했습니다. 그리고 그의 독특한 업설을 통해 이를 극복하려고 했습니다.

일반적으로 당시의 인도인들은 선악의 과보로써 죄와 복을 주는 것은 신이라고 믿고 있었습니다. 그러나 사문들은 우리가 볼 수 없는 신은 존재하지 않는다고 생각했기 때문에 도덕적인 행위를 통해 우리가 죄나 복을 받는다는 것을 인정할 수 없었습니다. 자이나교는 후대에 가서 자신들의 교리의 결함 때문에 신을 인정하게 되었습니다만, 자이나교의 창시자인 니간타 나따뿟따는 신의 존재를 인정하지 않았습니다. 그는 업이 스스로 작용하여 죄와 복이 이루어진다고 생각했습니다.

그에 의하면 '지바'가 못된 일을 하면 까르마(karma, 業)라는 미세한 물질이 '지바' 속으로 침투하여 정신적 실체인 '지바'와 물질적 실체를 결합시킵니다. 사람으로 말하면 몸을 받는 것입니다. 이렇게 업이 침투하면, '지바'는 그 본성을 상실하고, 태어나서 죽는 윤회를 시작합니다. 따라서 몸을 가지고 이 세상에 태어난 우리의 목표는 '지바'와 몸을 분리시켜 해탈을 얻는 것이라고 말합니다.

자이나교에서는 업을 소멸하기 위해서 고행(苦行)을 합니다.

———

업은 '지바'와 몸을 결합하는 접착제와 같은 것입니다. 따라서 '지바'가 몸에서 해탈하기 위해서는 업을 내보내야 합니다. 그런데 업은 업에 상응하는 괴로움을 겪어야만 지바에게서 떨어져 나갑니다. 보통 사람들은 이러한 사실을 모르기 때문에 업으로 인해 괴로움을 받으면서도 새로운 업을 지어 끝없이 괴로운 윤회를 하게 됩니다. 그러나 이러한 사실을 아는 사람은 새로운 업의 침투를 막고, 이미 몸속에 들어온 업은 고행을 통해 내보냄으로써 해탈을 얻을 수 있다는 것이 니간타 나따뿟따의 주장입니다. 그래서 자이나교에서는 불살생(不殺生)·불투도(不偸盜)·불사음(不邪淫)·불망어(불妄語)·무소유(無所有)라는 다섯 가지 계율을 철저히 지킴으로써 새로운 업의 침투를 막고, 몸을 괴롭히는 고행을 통해 침투한 업을 몰아내는 수행을 해야 한다고 주장합니다. 결국 니간타 나따뿟따는 쾌락주의를 배제한 대신 고행주의를 택한 것입니다.

이러한 자이나교의 업설은 앞에서도 설명했듯이 불교의 업설과 비슷하게 생각될 수도 있습니다. 그러나 불교의 업설은 해탈 후의 즐거움을 얻기 위해 몸을 괴롭히는 고행을 추구하지 않고 처음 수행을 하는 순간부터 즐거움을 얻게 되는, 처음도 좋고, 중간도 좋고, 마지막도 좋은, 진정한 해탈의 길을 이야기하고 있습니다.

지금까지 살펴보았듯이 바라문교의 독단적인 우주창조론과 범아일여론이 사문들에 의해 부정되면서 야기된 인도의 사상적 혼란과 이에 따른 사회적 혼란은 매우 심각한 것이었습니다. 이는 전통적인 윤리관이 파괴되어 쾌락주의가 만연하고 있는 우리의 혼란한 현실과 다를 바가 없습니다. 니간타 나따뿟따는 이러한 현실을 극복하기 위하여 이들 사상을 골고루 인정하고 종합했지만, 결국은 맹목적인 고행주의에 빠져들고 말았습니다.

부처님께서는 이러한 현실을 매우 우려했습니다. 그래서 『중아함경(中阿含經)』의 『도경(度經)』에서 삼종외도(三種外道)에 대한 비판을 하신 것입니다. 바라문교와 같이 이 세상을 신이 만들어 지배한다는 '존우화작론(尊祐化作論)'이건, 우리의 인생은 숙세에 결정되어 있다는 막칼리 고쌀라의 '숙작인론(宿作因論)'이건, 다른 사문들의 우연론(偶然論)이건, 결국은 인간의 윤리적 삶을 부정하게 된다는 것입니다.

부처님의 관심은 이러한 윤리의 파괴를 막을 수 있는 진정한 윤리의 확립에 있었습니다. 그러나 윤리의 확립은 단순히 몇 가지 도덕률을 제시한다고 해서 해결되는 문제가 아닙니다. 당시의 윤리적 타락이 외도들의 그릇된 사상에 기인하고 있듯이 진정한 윤리는 인간과 세계의 실상을 밝힌 진리에 토대를 두어야 합니다. 부처님께서는 이러한 진리를 깨달아 우리에게 바른 윤리를 가르치신 것입니다.

3장

정견
(正見)

1
—

부처님은 왜 침묵했는가?

무기
(無記)

부처님께서는 왜 당시의 철학적 문제에 침묵하셨을까?

———

부처님께서는 당시의 사상가들과 철학적 문제를 토론하다가 세계의 끝은 있는가, 없는가? 세계는 영원한가, 종말이 있는가? 육신과 영혼은 같은 것인가, 다른 것인가? 등등 형이상학적인 문제에 대하여 항상 확답을 하지 않고 침묵하였습니다. 이러한 부처님의 침묵에 대하여 부처님 당시에는 물론 오늘날까지도 그 이유에 대하여 많은 사람들이 의아해하고 있습니다. 부처님께서는 왜 이런 철학적인 문제들에 대하여 확답을 하지 않고 침묵하셨을까요?

이 문제에 대하여 대부분의 사람들은 부처님께서는 형이상학과 같은 철학에는 관심이 없었고 오직 중생들이 괴로움에서 벗어나 열반에 도달하는 데만 관심이 있었으며, 이런 문제들은 수행에 아무런 도움이 되지 않고 오히려 방해가 될 수 있으므로 도외시했다고 이야기합니다. 그러나 이러한 해석은 불교와 부처님을 왜곡한 것입니다.

부처님께서 당시의 사상가들이 물었던 형이상학적인 질문에 침묵한 것은 부처님께서 그러한 문제에 관심이 없었기 때문도 아니고, 몰랐기 때문도 아닙니다. 부처님께서는 그와 같은 질문들이 정견이 아닌 사견에서 비롯된 것이기 때문에 사견을 버리라는 의미에서 침묵한 것입니다.

부처님의 침묵의 의미를 가장 훌륭하게 이해한 사람은 대승불교의 아버지로 불리는 용수(龍樹, Nāgārjuna) 보살입니다. 용수 보살은 『중론(中論)』이라는 저서의 결론을 다음과 같이 내리고 있습니다.

atha vā sarva −bhāvānāṃ śūnyatvāc chāśvatādayaḥ/

kva kasya katamāḥ kasmāt saṃbhaviṣyanti dṛṣṭayaḥ//

一切法空故 世間常等見 何處於何時 誰起是諸見

모든 존재는 공(空)인데 상주(常住)한다는 등의 견해가 어디에서, 누구에 의해, 무엇에 대해, 무슨 근거로 생길 수 있겠는가?[6]

『중론(中論)』은 '부처님의 침묵'이 인간과 세계의 실상을 알지 못하기 때문에 나온 질문에 대한 부처님의 답변이라는 것을 논증하는 책입니다. 용수 보살의 결론은 모든 존재현상은 연기(緣起)하고 있어서 근본적으로 '공(空)'이기 때문에 공(空)한 것에 대하여 유한(有限)한

---

6 『중론』 제27품 「관사견품」 제29게

가, 무한(無限)한가, 같은가, 다른가, 등을 묻는 것은 물음 자체가 성립되지 않는다는 것입니다. 즉, 연기와 공(空)을 이해하지 못하기 때문에 나온 말장난이기 때문에 대답할 가치가 없으며, 이런 질문을 하는 것 자체가 무명에서 벗어나지 못하고 있는 상태라는 것입니다.

저는 부처님의 침묵의 의미를 올바로 이해하지 못하면 결코 정견을 가질 수 없고, 정견을 갖지 못하면 결코 불교를 바르게 이해할 수 없으며, 불교를 바르게 이해하지 못하면 열반을 성취할 수 없다고 생각합니다. 따라서 무기(無記)의 의의를 가장 명쾌하게 해명한 용수 보살의 입장에서 이 문제에 대하여 조목조목 살펴보겠습니다.

부처님께서는 구체적으로 어떤 질문들에 대하여 침묵했는가?

———

부처님의 침묵을 전하고 있는 불경은 매우 많습니다. 우선 이 문제에 대하여 당시의 외도 사상가과 토론한 내용을 소개하겠습니다. 『디가 니까야』에 『뽀타빠다경(Poṭṭhapāda Sutta)』[7]이 있는데, 이 경에서 부처님께서는 당시의 사상가들이 모여 토론하고 있는 장소에 가서 편력수행자 뽀타빠다와 철학적인 대화를 나눕니다. 그 과정에서 부처님께서는 세계는 영원한가, 그렇지 않은가? 등의 질문에 확답을 요구하는 뽀타빠다에게 부처님께서는 이런 문제에 확답하지 않는다고 이야기하면서 그 이유를 설명합니다. 뽀타빠다는 부처님의 설명을 듣고 납득하여 부처님을 찬탄합니다. 그러나 다른 사람들

---

7 『장아함경』의 「포타바루경(布·婆樓經)」

은 이해하지 못하고 부처님께서 자리를 뜬 후에 뽀타빠다를 비난합니다. 며칠 후에 뽀타빠다는 부처님을 찾아와서 다른 사람들로부터 자신이 비난받았던 이야기를 부처님께 이야기하자 부처님께서 다음과 같이 말씀하십니다.

뽀타빠다여, 그 편력수행자들은 모두 눈먼 장님들이고, 그들 가운데서 그대 혼자만 눈이 있군요. 뽀타빠다여, 나는 확정적인 법들을 시설하여 가르치기도 하고, 확정해서는 안 될 법들을 시설하여 가르치기도 하오. 뽀타빠다여, 내가 확정해서는 안 되는 법으로 시설하여 가르치는 법들은 어떤 것들인가? 뽀타빠다여, 나는 '세계는 상주(常住)한다'고 확정해서는 안 된다고 시설하여 가르치오. 뽀타빠다여, 나는 '세계는 상주하지 않는다.' 또는 '세계는 유한(有限)하다.' 또는 '세계는 무한(無限)하다.' 또는 '육신(肉身)이 곧 생명(生命)이다.' 또는 '육신과 생명은 각각 다르다.' 또는 '여래(如來)는 사후(死後)에 존재한다.' 또는 '여래는 사후에 존재하지 않는다.' 또는 '여래는 사후에 존재하기도 하고, 존재하지 않기도 한다.' 또는 '여래는 사후에 존재하는 것도 아니고, 존재하지 않는 것도 아니다'고 확정해서는 안 된다고 시설하여 가르치오.

뽀타빠다여, 내가 왜 확정해서는 안 되는 법들을 시설하여 가르치겠소? 뽀타빠다여, 그것들은 의미(attha)와 무관하고, 진리(dhamma)와 무관하고, 범행(梵行)의 출발점이 아니어서, 염리(厭離, niddida), 이욕(離欲, viraga), 지멸(止滅, nirodha), 적정(寂靜, upasama), 수승한 앎(abhiñña), 올바른 깨달음(sambodha), 열반(涅槃, nibbāna)으로 이끌지 못하오. 그래서 나는 그것들을 확정해서는 안 되는 법으로 시설하여 가르치오.

뽀타빠다여, 내가 확정적인 법으로 시설하여 가르치는 법들은 어떤 것들인가? 나는 '이것은 괴로움이다'라고 확정적인 법을 시설하여 가르치오. 뽀타빠다여, 나는 '이것은 괴로움의 집기(集起)다'라고 확정적인 법을 시설하여 가르치오. 뽀타빠다여, 나는 '이것은 괴로움의 멸(滅)이다'라고 확정적인 법을 시설하여 가르치오. 뽀타빠다여, 나는 '이것은 괴로움의 멸(滅)에 이르는 길이다'라고 확정적인 법을 시설하여 가르치오.

뽀타빠다여, 내가 왜 확정적인 법들을 시설하여 가르치겠소? 뽀타빠다여, 그것은 의미(attha)와 연결되고, 진리(dhamma)와 연결되고, 범행(梵行)의 출발점이어서, 염리(厭離, niddida), 이욕(離欲, viraga), 지멸(止滅, nirodha), 적정(寂靜, upasama), 수승한 앎(abhiñña), 올바른 깨달음(sambodha), 열반(涅槃, nibbāna)으로 이끈다오. 그래서 나는 확정적인 법들을 시설하여 가르치는 것이오.

이와 같이 부처님께서 침묵한 문제들은 세계의 시간적, 공간적 한계와 영혼과 생명의 관계, 그리고 열반을 성취한 여래의 사후 존재여부 등에 관한 모순(矛盾) 대립하는 문제들입니다. 부처님께서는 이와 같이 서로 모순된 주장 가운데 어느 하나를 선택하도록 요청을 받으면 대답을 하지 않고 침묵하셨습니다. 이것을 무기(無記, avyākata)라고 합니다.

부처님께서는 "모든 것은 무상(無常)하다"고 가르치고 있습니다. 그런데 "이 세계는 무상합니까, 영원합니까?"하고 물으면 대답하지 않습니다. 여래(如來)는 생사(生死)를 여의었다고 하면서도, 여래는 죽은 후에도 존재하는지, 아주 없어지는지를 물으면 대답하지 않습니다. 그 이유가 무엇인가요?

―――――

　　　　이 문제가 이야기되고 있는 또 다른 경전인 『전유경(箭喩經)』을 살펴봅시다.

　부처님의 제자 가운데 만동자라는 사람이 있었습니다. 그 사람은 부처님께서 "세상은 영원한가, 무상한가?" 등의 문제에 대하여 침묵으로 일관하는 것이 불만이었습니다. 세상은 영원하거나, 무상하거나, 둘 중의 하나일 것입니다. 무엇이 진실이고, 무엇이 거짓인지를 시원하게 밝혀주면 좋을 텐데, 대답을 하지 않으니 도저히 참을 수가 없었습니다. 그는 세상은 영원하고 그 속에 불생불멸하는 영혼이 있어서 생사윤회를 하다가 깨달아 부처가 되면 생사윤회에서 해탈한다고 생각하고 있었습니다. 만약 부처님의 생각도 자신과 같다면 부처님을 따라 수행하겠지만, 다르다면 부처님에게 배울 필요가 없다고 생각했습니다. 그래서 하루는 부처님과 담판을 하기로 작정하고, 여러 비구들이 보는 앞에서 진실을 알면 진실을 이야기해주고, 모르면 모른다고 솔직하게 이야기해줄 것을 부처님께 요청했습니다. 부처님께서는 이러한 만동자의 마음을 읽으시고 비구들에게 이렇게 말씀하셨습니다.

　어리석은 사람은 이렇게 생각한다. 만약 세존이 나에게 세상은 영원하다고 이야기하지 않으면 나는 세존을 따라 수행하지 않겠다. 저 어리석은 사람은 결국은 세상이 영원한지 어떤지는 알지 못하고 죽을 것이다. 이와 같이 세상에는 영원한 것이 없다거나 세상은 끝이 없다거나 끝이 있다거나 등등의 문제에 대하여 세존이 확실한 답을 주지 않으면 세존을 따라 수행하지 않겠다고 하는 어리석은 사람은 결국 그것을 알지 못하고 죽을 것이다.

이렇게 말씀하시고, 그 유명한 독화살의 비유를 설했습니다. 이 비유로 인해 경의 이름을 독화살의 비유를 설한 경, 즉 『전유경(箭喩經)』이라 불리게 되었습니다. 그 비유를 요약하면 이렇습니다.

어떤 사람이 몸에 독화살을 맞아 매우 괴로워하고 있다고 하자. 이 것을 안타깝게 여긴 친족들이 그 사람의 괴로움을 없애주기 위하여 화살을 뽑을 의사를 데리고 왔다. 의사가 화살을 뽑으려 하는데 이 사람이 '아직은 화살을 뽑을 수 없다. 나는 먼저 화살을 쏜 사람의 성 과 이름과 모습 등을 알아야겠다. 나는 먼저 나를 쏜 활이 무엇으로 만들어진 것인지를 알아야겠다'고 화살 뽑기를 거부한다면 이 사람 은 결국은 그것을 알지 못하고 죽을 것이다.

이렇게 비유를 설하시고 부처님께서는 다음과 같이 말씀하셨습니다.

세상은 영원하다고 하는 견해를 가진 사람에게는 생로병사와 같은 괴로움[苦陰]이 생긴다. 이와 같이 세상은 무상하다는 등의 견해를 가 진 사람도 마찬가지이다. 나는 "세상은 영원하다"는 등의 견해를 주 장하지 않는다. 왜냐하면 이런 주장은 의(義)에 상응하지 않고, 법(法) 에 상응하지 않고, 범행(梵行)의 근본이 아니며, 지(智)로 나아가지 않고, 깨달음으로 나아가지 않고, 열반(涅槃)으로 나아가지 않기 때문이다. 그렇다면 나는 어떤 법을 이야기하는가? 나는 괴로움이 무엇인지[苦], 괴로움은 왜 나타나는 것인지[苦集], 괴로움이 사라진 것은 어떤 것인지[苦滅], 괴로움을 없애는 길은 어떤 것인지[苦滅道跡]를 이야기한다. 나는 왜 이런 이야기를 하는가? 이것은 의에 상응하고, 법에 상응하고, 범행의 근본이며, 지로 나아가고, 깨달음으로 나아가고, 열반으로 나아가기 때문이다. 그래서 나는 이 고집멸도 사성제를 이야기한다. 이것이 말해서는 안 될 말은 하지 않는 것이고, 해야 할 말은 하는 것이다. 마땅히 이와 같이 기억하고 이와 같이 공부해야 한다.

이상이 『전유경』의 내용입니다. 중복되거나 사소한 것만을 생략했을 뿐 거의 모든 내용을 그대로 번역해서 이야기했습니다.

'모르는 것은 손에 쥐여줘도 모른다'는 속담이 있듯이, 우리는 자신이 아는 만큼만 볼 수 있습니다. 불경도 마찬가지입니다. 우리가 불경을 본다고 하지만, 자기가 알고 있는 이상의 내용을 불경 속에서 읽어내기는 어렵습니다. 이 『전유경』도 얼른 보면 별로 어려운 내용이 없는 듯이 보입니다. 그러나 이 경은 보는 사람에 따라서 전혀 다르게 이해될 수 있습니다.

부처님의 침묵에 대한 불교학자들의 견해는 어떠한가?

———

부처님의 침묵에 대한 불교학자들의 견해는 여러 가지입니다. 이들의 견해를 자세히 소개하는 것은 번거로우므로 간단히 이야기하면 첫째, 이들 문제는 괴로움을 벗어나는 수행에 도움이 되지 않으므로 부처님께서 거론하지 못하게 했다는 견해가 있습니다. 그러나 이들 문제 가운데는 "육체와 영혼의 관계는 어떤 것인가, 여래의 사후는 어떤가?" 등 종교의 핵심적인 문제들이 포함되어 있으므로 바른 이해라고 할 수 없습니다.

다음으로 이들 문제는 형이상학적인 문제로서, 우리가 경험으로 알 수 있는 문제가 아니기 때문에 배척했다는 견해가 있습니다. 이러한 견해는 부처님께서 형이상학적 문제에 대하여 불가지론의 입장을 취했다고 본 것입니다. 세상이 영원한지 어떤지는 우리가 알 수 없다는 것입니다. 이는 부처님을 현실주의자로 보고 부처님께서는 우리와 같은 인간의 인식능력을 크게 벗어나지 못한 사람으로 보는 견해입니다. 그러나 역시 여래의 문제가 포함되어 있어서 여래를 자처한 부처님께서 여래에 대한 문제에 대하여 몰라서 침묵했다는 것은 받아들이기 어려운 견해입니다.

앞의 두 견해는 부처님을 형이상학에 관심이 없는 사람으로 보고 있는데, 이와는 반대로 세계, 영혼, 여래와 같은 형이상학적인 실체는 언어나 사유를 초월해 있기 때문에 언어로 이들을 표현하려는 어떤 입장도 받아들일 수 없었다고 보는 견해가 있습니다. 그러나 부처님께서는 연기법이라는 세상의 존재원리를 언어로 표현하고 있고, 깨달음을 통해 여래가 된다고 말하고 있기 때문에 이러한 견해도 옳다고 할 수 없습니다.

독화살은 무엇을 의미하는가?

―――

이 문제에 대하여 바른 이해를 하기 위해서는 우선 『전유경』에서 "독화살은 무엇에 비유한 것인가?"를 알아야 합니다. 『전유경』에서 독화살은 무엇을 의미하는 것일까요? 언뜻 보면 독화살은 죽음을 의미하는 것으로 보입니다. 독화살은 죽음을 향해 살아가고 있는 우리의 현실을 의미하고 있다고 생각할 수 있는 것입니다. 죽어 가는 사람이 "세상은 영원한가, 무상한가?" 이런 것을 문제 삼는다는 것은 어리석은 일일 것입니다.

부처님께서는 생사의 괴로움이 무엇 때문에 생겼다고 말씀하셨습니까? 십이연기를 보면 생사의 괴로움은 무명, 즉 진리에 대한 어리석음에서 비롯된 것으로 되어있습니다. 무명(無明)을 연하여 행(行)이 있고, 식(識)·명색(名色)·육입(六入)·촉(觸)·수(受)·애(愛)·취(取)·유(有)·생(生)·노사(老死)의 괴로움이 차례로 연기한다는 것이 십이연기입니다. 따라서 독화살은 죽어 가는 현실을 의미하는 것이 아니라, 생로병사의 원인, 다시 말해서 무명을 의미합니다. 우리는 무명의 상태에서 벗어나지 못하기 때문에 생사의 괴로움을 겪고 있다는 것을 독화살을 맞은 사람에 비유한 것입니다.

그렇다면 무명은 무엇입니까? 무명은 진리를 알지 못하는 어리석음입니다. 다시 말해서 진리를 바로 보지 못하는 삿된 소견, 즉 사견이 무명입니다. 독화살은 사견을 의미하고 있습니다. 다른 경전에서도 사견은 독화살에 비유되곤 합니다. 세상에 대하여 그것이 영원한가, 무상한가, 등을 묻게 되는 것은 바로 사견 때문이라는 의미에서 사견을 버리지 않고 사견에 집착하고 있는 만동자에게 독화살을 맞고도 뽑지 않으려고 하는 사람과 같다고 하신 것입니다.

화살을 뽑고 나면, 즉 사견(邪見)을 버리면, 우리는 세상이 유한한지 무한한지 등의 문제의 답을 알 수 있을까?

화살을 뽑는다는 것은 사견을 버리고 정견을 갖는다는 것을 의미합니다. 즉, 무명을 없앤 것을 의미합니다. 만약 화살을 맞은 사람이 화살을 뽑고 잘 치료를 받아 건강을 회복한 후에 알아보면 그 화살이 무엇으로 만들어졌는지, 어떤 사람의 작품인지, 활을 쏜 사람이 누구인지 등을 알 수 있을 것입니다. 다시 말해서 사견, 즉 그릇된 소견에서 벗어나 정견, 즉 바른 소견을 갖게 되면, 사견이 어떤 것인지, 사견은 어디에서 나오는 것인지를 알 수 있는 것입니다. 부처님의 가르침은 사견과 사견에서 비롯된 여러 고통스러운 현상을 잘 설명하고 있습니다. 십이입처, 십팔계, 오온, 그리고 십이연기의 유전문이 바로 사견의 실상과 구조입니다.

"세상은 영원하다"는 등의 견해는 사견입니다. 이러한 사견이 곧 무명입니다. 따라서 "세상은 영원하다"는 등의 견해를 가진 사람은 무명의 상태에 있는 사람입니다. 무명의 상태에서 생로병사의 괴로움이 연기합니다. 이것이 부처님께서 깨달은 십이연기입니다. 그래서 부처님께서는 『전유경』에서 "세상은 영원하다고 하는 견해를 가진 사람에게는 생로병사와 같은 괴로움[苦陰]이 생긴다. 이와 같이 세상은 무상하다, 등등의 견해를 가진 사람도 마찬가지이다"라고 하신 것입니다.

부처님께서 이들 견해는 의(義)와 법(法)에 상응하지 않고, 범행(梵行)의 근본이 아니며, 지(智)와 깨달음과 열반(涅槃)으로 나아가지 않는다고 하신 이유는 무엇일까?

———

그 이유를 알게 되면 '세상은 유한하다, 무한하다'는 등의 견해가 왜 사견인지가 밝혀질 것입니다. 그 이유를 알기 위해서는 먼저 의(義), 법(法), 범행(梵行), 지(智), 깨달음(覺), 열반(涅槃) 등이 무엇을 의미하는 말인지를 알아야 합니다.

'의(義)'는 범어로 '아르타(artha)'인데 우리말로는 '대상'이나 '의미'라고 번역할 수 있습니다. 예를 들면 '나무'라는 말은 나무라는 대상이 있어야 의미 있는 말이 됩니다. 한편 용(龍)은 상상을 통해 만들어진 말이기 때문에 용이라는 말에 상응하는 대상이 이 세상에 실재하지 않습니다. 따라서 우리는 용에 대하여 그것이 청색인지, 황색인지, 하늘에 사는지, 바다에 사는지를 묻는 것은 무의미한 어리석은 질문입니다. 따라서 "의에 상응하지 않는다"는 것은 말은 있지만 그 말이 지시하는 대상이 없어서 그에 대한 논의 자체가 무의미하다는 뜻입니다.

'법(法)'은 범어로 '다르마(dharma)'인데 법칙이나 진리의 뜻이 있습니다. 세상은 변치 않는 법칙에 의해 존재합니다. 그리고 모든 존재는 그 진리에 의지하여 존재합니다. 부처님께서는 그 진리가 연기법이라는 것을 깨달았습니다. 모든 존재는 연기법이라는 법칙에 의해 연기하고 있다는 것을 깨달으신 것입니다. 그래서 부처님께서는 연기하고 있는 존재현상을 '법(dharma)'이라고 불렀습니다. 그러므로 '법'은 '연기하고 있는 존재현상'을 의미합니다.

'범행(梵行)'은 범어로 '브라흐마짜리야(brahmacariya)'인데 문자 그대로는 브라만신의 세계[梵天]에 가기 위한 행위를 의미하며 윤리적 행위와 해탈을 위한 종교적 수행을 의미합니다.

'지(智)'는 범어로 '아비즈냐(abhijñā)'인데 사물에 대해 의심 없이 확실하게 아는 것을 의미합니다. 우리는 개념을 통해 지식을 획득합니다. 예를 들어 수박을 먹어보지 않아도 '수박은 달다'라는 말을 남에게서 듣고 '수박은 달다'라는 것을 알 수 있습니다. 그러나 그것은 자신이 직접 몸으로 체험하여 안 것이 아니라 '수박'이라는 개념[말]과 '달다'라는 개념[말]을 통해 안 것입니다. 부처님께서는 이러한 앎은 의심 없는 확실한 앎이 아니라고 하셨습니다. 확실한 앎은 직접 체험을 통해 알게 됩니다. 수박을 직접 먹어보고 '수박은 달다'고 아는 것은 의심의 여지가 없는 확실한 앎입니다. 이러한 앎을 아비즈냐(abhijñā)라고 하며. 이것을 한문으로 '지(智)'라고 번역했습니다. 따라서 먹은 '수박'은 의미 있는 대상인 '의(義)'이고, 먹어보고 알게 된 '수박은 달다'라는 체험적 지식은 '지(智)'가 되는 것입니다.

깨달음(覺)은 범어로 '삼보디(saṃbodhi)'인데 누구에게나 일치하는 진실에 대한 깨달음을 의미합니다. 우리가 깨달아야 할 진실은 모든 존재의 있는 그대로의 참모습입니다. 앞에서 이야기했듯이 부처님께서는 모든 존재의 참모습은 연기하고 있다는 것을 깨달았고, 연기하고 있는 존재의 참모습을 '법(dharma)'이라고 불렀습니다.

열반(涅槃)은 생사의 괴로움이 사라진 행복을 의미합니다. 행복은 올바른 삶과 수행, 즉 범행(梵行)을 통해 성취할 수 있습니다.

먼저 부처님께서 침묵한 문제들은 왜 의와 법에 상응하지 않는지를 살펴봅시다.

세상은 영원한가, 무상한가, 영혼과 육체는 같은 것인가, 다른 것인가, 여래는 죽은 후에도 남아있는가, 그렇지 않은가, 이런 것이 문제가 되려면, 먼저 세상·영혼·육체·여래 등이 개별적인 사물로 우리의 외부에 존재해야 합니다. 여러분들은 아마 "그렇다면 그런 것들이 없다는 말인가?"라고 반문하실 것입니다. 이렇게 반문하신다면 여러분도 만동자와 마찬가지로 이런 것이 문제가 된다고 생각하고 있는 것이 분명합니다.

세상, 영혼, 육체, 여래, 이런 것이 없다는 것은 아닙니다. 그렇다고 우리가 생각하듯이 우리의 외부에 실재하는 것은 아닙니다. 이미 이야기한 바가 있습니다만, 언어는 외부의 사물을 지시하는 것이 아니라 우리의 생각을 표현하고 있습니다. 우리가 세계라고 말할 때, 그 세계라는 말에 대한 우리의 생각은 각기 다릅니다. 기독교인이 생각하는 세계와 과학자가 생각하는 세계와 불교인이 생각하는 세계는 결코 같지가 않습니다. 우리는 이렇게 서로 다른 생각을 세계라는 하나의 말로 표현하고 있습니다. 따라서 세계에 대하여 그것이 영원한가, 무상한가 하는 견해의 대립은 실재하는 세계를 놓고 생긴 대립이 아니라, 자신들의 생각을 고집하는 데서 생긴 것입니다. 따라서 우리는 세계에 대하여 맹목적으로 자기 생각을 고집할 것이 아니라, 우리는 무엇을 세계라고 하는가를 먼저 반성해보아야 할 것입니다.

앞에서도 이야기했듯이, 부처님께서는 세계의 근원은 십이입처(十二入處)라고 이야기했습니다. 부처님께서는 '보는 마음'과 '보이는 마음'에 의해 '나'와 '세계'가 우리에게 나타난다고 말씀하셨습니다. 그래서 보조국사 같은 분은 "마음 밖에서 한 물건도 구하지 말라"고 하신 것입니다. 세계든, 아니면 나의 육체와 영혼이든, 그것은 우리가 '마음이 세계의 근원'이라는 것을 모르는 무명에 휩싸여 있을 때 나타나는 허망한 생각일 뿐입니다. 이런 허망한 생각에서 벗어난 사람을 여래라고 부릅니다. 여래는 우리와는 다른 몸과 마음을 가진 특별한 존재가 아니라 진리를 깨달은 우리의 참모습인 것입니다. 이렇게 생각한다면 아마 부처님께서 침묵하신 문제들이 무언가 잘못된 문제라는 것을 짐작할 수 있을 것입니다.

이제 왜 이런 주장들은 의와 법에 상응하지 않고 범행의 근본이 되지 못하는 것인지를 살펴봅시다. 연기법의 입장에서 보면 세상, 영혼, 육체, 여래 이런 것들은 외부에 실재하는 사물이 아니라 실제의 대상이 존재하지 않는, 즉 의(義)에 상응하지 않는 용(龍)과 같은 말일 뿐입니다. 따라서 이들 주장은 무의미하며 진리가 아닙니다. 그리고 진리가 아니기 때문에 윤리적인 삶이나 해탈을 위한 수행의 근본이 될 수 없습니다. 다시 말해서 의와 법에 상응하지 않고 범행의 근본이 되지 못하는 것입니다.

의와 법에 상응하지 않고 범행의 근본이 아닌 견해를 가지고는 사물에 대한 확실하고 올바른 지식을 얻을 수 없고, 진리에 대한 보편적인 인식이 불가능하고 열반을 성취할 수 없습니다. 따라서 부처님께서는 지와 깨달음과 열반으로 나아가지 않는다고 말씀하신 것입니다.

우리 함께 생각해 봅시다. 의(義)에 상응하지 않는, 다시 말해서 실제의 대상이 없는 것에 대해서는 그것에 대한 지식이 있을 수 없습니다. 우리가 제멋대로 생각하고 있는 용(龍)에 대해서는 그것이 어떻게 생겼다고 말할 수 없는 것입니다. 그래서 '지(智)'로 나아가지 않는다. 즉, 그 사물에 대한 확실한 지식에 도달할 수가 없다고 하신 것입니다.

법(法), 즉 진리에 상응하지 않는 것에 대해서는 진리에 대한 깨달음(覺)이 있을 수 없을 것입니다. 왜냐하면 깨달음은 진리에 대한 확실한 인식이기 때문입니다. 그래서 깨달음으로 나아가지 않는다고 하신 것입니다.

열반은 범행, 즉 수행을 통해서 성취됩니다. 그런데 이들 사견은 범행의 근본이 되지 못하기 때문에 이러한 사견을 가지고 있는 한 열반은 얻을 수가 없을 것입니다. 그래서 열반으로 나아가지 않는다고 하신 것입니다.

사성제는 중생들의 괴로운 세계, 즉 생사의 세계의 실상과 그 원인 그리고 괴로움이 사라진 열반의 세계와 그 세계에 도달하는 길을 연기법의 진리에 따라 말씀하신 것입니다. 따라서 의와 법에 상응하고, 범행의 근본이 되며, 지와 깨달음과 열반으로 나아갈 수 있습니다.

우리는 무의미한 이야기를 마치 의미가 있는 것처럼 말해서는 안 됩니다. 진실을 이야기해야 하는 것입니다. 그래서 『전유경』의 마지막에서 말해서는 안 될 것은 말하지 말고, 말해야 할 것은 말해야 한다고 하신 것입니다.

『전유경』을 잘 살펴보면 부처님께서 침묵하신 이유가 이와 같이 분명하게 드러납니다. 부처님께서는 이런 문제에 관심이 없어서 침묵한 것도 아니고, 몰라서 침묵한 것도 아닙니다. 다만 이들 문제는 사견을 가지고 있을 때 나타나는 무의미한 것이므로 시비를 가릴 필요가 없었던 것이고, 사견만 사라지면 그런 의문에 쌓여있는 사람 스스로 그것이 잘못인 줄 알게 될 것이기 때문에 사견을 버리도록 하기 위해서 독화살을 뽑아야 한다는 비유를 말씀하신 것입니다. 부처님의 침묵은 사견의 독화살을 뽑으라는 무언의 법문인 것입니다.

부처님께서 깨달은 진리는 매우 심오합니다. 우리가 가지고 있는 생각으로는 미칠 수가 없습니다. 우리의 생각은 대부분 사견이기 때문에 그렇습니다. 우리는 부처님의 가르침을 통해 먼저 우리의 생각이 잘못된 사견임을 깨달아야 합니다. 그래서 잘못된 생각을 고쳐야합니다. 그러기 위해서는 복잡하지만 하나하나 따져봐야 합니다. 조금은 힘이 들더라도 이렇게 깊이 생각하면서 불교의 교리를 이해하다 보면 반드시 정견(正見)에 도달할 수 있을 것입니다. 그리고 이러한이해를 바탕으로 수행하면 반드시 부처님과 같은 깨달음에 도달할 수있을 것입니다.

2
—

사견(邪見)을 없애는 방법은
무엇인가?

사견을 없애는 방법은 없는가?

———

부처님의 침묵에 대한 법문은 『전유경』외에도 많습니다. 그 가운데 『장아함경』에 수록된 『청정경(淸淨經)』에서는 사견을 없애는 방법을 이야기하고 있습니다.

우선 『청정경』을 살펴보도록 하겠습니다.

『청정경』을 설하게 된 인연은 이렇습니다. 부처님께서 카필라국에 계실 때, '춘다'라고 하는 어린 사미가 파바국에서 안거를 마치고 카필라성에 왔습니다. 그는 먼저 아난에게 가서 인사를 드립니다. 그리고 파바성에서 자이나교(Jainism)의 교주인 니간타 나따뿟따(Nigaṇṭha Nātaputta)가 죽자, 교단이 둘로 분열하여 서로 자기의 견해가 옳다고 주장하면서 상대를 비난하며 다투고 있다는 소식을 전합니다. 아난은 이 소식을 부처님께 알리기로 하고 함께 가서 부처님께 낱낱이 이야기했습니다. 이 이야기를 들으신 부처님께서는 이렇게 말씀하셨습니다.

춘다여, 그들은 진리가 아닌 가르침 속에서 진리에 대하여 충분히 배우지 못했고, 또 그들이 배운 것은 바른 깨달음을 성취한 사람의 가르침이 아니어서 그와 같이 분열한 것이다. 그들은 비록 스승이 있으나, 스승들은 모두 사견을 품고 있고, 비록 진리라고 주장하는 것이 있으나, 모두가 진정한 진리가 아니다. 그래서 들을 만한 가치가 없고, 능히 생사의 괴로움에서 벗어나게 하지도 못한다.

이렇게 말씀하시고서 여러 비구들에게 말씀하시기를

나는 이 법을 몸소 수행하여 증득했나니, 그것은 사념처(四念處), 사신족(四神足), 사정근((四精勤), 오근(五根), 오력(五力), 칠각지(七覺支), 현성팔도(賢聖八道, 八正道)로 구성된 37조도품(三十七助道品)이다. 너희들은 모두 함께 화합하고 다투지 말라. 동일한 스승을 가진 사람은 물과 우유처럼 하나가 되어야 하나니, 여래의 정법을 열심히 수행하여 스스로 안락을 얻도록 할 뿐 서로의 주장을 내세워 시비를 가리지 말라.

모든 논쟁과 분열은 진리를 바로 보지 못하는 사견에서 비롯된 것입니다. 따라서 팔정도와 같은 바른 수행을 통해 진리를 깨달으면 누구나 그 진리를 똑같이 알게 되므로 결코 논쟁이나 분열이 있을 수 없습니다.

　장님 코끼리 만지듯 한다는 말이 있습니다. 눈을 가진 사람들은 코끼리를 앞에 놓고 코끼리의 모습에 대하여 논쟁할 까닭이 없습니다. 그러나 장님들은 코끼리를 앞에 놓고도 보지 못하기 때문에 자신이 만진 부분만을 코끼리의 모습이라고 고집하면서 서로 다투게 될 것입니다. 사견은 보지 못하는 장님의 생각과 같은 것이고, 정견은 눈 가진 사람의 생각과 같습니다. 따라서 정견이 있는 곳에는 논쟁과 분열이 있을 수 없습니다. 물과 우유가 섞이면 하나가 되듯이 화합만 있을 뿐입니다. 그러나 사견이 있는 곳에는 화합이 있을 수 없습니다. 물과 기름처럼 영원히 섞이지 않는 것입니다.

　부처님의 정법(正法)은 이렇게 우리가 화합하는 근본이 됩니다. "종교는 자유다"라고 말들 하는데 이 말은 사실은 매우 위험한 말입니다. 진리는 우리의 마음대로 선택할 수 있는 것이 아닙니다. 부처님도 말씀하셨듯이 부처님께서 깨달은 진리는 부처님께서 만든 것이거나 다른 사람이 만든 것이 아닙니다. 여래가 세상에 나오든 나오지 않든 상주불변하는 것이 진리입니다. 다만 그것을 깨달으면 여래이고, 깨닫지 못하면 중생일 뿐입니다. 따라서 진리는 선택할 수 있는 것이 아니라 누구나 마땅히 따라야 하는 것입니다. 불자의 가정을 보면 자신은 불교를 진리로 받아들이면서도 자녀들은 종교의 자유라는 이름 아래 방관하는데, 그렇게 되면 반드시 가정의 분열과 불화가 있다는 것을 잊어서는 안 될 것입니다.

　부처님께서는 이렇게 불자의 화합을 강조하신 후에 다음과 같이 말씀하십니다.

만약 외도가 "그렇다면 사문(沙門) 석가족의 아들의 진리는 상주(常住) 불변(不變)하는 것이 아니다"라고 말한다면 이렇게 대응하라.

"여러분은 그렇게 말해서는 안 되오. 왜냐하면 석가족의 아들의 진리는 상주불변하여 마치 문지방처럼 움직일 수가 없기 때문이오."

어떤 외도들은 "사문 구담은 과거세의 일은 다 알지만 미래의 일은 알지 못한다"고 말한다. 그들은 아는 것이 다르고, 알아서 생각하는 것도 다르다. 그래서 하는 말이 허망하다.

여래는 저 과거의 일은 눈앞에 두고 있는 것처럼 알고 있고, 미래세에 어떻게 하면 도에 대한 깨달음이 생기는가에 대하여 알지 못하는 것이 없다. 과거세의 일 가운데 허망하고, 부실하고, 기쁘거나 즐거운 것이 아니고, 이익이 없는 것은 붓다는 이야기하지 않는다. 과거의 일 가운데 사실이고 즐거운 것이라 해도 이익됨이 없는 것은 이야기하지 않는다. 그러나 과거의 일이 사실이고, 즐거운 것이고, 이익됨이 있는 것은 여래가 다 알고 난 후에 이야기한다. 미래나 현재의 일도 마찬가지다. 여래는 과거, 미래, 현재에 시의적절하게 말하며, 진실하게 말하며, 의미 있는 말을 하며, 이익되는 말을 하며, 진리를 말하며, 계율을 말하나니, 허망함이 없다. 부처는 알아야 할 것, 없애야 할 것, 깨달아야 할 것을 빠짐없이 깨달아 알고 있다. 그래서 등정각(等正覺)이라고 부른다.

만약 어떤 외도가 "세간(世間)은 상존한다. 오직 이것이 진실이고 다른 주장은 허망하다"라고 주장하거나, "이 세간은 무상하다. 오직 이것만이 진실이고 다른 주장은 허망하다"라는 등의 주장을 하면 "그대는 진실로 '세간은 상존한다. 오직 이것이 진실이고 다른 주장은 허망하다'고 주장하는가? 이와 같은 말은 부처님께서 허락하지 않으신 것이다"라고 대응하라. 왜냐하면 이 여러 견해 가운데는 저마다 결사(結使, 無明과 欲貪)가 있다. 내가 이치로 미루어 보건대, 여러 사문이나 바라문 가운데 나와 비교할 자가 없는데, 하물며 나를 벗어나는 사람이랴. 이 모든 사견은 단지 말만 있을 뿐이어서 그 사견 속에서는 함께 논의할 것이 없다.

만약 어떤 사문이나 바라문이 "이 세간은 스스로 만들어진 것이다"라고 주장하거나, "이 세간은 다른 것이 만든 것이다"라고 주장하거나, "스스로 만든 것도 있고, 다른 것이 만든 것도 있다"고 주장하거나, "스스로 만든 것도 아니고, 다른 것이 만든 것도 아니다. 홀연히 존재하게 되었다"라고 주장한다면, 이 사문과 바라문은 모두 촉인연(觸因緣)으로 인해서 그렇게 주장한다. 촉인연을 떠나서 그렇게 이야기한다는 것은 있을 수 없다. 왜냐하면 육입신(六入身)으로 말미암아 촉(觸)이 생기고, 촉으로 말미암아 수(受)가 생기고, 수로 말미암아 애(愛)가 생기고, 애로 말미암아 취(取)가 생기고, 취로 말미암아 유(有)가 생기고, 유로 말미암아 생(生)이 생기고, 생으로 말미암아 노사(老死)·우비(憂悲)·고뇌(苦惱)의 큰 괴로움 덩어리가 쌓이기 때문이다. 만약 육입(六入)이 없다면 촉이 없고, … 생이 없다면 노사·우비·고뇌의 큰 괴로움 덩어리가 쌓이는 일도 없다.

이어서 부처님께서 비구들에게 말씀하십니다.

만약 이 모든 사악한 견해를 멸하려 하는 사람은 사념처(四念處)를 세 가지로 수행해야 한다. 그렇게 하면 팔해탈(八解脫)이 있게 된다.

이상이 『청정경』의 내용을 간추린 것입니다. 이러한 부처님의 설법 가운데 『전유경』에서 침묵하신 사견을 포함하여 36가지 사견이 소개됩니다. 세계의 시간적 공간적 한계에 관한 상호 모순된 견해, 영혼과 육신의 관계에 대한 견해, 여래의 사후에 대한 견해, 자아(自我)에 대한 견해, 세계의 생성에 대한 견해들입니다.

이와 같이 『청정경』에서는 이들이 사견이므로 없애야 하며, 그 방법은 사념처의 수행이고, 그 결과는 팔해탈(八解脫)이라는 것을 분명하게 밝히고 있습니다. 『청정경』을 통해 우리는 『전유경』에서 부처님께서 침묵하신 이유를 보다 분명히 알 수 있는 것입니다.

3

사견(邪見)에서
정견(正見)으로

부처님께서 사견의 원인이라고 하신 촉인연(觸因緣)은 무엇을 말하는 것인가?

———

　　　　　우리의 고통스러운 현실은 그 근본이 그릇된 세계관, 즉 사견에 있습니다. 그래서 부처님께서는 이렇게 사견을 버리고 정견을 통해 깨달음을 얻어야 한다고 강조하신 후에 사견에는 어떤 것들이 있는가를 낱낱이 말씀하십니다. 『청정경』에는 36종의 사견이 소개되고 있습니다. 부처님께서는 이들 사견이 무명과 욕탐에 가려서 진실을 보지 못한 가운데 나온 의미가 없는 말장난에 지나지 않기 때문에 제자들에게 그런 문제를 논의하는 것 자체를 허락하지 않습니다. 그리고 그러한 사견이 왜 나타나게 되었는지에 대하여 이렇게 말씀하십니다.

"모든 사견은 촉인연(觸因緣)에서 비롯된 것이다."

촉인연이 무엇이기에 부처님께서는 촉인연을 모든 사견의 원인이라고 하신 것일까요? 십이연기를 보면 촉(觸)은 육입처를 인연으로 발생합니다. 따라서 육입처(六入處: 眼·耳·鼻·舌·身·意)가 촉의 인연입니다.

육입처(六入處)가 왜 사견(邪見)의 원인인가?

_____

우선 사견이 어떤 것인가를 생각해 봅시다. 쉽게 말하면, 우리들 대부분의 생각이 사견입니다. 부처님도 우리와 같은 사견에 빠져 있다가 자신이 사견에 빠져 있다는 깨달음을 통해 정견을 얻었습니다. 따라서 우리도 우리의 생각을 잘 살펴보면 사견이 무엇인지를 알 수 있고 정견을 얻을 수 있을 것입니다.

우리가 생각할 때 이 세상은 나와는 무관하게 외부에 존재합니다. 내가 이 세상에 태어나기 전부터 이 세상은 있었고, 내가 죽은 후에도 이 세상은 그대로 남아있을 것입니다. 우리는 이렇게 나와는 상관없이 존재하고 있는 이 세상에 태어나서 한평생을 살아가다가 인연이 다하면 죽는다고 생각합니다. 이것이 우리가 생각하고 있는 세계와 나의 모습입니다. 우리가 당연하다고 생각하고 있는 이러한 생각이 부처님께서 깨달은 사견입니다.

불교의 모든 교리는 이러한 우리의 생각을 돌려서 정견을 얻도록 하는 것입니다. 그 대표적인 것이 십이연기입니다. 십이연기는 우리가 이 세상에 태어나서 늙어 죽는 존재라고 생각하는 것은 진리에 대한 무지, 즉 무명에서 비롯된 착각이라는 것을 이야기하고 있는 것입니다.

우리는 불교의 교리를 접할 때 이러한 사실을 망각해서는 안 됩니다. "나는 사견에 빠져 있다. 부처님께서는 내가 사견을 없애고, 정견을 얻을 수 있도록 이 법문을 설하고 계신다. 나의 어떤 생각이 사견인가? 저 교리는 나의 어떤 그릇된 생각을 없애라고 하고 있는가?" 이런 생각을 하면서 불교를 공부해야 불교의 교리가 공허한 관념이 되지 않습니다. 이렇게 부처님의 가르침을 자신의 마음으로 끌어들여 자신의 문제로 삼아서 사유하는 것을 '위빠사나(觀)'라고 합니다.

불교의 교리를 자기가 알고 있는 개념으로 해석하여, 자기 생각으로 이해하면 아무 도움이 되지 못합니다. 예를 들어 이제부터 우리가 다룰 육입처(六入處)라는 교리를 봅시다. 우리는 육입처, 즉 안입처(眼入處)·이입처(耳入處)·비입처(鼻入處)·설입처(舌入處)·신입처(身入處)·의입처(意入處)를 우리가 알고 있는 눈·귀·코·혀·몸·마음이라고 생각하기 쉽습니다. 그러나 조금만 생각해보면 그것이 잘못된 생각이라는 것을 알 수 있습니다. 십이연기에 의하면 무명(無明)이 사라지면 행(行)이 사라지고, 행이 사라지면 식(識)이 사라지고, 식이 사라지면 명색(名色)이 사라지고, 명색이 사라지면 육입처(六入處)가 사라진다고 합니다. 만약 육입처가 눈이나 귀를 의미한다면 무명이 사라지면 눈·귀·코 등이 사라진다는 것인데 우리가 무명을 깨우쳐 정각을 성취하면 눈이나 귀가 사라지게 될까요? 부처님께서는 무명을 멸했지만 눈도 그대로 있었고 코도 그대로 있었습니다. 그렇다면 부처님께서는 우리에게 거짓말을 한 것일까요?

그렇지 않습니다. 육입처를 우리가 잘못 이해했기 때문에 이런 문제가 생깁니다. 그러므로 우리는 육입처와 같은 교리를 자기 생각으로 해석해서는 안 됩니다. 육입처는 무명에서 비롯된 우리의 잘못된 생각입니다. 따라서 그것이 우리의 어떤 생각을 가리키는지를 잘 생각해 보아야 합니다. 이렇게 부처님의 말씀을 통해 자신의 마음을 바라볼 때, 비로소 부처님께서 말씀하신 육입처가 자신의 잘못된 생각을 의미한다는 것을 깨닫게 되고, 그것을 깨달아야만 육입처가 없어진다는 말씀을 이해할 수 있습니다. 그리고 이렇게 이해가 될 때, 부처님께서 가르쳐주신 수행을 통해 육입처를 멸할 수가 있습니다. 불교에서는 이러한 수행을 선정(禪定)이라고 합니다. 선정은 지관(止觀)이라고도 하는데, 지(止: 싸마타, samatha)는 밖으로 향해있는 산란한 마음을 안으로 모아 고요하게 하는 것이고, 관(觀: 위빠사나, vipassanā)은 자신의 마음을 살펴 부처님의 가르침을 마음속에서 관찰하는 것을 말합니다.

그렇다면 『청정경』에서 사견의 원인이라고 한 육입처는 어떤 것일까요? 이미 말씀드렸듯이 육입처는 우리의 허망한 분별심(分別心)입니다. 우리는 사물을 보면 보는 마음이 생깁니다. 그러나 보지 않을 때는 보는 마음은 나타나지 않습니다. 듣고, 냄새 맡고, 맛보고, 만지고, 생각하는 마음도 마찬가지입니다. 그런데 우리는 보는 마음, 듣는 마음, 냄새 맡는 마음, 맛보는 마음, 만지는 마음, 생각하는 마음에 대하여, 그것을 몸 안에 있는 '나'라고 생각합니다. 그래서 "내가 눈으로 보고, 귀로 듣고, 마음으로 생각한다"고 말합니다. 이렇게 우리가 생각하고 있는 '보는 나', '듣는 나', '생각하는 나'가 육입처입니다. 이런 육입처라는 허망한 생각이 있을 때, 우리는 '보고, 듣는 나'가 눈이나 귀와 같은 감각 기관 속에 들어가 밖의 세상을 접촉하고 있다고 생각합니다. 이렇게 외부에 있는 사물과 내가 접촉하고 있다는 생각이 촉(觸)입니다. 따라서 육입처를 『청정경』에서 촉인연이라고 부르고 있습니다.

우리가 밖에 있다고 생각하는 '세계'와 안에 있다고 생각하는 '나'는 이렇게 모두 육입처를 원인으로 해서 생긴 것입니다. 『청정경』에서 세계와 나에 대하여 서로 모순된 주장을 하면서 대립하는 외도들의 주장을 촉인연에서 비롯된 것이라고 하는 까닭이 여기에 있습니다.

부처님의 연기법은 이렇게 무명의 상태에 있는 중생들의 잘못된 생각에서 어떻게 중생들의 허망한 자아와 세계가 나타나는가를 보여주는 교리입니다. 부처님께서 설하신 연기법의 형태는 반드시 12지(支)로 되어있지는 않습니다. 경우에 따라서는 줄어든 형태로 설해지고 있습니다. 『청정경』에서는 육입처에서 시작되는 연기법을 설하고 있는데, 그 까닭은 모순 대립하고 있는 모든 사견이 육입처라는 허망한 생각에서 비롯된 것임을 강조하기 위해서입니다. 육입처라는 허망한 생각은 어디에서 비롯된 것인가를 다시 묻게 된다면 그때는 무명에서 비롯된 것이라고 할 수 있겠지요. 이와 같이 부처님의 법문은 결국은 무명을 없애야 한다는 결론에 도달하게 되어있습니다. 그래서 『청정경』에서 부처님의 진리는 문지방처럼 상주하여 움직이지 않는다고 하고 있습니다. 문짝은 여닫으면 움직이지만 움직이지 않는 문지방에 의지하고 있듯이, 부처님의 진리는 다양한 모습으로 설해지지만 근본은 변함이 없다는 것입니다.

사견(邪見)을 없애기 위해서는 왜 사념처(四念處)를 수행해야 하는가?

———

사념처는 신(身)·수(受)·심(心)·법(法)을 관하는 수행법입니다. 근래에 남방불교의 영향으로 '위빠사나'라는 수행법이 소개되고 있는데 위빠사나가 바로 사념처 수행입니다.

사념처를 알기 위해서는 우선 신(身)·수(受)·심(心)·법(法)이 무엇을 의미하는지 알아야 합니다. 신은 우리의 몸을 의미합니다. 그리고 수는 몸을 통해 우리가 느끼는 감정입니다. 심은 우리의 마음이고, 법은 우리의 마음에 인식되는 대상입니다.

사념처 수행을 할 때 일반적으로 몸[身]은 더러운 것이라고 관찰하라고 하고 있습니다. 이 몸은 더러운 똥·오줌과 피고름이 가득 찬 가죽 주머니라고 보아야 한다는 것입니다. 그리고 느낌[受]은 모두 괴롭다고 생각해야 한다고 합니다. 괴로운 느낌은 물론 즐거운 느낌도 사라지면 괴로움이 되므로 결국은 괴로움이라는 것입니다. 마음[心]은 무상(無常)하다고 관찰해야 한다고 합니다. 마음은 항상 한곳에 머물지 못하고, 갖가지 망상이 끊임없이 생멸하고 있음을 살펴야 한다는 것입니다. 법은 무아(無我)라고 관찰해야 한다고 합니다. 마음에 비쳐진 모든 사물은 무상한 마음에 의해 만들어진 것이므로 실체가 없다는 것입니다.

이렇게 신·수·심·법을 관하는 것이 우리가 알고 있는 사념처이고, 또 불경에서도 이렇게 가르치고 있습니다. 그런데 『청정경』에서 주목되는 것은 사념처를 세 가지로 수행하라고 하고 있는 점입니다. 물론 다른 경에서 이야기하는 사념처와 『청정경』에서 이야기하는 사념처가 본질적으로 다른 것은 아닙니다만, 『청정경』에서 이야기하는 사념처가 보다 본질적인 것이라고 생각됩니다.

『청정경』의 사념처를 이해하기 위해서는 앞에서 이야기한 육입처에서 시작되는 연기법을 참고하는 것이 좋습니다. 육입처에서 시작되는 연기법은 육촉연기(六觸緣起)라고 불리는 것인데, 육촉연기를 멸하는 것이 사념처이기 때문입니다.

연기법에는 유전문(流轉門)과 환멸문(還滅門)이 있습니다. 십이연기를 보면 무명이 있을 때 행이 있고, 이렇게 계속 연기하여 생과 노사가 연기한다고 하는 경우와 무명이 멸하면 행이 멸하고 이렇게 계속 멸하여 생이 멸하면 노사가 멸한다고 하는 경우가 있습니다. 유전문은 무명이 있을 때 생(生)·노사(老死)가 연기하여 생사(生死)의 괴로움을 받는다는 것을 보여주는 법문이고, 환멸문은 무명이 멸하면 허망하게 생긴 생·노사가 사라진다는 것을 보여주는 법문입니다. 육촉연기는 육입이 있을 때 생·노사가 연기한다는 유전문이므로, 육입을 없애면 생·노사도 사라진다는 환멸문이 없을 수 없습니다. 그런데『청정경』에서는 육촉연기를 없애는 수행법을 사념처라고 하고 있으므로 사념처가 곧 육촉연기의 환멸문입니다.

우선『청정경』의 육촉연기(六觸緣起)를 살펴봅시다.

육입신(六入身)으로 말미암아 촉(觸)이 생기고, 촉으로 말미암아 수(受)가 생기며, 수로 말미암아 애(愛)가 생기고, 애로 말미암아 취(取)가 생기며, 취로 말미암아 유(有)가 생기고, 유로 말미암아 생(生)이 생기며, 생으로 말미암아 노사(老死)·우(憂)·비(悲)·고뇌(苦惱)의 큰 괴로움 덩어리가 쌓인다.
由六入身故生觸 由觸故生受 由受故生愛 由愛故生取 由取故生有 由有故生生 由生故有老死憂悲苦惱大患陰集

이것이 육촉연기인데 이것을 사념처와 비교해 보면 그 구조가 동일하다는 것을 알 수 있습니다. 사념처의 신은 육촉연기의 육입신(六

入身)을 의미합니다. 우리는 육입처를 나의 몸이라고 생각하고 있기 때문에 여기에서는 육입처를 육입신이라고 하고 있습니다. 그리고 사념처의 수는 육촉연기의 촉과 수에 해당합니다. 몸을 통한 접촉을 통해 느낌이 생기기 때문입니다. 사념처의 심은 육촉연기의 애와 취에 해당합니다. 느낌을 바탕으로 애착하는 마음과 취착하는 마음이 일어나기 때문입니다. 법은 육촉연기의 유에 해당합니다. 법은 취착하는 마음에 의해 존재로 인식된 것을 의미하기 때문입니다.

그렇다면 왜 사념처를 세 가지로 수행하면 육촉연기가 멸하는 것일까요?

사념처를 삼행(三行)으로 수행한다는 것은 신·수·심·법을 각각 내(內), 외(外), 내외(內外) 세 가지 측면에서 관찰하는 것을 의미합니다.

몸을 안으로 관한다는 것은 자신의 몸이 음식을 통해 유지되고 있는 것을 관찰하는 것입니다. 우리의 몸은 음식을 먹으면 유지되고, 음식을 먹지 않으면 사라집니다. 이렇게 관찰함으로써 우리의 몸은 외부에서 들어오는 음식에 의존하고 있음을 알게 됩니다.

이렇게 알게 된 후에 안의 몸을 유지시켜주는 음식을 바깥의 몸으로 관찰합니다. 우리가 먹는 음식을 관찰해 봅시다. 밥은 벼가 자라서 익은 쌀로 지은 것입니다. 쌀은 태양과 바람과 땅과 물이 인연이 되어 이루어집니다. 우리가 마시는 물도, 숨 쉬는 공기도 자세히 관찰해보면 헤아릴 수 없는 많은 인연들이 모여서 이루어진 것임을 알 수 있습니다. 한마디로 우리의 몸을 유지시키는 음식은 온 세상의 모든 것 인연이 되어 존재하는 것들입니다. 이렇게 관찰함으로써, 우리의 바깥의 몸인 음식은 이 세상의 모든 존재와 인연의 끈으로 연결된 한 몸이라는 것을 알게 됩니다.

이렇게 생각한 후에 안의 몸과 밖의 몸을 함께 관찰하는 것이 안과 밖으로 몸을 관찰하는 것입니다. 내 몸은 음식에 의지하여 존재하고, 음식은 세상의 모든 존재에 의지하여 존재하는 것이라면 내 몸과 바깥의 세상은 별개의 존재가 아니기 때문에 이 세계와 구별되는 내 몸이라고 할 만한 것이 없다는 것을 알게 됩니다. 이와 같이 '보는 나'와 '보이는 세계'가 모두 한 몸이라는 것을 알게 되면 자신이 나의 몸이라고 생각하고 있는 것은 육입처라는 허망한 생각임을 깨닫게 됩니다. 이렇게 해서 육입처를 자신의 몸이라고 생각하는 망상이 사라집니다. 수(受)·심(心)·법(法)에 대해서도 이렇게 세 가지로 관찰하는 것이 사념처(四念處)의 삼행(三行)입니다.

이렇게 사념처를 수행하면 육입처에서 비롯된 사견은 사라지고, 온 세상이 서로 인연이 되어 한 몸이라는 정견 생깁니다. 그렇게 되면 세계와 나에 대하여 일어났던 모든 허망한 생각이 사라져 정각(正覺)을 얻게 되며, 그 과정에서 얻게 되는 해탈에 여덟 종류가 있기 때문에 사념처를 삼행으로 닦으면 팔해탈(八解脫)이 있다고 하는 것입니다.

이와 같이 불교의 교리는 항상 수행법과 연결이 되어 있습니다. 따라서 항상 교리와 수행법을 함께 이해해야 바른 이해가 됩니다.

4

부처님은 도덕을 실천한
윤리교사인가?

지금까지 무기(無記)의 의의를 살펴보는 가운데 『청정경(淸淨經)』을 통해서 사견으로 진리를 논하는 것은 말장난에 지나지 않는다는 것, 그리고 사견이 생기는 원인과 사견을 멸하는 방법까지 살펴보았습니다. 부처님께서는 철학적인 문제에 침묵만 하신 것이 아니라, 그 문제들은 사견이며 그 사견을 없애는 방법까지 말씀하셨습니다. 그럼에도 불구하고 현대의 많은 불교학자들은 부처님을 철학자라기보다는 괴로움의 소멸을 가르친 윤리적인 교사라고 평가합니다.

인도 태생으로서 현재 미국의 톨레도 대학 철학과에 있는 뿔리간들라(R. Puligandla)는 다음과 같이 이야기합니다.

붓다는 탁월한 지적 소유자인긴 하나, 고(苦)의 문제에 대한 그의 분석으로부터 알 수 있는 바와 같이, 그의 가르침의 강조점이 난해한 철학적 문제보다 고(苦)의 정복으로 이르는 행위와 도덕성이라는 실천적 문제에 있다는 것이다. 다시 말해서 붓다는 근본적으로 형이상학자가 아니라 윤리적 교사였다. 그에게 가장 긴급한 과제는 사람을 고통과 아픔으로부터 구해내는 것이다. [8]

영국의 옥스퍼드대학에서 불교철학으로 박사학위를 받고, 현재 영국의 브리스톨 대학 종교학과 교수로 있는 폴 윌리엄스(Paul Williams)도 비슷한 이야기를 하고 있습니다.

붓다는 독화살을 뽑아내는 것 외에 다른 모든 것이 절대적으로 절박한 상황에서는 그리 중요하지 않은 문제라고 생각하였다. 형이상학과 윤리학, 정치학의 근본적인 문제에 대하여 숙고하고 논의하는 활동에 참여하는 소크라테스와 같은 사람들을 철학자라고 한다면, 붓다는 이러한 의미에서 철학자는 아니다. [9]

부처님 당시에도 어리석은 세상 사람들은 부처님을 도덕을 실천하는 윤리적인 교사라고 생각했습니다. 그러나 부처님께서는 『디가 니까야』의 『브라마잘라 숫타(Brahmajāla Sutta)』에서 [10] 이러한 평가는 자신에 대한 적절한 평가가 아니라고 다음과 같이 말씀하셨습니다.

---

8 R. 뿔리간들라, 『인도철학』, 이지수 옮김(민족사, 1991), p.54.

9 폴 윌리엄스·앤서니 트라이브, 『인도불교사상』, 안성두 옮김(씨아이알, 2009), p.48.

10 『장아함경』 권 14. 『범동경(梵動經)』에 상응하는 경.

비구들이여, 범부(凡夫)는 사소하고, 세속적인 계율의 실천만으로 여래를 찬탄한다. 〈중략〉

비구들이여, 여래는 이들 사견(邪見)의 근거는 어떻게 이해된 것인지, 어떻게 취착된 것인지, 어디로 가는 것인지, 미래에 어떻게 될 것인지를 분명하게 안다. 여래는 그것을 알 뿐만 아니라 그보다 수승한 것을 알지만, 그 지식을 집착하지 않으며 집착이 없이 스스로 적멸(寂滅)에 이르렀음을 안다. 비구들이여, 여래는 느낌(受)의 일어남과 사라짐, 그것이 주는 즐거움과 재앙, 그것으로부터의 벗어남을 여실하게 알아, 집착하지 않고 해탈했다.

비구들이여, 이것이 현자만이 알 수 있는 심오하고, 보기 어렵고, 깨닫기 어렵고, 고요하고, 사변(思辨)을 벗어난 미묘하고, 훌륭한 진리(dhamma)다. 여래는 그것을 스스로 이해하고, 체험하여 가르치나니, 사람들은 그것으로 여래의 진면목을 바르게 찬탄해야 할 것이다.

비구들이여, 세계의 시초에 대하여 논의하고, 세계의 끝에 대하여 논의하고, 세계의 시초와 끝에 대하여 논의하고, 세계의 시초와 끝에 관한 견해를 가진 사문과 바라문들이 세계의 시초와 끝에 대하여 예순두 가지로 여러 가지 허망한 이론들을 주장하는 것은 무지(無知)와 맹목(盲目)과 느낌과 갈애에 빠져 있는 그 사문과 바라문들의 두려움에서 비롯된 몸부림이다.

비구들이여, 세계의 시초에 대하여 논의하고, 세계의 끝에 대하여 논의하고, 세계의 시초와 끝에 대하여 논의하고, 세계의 시초와 끝에 관한 견해를 가진 사문과 바라문들이 세계의 시초와 끝에 대하여 예순두 가지로 여러 가지 허망한 이론들을 주장하는 것은 또한 촉(觸)을 의지한 것[phassa-paccayā]이다.

비구들이여, 세계의 시초에 대하여 논의하고, 세계의 끝에 대하여 논의하고, 세계의 시초와 끝에 대하여 논의하고, 세계의 시초와 끝에 관한 견해를 가진 사문과 바라문들은 세계의 시초와 끝에 대하여 예순두 가지로 여러 가지 허망한 이론들을 주장하는데, 실로 그들이 촉(觸) 없이[aññatra-phassa] 지각하는 일은 있을 수 없다.

비구들이여, 상주론자인 사문이나 바라문들이 네 가지로 자아와 세계는 상주한다고 주장하는 것은 … 세계의 시초에 대하여 논의하고, 세계의 끝에 대하여 논의하고, 세계의 시초와 끝에 대하여 논의하고, 세계의 시초와 끝에 관한 견해를 가진 사문과 바라문들이 세계의 시초와 끝에 대하여 예순두 가지로 여러 가지 허망한 이론들을 주장하는 것은 모두 육촉입처(六觸入處)로 거듭 접촉하여[chahi phassâyatanehi phussa phussa] 지각한 것이다. 그들에게 수(受, vedanā)를 연(緣)하여(paccayā) 애(愛, taṇhā)가, 애를 연하여 취(取, upādāna)가, 취를 연하여 유(有)가, 유를 연하여 생(生)이, 생을 연하여 노사(老死), 우비고뇌(憂悲苦惱)가 생긴다. 비구들이여, 비구가 육촉입처의 집(集, samudaya)과 멸(滅, atthagama)과 유혹[味, assāda]과 재난[患, ādnava]과 벗어남[出離, nissaraṇa]을 여실하게 안다면 이 비구는 이 모든 것보다 수승한 것을 아는 것이다.

이 경에서 우리가 주목할 것은 계율을 잘 지킨다거나, 욕심이 없다는 점에서 부처님을 칭찬하는 것은 하찮은 것에 지나지 않고 부처님이 찬탄받아야 할 것은 바로 사견의 원인과 사견이 의지하고 있는 논리와 사견이 가진 편견을 잘 알아 이를 극복하고 있다는 점입니다. 부처님의 침묵에 대하여 부처님께서는 이론가가 아니라 실천가이기 때문에 이러한 문제에 관심이 없었다는 주장을 부처님 스스로 부정하고 있는 것입니다.

부처님께서는 세상의 어떤 철학자와도 비교할 수 없는 가장 위대한 철학자입니다.

———

부처님을 찬탄하는 게송 가운데 다음과 같은 게송이 있습니다.

> 천상천하에 부처님 같은 분 없어라 (天上天下無如佛)
> 시방세계 둘러봐도 비교할 분 없어라 (十方世界亦無比)
> 세상의 모든 존재 내가 다 보았지만 (世間所有我盡見)
> 부처님 같은 분은 어디에도 없어라 (一切無有如佛者)

이 게송은 부처님을 찬양하기 위해 과장된 허사가 아닙니다. 실로 시대와 지역을 초월한 진리를 깨달아 가르친 철학자는 이 세상에 부처님밖에 없습니다. 미국의 콜게이트 대학 천체물리학 교수인 빅 맨스필드(Vic Mansfield)는 다음과 같이 이야기합니다.

그렇지만 나는 물리학을 불교의 진리를 입증하기 위해 사용하지 않았다. 물리학적 이론들은 본질적으로 일시적인 것이기 때문에 물리학적 이론으로 너무 강하게 묶어버리면 불교나 어떤 철학적 견해를 위축시킬 것이 뻔하다.[11]

---

11 Vic Mansfield, *Tibetan Buddhism and Modern Physics*, Templeton Foundation

물리학자의 눈에 비친 불교는 현대물리학을 초월한 진리였습니다. 그래서 맨스필드 교수는 현대물리학과 불교를 비교하면서도, 물리학으로 불교의 진리를 입증해서는 안 된다고 이야기하고 있습니다. 왜냐하면 물리학의 이론은 새로운 발견에 의해 변할 수 있지만, 불교의 진리는 변함이 없을 것이라고 생각하기 때문입니다. 이와 같이 과학자의 눈에도 부처님께서는 위대한 철학자로 보이는데 정작 불교를 전공하는 불교학자들의 눈에는 철학자로 보이지 않는다는 것은 참으로 이해하기 어려운 일입니다.

부처님께서는 앞서 살펴본 『청정경』에서는 이들 사견이 촉의 인연에서 비롯된 것이라고 하여 사견의 원인을 지적했는데 『브라마잘라 숫타(Brahmajāla Sutta)』에서는 이와 더불어 사견을 주장하는 논리적 근거가 무엇인가를 지적하고 있습니다.

모든 철학이나 사상은 자신들의 주장이 옳다는 것을 논리적으로 입증하려고 합니다. 이들 사견도 나름대로 논리적인 근거를 가지고 주장된 것임에 틀림이 없습니다. 인용문에서는 생략했지만, 『브라마잘라 숫타(Brahmajāla Sutta)』에서 부처님께서 지적하고 있는 이들 사견의 논리적 근거는 현대논리학으로 표현하면 '경험론적(經驗論的) 귀납법(歸納法)'과 '합리론적(合理論的) 연역법(演繹法)', 그리고 '변증법(辨證法)'입니다. 이러한 부처님의 지적을 통해 우리는 부처님께서 논리학에도 정통하셨음을 알 수 있습니다.

우리는 논리학이 진리를 증명하는 학문이라고 알고 있습니다. 우리는 어떤 이야기가 논리에 맞으면 진실이라고 말하고, 논리에 어긋나면

Press：West Conshohocken, 2008, p.6. 필자 번역.

진실이 아니라고 말합니다. 그러나 부처님께서는 이 경에서 사견도 모두 나름대로의 논리를 가지고 있음을 지적합니다. 그러면서도 그것이 진리는 아니라고 비판합니다. 그렇다고 해서 부처님께서는 자신의 특별한 논리를 제시하지는 않습니다. 그렇다면 부처님께서는 어떤 측면에서 논리적 근거를 가지고 주장되는 견해들을 사견이라고 비판했을까요?

　우리는 여기에서 독일의 철학자 칸트(I. Kant)를 생각하게 됩니다. 칸트는 『순수이성비판』이라는 책에서 이성(理性)의 이율배반(二律背反)을 이야기하고 있습니다. 이성이란 논리적으로 사유하는 우리의 정신 기능입니다. 우리가 논리적으로 생각하는 것은 우리에게 논리적으로 생각하는 기능을 가진 이성이 있기 때문이라고 서양의 철학자들은 생각했습니다. 칸트는 과연 이성은 항상 모순 없이 생각할 수 있는가를 문제 삼았습니다. 칸트 이전에는 이성은 당연히 모순 없이 생각한다고 믿어져 왔습니다. 그러나 칸트는 이성을 비판적으로 살펴본 결과, 어떤 문제에 대해서는 이성에 의한 사유가 모순된 두 가지 결론에 도달하게 된다는 것을 발견했습니다. 즉, 이성은 우리가 경험한 사실을 토대로 사유할 때는 항상 모순 없이 동일한 결론에 도달하지만, 경험할 수 없는 것에 대하여 사유할 때는 항상 서로 모순된 결론에 도달한다는 것을 발견한 것입니다. 이것을 이성의 이율배반이라고 부릅니다. 칸트는 이러한 이율배반이 일어나는 문제를 다음과 같이 제시했습니다.

　세계는 유한하다. 세계는 무한하다.
　세계는 시작과 끝이 있다. 세계는 시작과 끝이 없다.

　이 문제는 부처님께서 답변을 거부하신 문제와 꼭 같습니다. 그래서 현대 학자들 가운데는 칸트와 부처님께서는 같은 입장에 있다고 주장하는 사람들도 있습니다. 그러나 우리는 칸트와 부처님의 차이를 분명히 알아야 합니다. 칸트는 "세계는 유한한가, 무한한가?" 등의 문제가 무의미한 사건에서 나온 것이라고 생각하지 않았습니다. 다만 우리의 이성이 미치지 못하는 문제라고 생각했을 뿐입니다. 그래서 그는 이런 문제에 대하여 우리는 그 해답을 알 수 없다는 결론을 내렸습니다. 그러나 부처님께서는 『청정경』에서 이야기했듯이 이들 문제는 진실을 알지 못하는 가운데 나온 무의미한 문제라는 것을 알았습니다. 그리고 그러한 주장이 나오게 되는 원인까지 밝혔고, 또 그런 생각을 없애는 방법까지 알려주고 있습니다. 칸트와 부처님께서는 결코 비교가 될 수 없는 것입니다.

부처님께서는 논리학이 진리를 증명하지는 못한다는 것을 알았습니다. 『맛지마 니까야(Majjhima-Nikāya)』에 『창끼 숫타(Caṅki-sutta)』라는 경이 있습니다. 그 경에서 부처님께서는 다음과 같이 말씀하십니다.

바라드바자여, 서로 모순되는 두 가지 결론을 갖는 다섯 가지 법이 있다. 신념, 기호, 권위 있는 전통, 논리적인 추론, 사변에 의한 독단적인 사상의 승인, 이것이 두 가지 결론을 갖는 다섯 가지 법이다. 바라드바자여, 어떤 지식이 전적으로 믿음이 간다고 해도, 자신의 마음에 든다고 해도, 전통과 일치한다고 해도, 논리적으로 잘 추론된 것이라 해도, 자신이 인정하는 사상과 일치한다고 해도, 그것은 진실이 아닐 수 있고, 공허한 것일 수 있고, 거짓일 수도 있다. 한편 전혀 믿어지지 않고, 마음에 들지 않고, 전통과 일치하지 않고, 논리적으로 추론되지 않는다 해도, 자신이 승인한 사상과 다르다 해도, 그것이 사실일 수도 있고, 진리일 수도 있다.

우리가 옳다고 생각하는 것을 보면 대개는 이 다섯 가지 경우입니다. 옛날 사람들은 지구가 돈다는 것을 믿을 수가 없었습니다. 그래서 태양이 지구를 중심으로 돈다고 믿었습니다. 그러나 지구가 돌고 있다는 것이 사실로 밝혀졌습니다. 이렇게 어떤 지식이 단순한 신념에 의지하고 있을 때는 그 신념이 진리일 수도 있지만 그와는 반대되는 지식이 진리일 수도 있습니다. 기독교인들은 신이 존재한다고 주장합니다. 그 이유는 오랜 전통과 권위를 지닌 『성경』에 그렇게 적혀있기 때문이라고 말합니다. 그러나 『성경』에만 의지해서는 신의 존재 여부를 알 수 없습니다. 논리적인 추론도 마찬가지라는 것은 이미 칸트가 지적한 바 있습니다만, 알기 쉬운 예를 든다면 지구가 돈다는 것은 순수한 논리적인 추론에 의해서가 아니라 망원경과 같은 기구로 천체를 관측한 결과 얻어진 결론입니다. 천체를 관측할 수 없는 상황에서는 우리가 아무리 논리적으로 생각해도 지구가 돈다는 결론을 내릴 수 없는 것입니다.

부처님께서는 이렇게 우리가 일반적으로 의지하고 있는 진리의 기준이 모두 진리를 입증할 수 없다는 것을 알았습니다. 그래서 『브라마잘라 숫타(Brahmajāla Sutta)』에서 사견들이 논리적인 근거를 가지고 있으나 진실이 아니라고 비판하신 것입니다.

그렇다면 부처님께서는 어떤 것이 진리를 입증한다고 생각했을까요? 부처님께서는 어떤 주장이 진리인가, 아닌가를 입증하려면 우선 주장하는 사람이 탐(貪)·진(瞋)·치(痴)가 없어서 진실한 사람인가를 잘 살펴보아야 한다고 말합니다. 진실한 사람이 진실을 말하기 때문입니다. 그 사람에게 신뢰가 생기면 그 사람의 말을 잘 듣고, 스스로 깊이 생각해 본 후에 타당하다고 생각되면 일단 승인을 하고, 그 사람이 그러한 결론에 도달한 방법에 따라 자신도 열심히 매진하여, 그 사람과 동일한 결론에 도달하게 되면 그것이 진리임을 알게 된다고 말합니다. 그러나 진리는 아는 데서 끝나는 것이 아니라 그 진리에 따라 수행하여 이를 실천할 때 진리의 성취가 있게 된다고 합니다.

부처님께서는 논리적인 추론이나 신념을 전적으로 배제하지는 않습니다. 다만 그것만으로 진리를 인정할 수는 없다는 것입니다. 진리는 자기 스스로 실천을 통해 검증할 수밖에 없다는 것이 부처님의 주장입니다. 실천을 통해 스스로 검증하는 것, 이것을 불교에서는 수행을 통한 깨달음이라고 부릅니다. 한마디로 말해서 진리는 실천적으로 깨닫게 되는 것이지 논리적이나 관념적으로 알려지는 것이 아니라는 것입니다.

우리는 지금까지 여러 경전을 통해 부처님께서 침묵하신 이유를 살펴보았습니다. 지금까지 긴 시간 동안 무기의 문제를 다룬 것은 이 문제가 불교를 이해하는 토대가 되기 때문입니다. 불교사상을 중도(中道) 사상이라고 말합니다. 불교에서 말하는 중도는 이해하기가 매우 어렵습니다. 일반적으로 중도는 극단적인 양변(兩邊)을 떠나 중간에 서 있는 입장이라고 이해되고 있습니다. 그러나 중도는 중간입장이 아닙니다. 세상은 영원한가, 무상한가 하는 두 주장의 중간입장이 중도는 아니라는 것입니다.

중도는 모순 대립하는 두 주장은 허망한 생각에서 비롯된 사견이므로, 이 사견을 버리는 것입니다. 이렇게 사견을 떠나있는 입장을 중도라고 하며 부처님의 무기, 즉 침묵은 이러한 중도의 입장에서 취해진 것입니다. 따라서 무기의 의의를 알게 되면 중도를 이해할 수 있습니다. 부처님께서 찬탄 받는 것은 이렇게 중도의 입장에서 진리를 깨달았기 때문입니다. 그리고 이러한 부처님의 중도 사상을 가장 잘 이해하여 우리에게 보여준 분이 앞에서 이야기한 『중론』을 지으신 용수(龍樹) 보살입니다.

4
장
——

중도와 연기
(中道 緣起)

1
—

고행과 쾌락의 중간이 중도인가?

고락중도
(苦樂中道)

지금까지 우리는 부처님의 침묵이 사견을 제거하기 위한 목적에서 이루어진 것이라는 것을 살펴보았고, 이러한 사견의 구체적인 모습을 당시의 인도사상을 통해 살펴보았습니다. 그리고 사견을 없애는 정견이 중도라고 말씀드렸습니다. 이제 근본경전에 나타나는 여러 가지 중도설(中道說)을 통해 중도의 구체적인 모습을 살펴보기로 하겠습니다.

근본경전에 나타나는 중도에는 고락중도(苦樂中道)·단상중도(斷常中道)·일이중도(一異中道)·유무중도(有無中道) 등이 있습니다. 이 가운데 고락중도는 실천적 중도이고 나머지는 이론적 중도라고 할 수 있습니다. 먼저 고락중도에 대하여 살펴봅시다.

고행과 쾌락의 중간이 고락중도인가?

————

이미 언급했듯이 당시의 인도 사회는 사상의 혼란으로 쾌락주의가 만연하고 있었고, 이에 대응하여 자이나교에서는 고행주의를 통해서 이를 극복하려고 했습니다. 고락중도란 이러한 쾌락주의와 고행주의에 대한 부처님의 입장을 말합니다. 고락중도라는 말만으로 보면, 고행과 쾌락의 중간을 취하는 것을 고락중도라고 생각하기 쉬울 것입니다. 실제로 우리의 주변에서 중도를 이렇게 이해하는 사람들이 많습니다. 이렇게 이해하고 있는 사람들은 아마 다음과 같은 거문고의 비유에서 중도가 이야기되고 있다고 생각하기 때문일 것입니다.

『중아함경(中阿含經)』의 『사문이십억경(沙門二十億經)』에 다음과 같은 이야기가 나옵니다.

부처님의 제자 가운데 '소나'라고 하는 비구가 있었는데, 스스로 생각하기를 "세존의 제자 가운데 내가 제일 열심히 정법과 계율을 부지런히 배우고 익힌다고 자부할 수 있다. 그런데도 모든 번뇌에서 마음이 해탈하지 못하고 있다. 나의 부모님은 큰 부자이니 차라리 수행을 포기하고 속세로 나가서 마음대로 보시나 하면서 여러 복업(福業)이나 짓는 것이 좋지 않을까?" 이렇게 수행을 포기하려는 생각을 했습니다.

부처님께서는 이것을 타심통(他心通)으로 아시고 '소나'를 불렀습니다. 그리고 그의 이러한 생각을 확인하고서 "그대는 집에 있을 때 거문고를 잘 탔다고 했는가?" 이렇게 물었습니다. 그렇다고 대답하자 부처님께서는 다시 물었습니다. "거문고의 줄이 급하게 조여 있으면 좋은 화음이 나오는가?", "느슨하게 풀려있으면 듣기 좋은 화음이 나오는가?" '소나'가 아니라고 대답하자, "느슨하지도 않고, 급하지도 않고, 그 중간으로 적절하게 조이면 듣기 좋은 화음이 나오는가?"라고 다시 물었습니다. '소나'는 그렇다고 대답했습니다.

부처님께서는 "그렇다. 사문이여, 지나친 정진은 마음을 어지럽히고, 정진을 게을리하면 마음이 나태해진다. 그러므로 그대는 정진해야 할 때인지 아닌지 시기를 분별하고 자신의 상태를 관찰하여 방일하지 않도록 해야 한다"라고 '소나'를 깨우쳐주었습니다. 이 가르침을 받고 '소나'는 정진한 결과 모든 번뇌에서 해탈하여 아라한이 되었습니다.

이 비유가 중도를 의미한다면 중도는 유교(儒敎)의 중용(中庸)과 다름이 없을 것입니다. 그러나 부처님께서는 이 경에서 소나의 지나친 정진을 지적하여 중용(中庸)을 취하도록 충고하신 것이지 중도를 말씀하신 것은 아닙니다. 중도는 중용처럼 적당한 중간을 의미하는 것이 아니기 때문입니다.

중도(中道)는 중용(中庸)과 어떻게 다른가?

———

많은 사람들이 중도와 중용을 같은 의미로 알고 있습니다. 그러나 중용과 중도는 전혀 다릅니다. 중용(中庸)은 유교에서 강조하는 덕목으로서 지나치지도 않고 모자라지도 않은 가장 적절한 행위를 의미합니다. 앞에서 소개한 『사문이십억경』에서 부처님께서 소나에게 가르친 것이 바로 중용입니다. 잠을 자지 않고, 눕지 않고, 잠시의 휴식도 없이 수행하는 것이 바른 정진은 아닙니다. 그렇다고 게으름을 피우는 것도 바른 정진이 아닙니다. 정진은 꾸준하게 즐거운 마음으로 할 수 있어야 합니다. 그러기 위해서는 자신의 건강이나 몸에 맞게 너무 지나치지도 않고 부족하지도 않은, 마치 잘 조율된 거문고의 줄과 같은 상태에서 수행해야 합니다. 이와 같이 중용은 유교에서만 강조한 것이 아니라 불교에서도 강조하는 중요한 덕목입니다. 서양에서도 아리스토텔레스 같은 철학자는 중용을 강조했습니다.

부처님께서 가르친 중도(中道)는 중용(中庸)과는 전혀 다릅니다. 중용(中庸)과 중도(中道)가 상반된 대립의 구도에서 취하는 선택이라는 점에서는 같습니다. 그러나 중도와 중용은 대립의 내용이 다릅니다. 상반된 대립에는 두 종류가 있습니다. 하나는 상대적인 대립이고, 다른 하나는 모순 대립입니다.

예를 들면 '많다'와 '적다', '크다'와 '작다', '높다'와 '낮다' 등은 상대적인 대립입니다. 상대적인 대립은 그 중간이 있으며, 그 중간에서 가장 적절한 것이 중용입니다. '너무 많지도 않고 적지도 않은 알맞은 것, 크지도 않고 작지도 않은 적당한 것, 높지도 않고 낮지도 않은 적절한 것'이 중용입니다.

이와는 대조적으로 모순 대립에는 중간이 없습니다. '있다'와 '없다', '옳다'와 '그르다', '같다'와 '다르다'는 모순 대립입니다. '있다'와 '없다' 사이에는 중간이 없습니다. '있지도 않고 없지도 않은 적당한 것'은 존재하지 않습니다. 따라서 모순 대립에는 중간이 있을 수 없습니다.

그런데 부처님께서는 이러한 모순 대립의 상황에서 중도(中道)를 선택하도록 말씀하셨습니다. '세계는 영원한가, 영원하지 않은가?' 이 두 명제는 모순 대립하는 명제입니다. 동서고금을 막론하고 모든 철학에서는 모순 대립하는 명제 가운데 어느 하나를 선택하는 것 외에는 다른 길이 없다고 생각했습니다. 그러나 부처님께서는 이런 모순 대립하는 명제 자체가 무명(無明)에서 비롯된 사견(邪見)이라는 것을 깨닫고 우리에게 둘 다 버리는 길을 가르치셨습니다. 어느 날 부처님께서 제자들과 강가를 거니시다가 뗏목이 강 가운데를 흘러가는 것을 보고 말씀하셨습니다.

저 뗏목이 이쪽 강변에도 걸리지 않고, 저쪽 강변에도 걸리지 않고 흘러가면, 바다에 이르게 될 것이다. 너희들도 저 뗏목처럼 모순 대립하는 두 견해를 떠나서 수행하면 열반의 바다에 도달할 것이다.

여기에서 중도는 강의 중간이 아니라 양쪽 강변을 벗어난 곳입니다. 영원히 만날 수 없이 대립하고 있는 두 강변이 모순 대립이라면, 그 강변 사이를 유유히 흘러가는 강물이 중도입니다. 부처님께서는 강변에 머물지 않고, 두 강변 사이를 흘러가는 강물과 같은 것을 중도(中道)라고 하신 것입니다. 일치하지 못하고 모순 대립하고 있는 사견이 두 강변이라면, 강변의 어느 쪽에도 걸리지 않고 그 사이를 흘러가는 강물은 중도이며 정견인 것입니다. 중도는 흐르는 강물과 같아서 우리가 뗏목처럼 그 강물을 따라 흘러가면, 열반의 바다에 도달한다는 것이 부처님의 중도입니다.

쾌락과 고행을 버린 중도(苦樂中道)는 어떤 것인가?

———

부처님께서는 감각적 쾌락을 추구하거나 맹목적인 고행을 추구하는 것을 꾸짖었습니다. 그러나 진정한 수행으로 얻는 즐거움은 크면 클수록 좋다고 칭찬하셨습니다. 결코 쾌락과 고행의 중간을 취하라고 하지는 않았습니다.

그렇다면 어떤 것이 우리에게 진정한 즐거움을 주는 고락중도일까요? 『중아함경(中阿含經)』의 『구루수무쟁경(拘樓瘦無爭經)』에는 고락중도가 다음과 같이 설해져 있습니다.

내가 그대들을 위하여 법을 설하리니, 처음도 좋고, 중간도 좋고, 마지막도 좋으며, 의미가 있는 말이며, 청정한 공덕을 구족한 것이며, 깨달음을 얻는 수행을 드러낸 것으로서 이름을 분별무쟁경(分別無爭經)이라고 한다. 잘 듣고 바르게 생각하여 잊지 말지니라. 범부들이 행하는 극히 하천한 업인 감각적 쾌락을 추구하지도 말고, 성자의 행이 아니어서 아무런 의미도 없이 괴로움에 이를 뿐인 스스로를 괴롭히는 고행을 추구하지도 말라. 이 두 변(邊)을 떠나면 안목과 지혜를 이루고 자재하게 선정에 들어 지(智)로 나아가고, 깨달음으로 나아가고, 열반(涅槃)으로 나아가는 중도(中道)가 있나니, 확실하게 알아서 그 속에 있는 즐거움을 추구해야 한다. 거룩한 성자의 길에 8지(支)가 있나니, 정견(正見) 내지 정정(正定)이 8지이니라. 이것을 중도라고 한다.

이 경은 상당히 길지만 요점만 간추려서 소개했습니다. 아무튼 이 경에서 고락중도는 정견(正見)·정사유(正思惟)·정어(正語)·정업(正業)·정명(正命)·정정진(正精進)·정념(正念)·정정(正定)으로 이루어진 팔정도(八正道)라고 이야기하고 있습니다. 이와 같이 고락중도는 고행주의와 쾌락주의라는 두 가지 대립된 입장을 버리고 선택한, 이들과는 질적으로 다른 수행의 길입니다.

부처님께서는 왜 이러한 수행의 길을 선택했을까?

———

수행의 목적은 열반이라는 최고의 가치, 즉 궁극의 행복을 성취하는 데 있습니다. 당시의 외도들은 대부분 세속적인 감각적 쾌락을 최고의 가치로 생각했습니다. 오늘날 현대인들이 쾌락을 추구하는 것과 다를 바가 없었습니다. 내세를 부정하고 윤리를 부정하는 이들에게는 살아있는 동안 어떤 방법으로든 세속적이고 감각적인 욕구를 충족시키는 것이 가장 가치 있는 일로 생각되었을 것입니다.

한편 자이나교에서는 내세를 인정하면서 현실에서의 삶을 전적으로 고통스러운 것으로 보았습니다. 그들에게 현실은 전생의 업에 의한 과보를 받는 괴로운 세계일 뿐입니다. 현생에서 쾌락을 추구하는 것은 내생의 괴로움을 만드는 일입니다. 따라서 현생에서 일찍 괴로움을 받아 윤회에서 벗어나는 것이 가장 가치 있는 일입니다. 그래서 고행주의를 택했습니다.

이와 같이 쾌락주의와 고행주의는 나름대로의 세계관과 인생관에 의해 선택된 가치관이라고 할 수 있습니다. '우리의 삶은 현생뿐인가, 아니면 내세로 이어지는가'라는 견해의 차이에 따라 쾌락주의와 고행주의라는 상반된 가치관이 나오고 있는 것입니다.

부처님께서는 이러한 상반된 가치관을 모두 배척하셨습니다. 부처님께서 이들의 가치관을 배척했다는 것은 부처님께서는 이들과는 다른 세계관과 인생관이 있었다는 것을 의미합니다. 따라서 부처님께서 중도라고 이야기하고 있는 팔정도는 부처님의 세계관과 인생관 그리고 가치관을 보여주고 있다고 할 수 있습니다.

팔정도는 정견(正見)에서 시작되어 정정(正定)에서 끝이 납니다. 이것은 팔정도의 다른 부분은 바른 선정(禪定)에 들기 위한 수행임을 시사하고 있습니다. 즉 부처님께서 추구한 열반이라는 최고의 가치는 바른 선정을 통해 성취된다는 것을 보여주고 있는 것입니다. 따라서 고락중도는 일종의 수정주의(修定主義), 다시 말해서 선정을 통해 행복을 얻을 수 있다는 사상이라고 할 수 있습니다.

우파니샤드의 수정주의와 불교의 선정(禪定)은 어떻게 다른가?

———

고락중도가 수정주의를 의미한다면 불교는 당시의 바라문교와 다를 바가 없다고 생각할 수도 있습니다. 당시의 바라문, 즉 우파니샤드 사상가들도 윤회에서 해탈하는 것을 최고의 가치로 삼았고, 해탈을 위해서는 진정한 자아, 즉 '아트만'과 '브라흐만'에 대한 무지에서 벗어나야 하며, 진정한 자아인 '아트만'의 자각은 명상을 통해 이루어진다고 생각함으로써 수정주의의 입장을 취했습니다. 그러나 팔정도는 우파니샤드의 수정주의와는 그 내용이 크게 다릅니다. 팔정도의 시작인 정견이 이것을 말해주고 있습니다. 선정은 사견을 가지고도 할 수 있고, 정견을 가지고도 할 수 있습니다. 따라서 고락중도가 수정주의라고해서 우파니샤드의 수정주의와 동일한 것은 아닙니다.

이와 같이 고락중도는 정견을 가지고 실천하는 수행을 의미합니다. 바꾸어 말하면 실천적 중도는 이론적 중도라는 토대를 요청한다는 것입니다. 여기에서 우리는 다시 부처님을 단순한 실천가로 보는 것이 얼마나 잘못된 이해인가를 알 수 있습니다.

그렇다면 정견은 어떤 것일까요? 그것은 연기법입니다. 우파니샤드의 견해는 전술한 바와 같이 브라만이라는 신이 변화해서 이 세상을 이루었다는 전변설의 입장입니다. 그래서 그들은 이러한 전변설에 의지하는 명상을 함으로써 브라만과 아트만을 찾습니다. 그 과정을 이야기하고 있는 『타이티리야 우파니샤드』를 소개하겠습니다.

'브리구'는 그의 아버지 '바루나'에게 가서 "아버지, 저에게 브라만을 가르쳐 주십시오"라고 요청했습니다. 아버지 '바루나'는 "브라만은 땅의 양식이고, 생명의 호흡이며, 보고, 듣고, 마음으로 알고, 말하는 일자(一者)다", "모든 존재를 만들어낸 그를 알려고 노력하라. 모든 존재가 그에 의해서 살아가며 모두가 다시 그에게로 돌아간다. 그가 곧 브라만이다"라고 이야기합니다. '브리구'는 이 이야기를 바탕으로 명상을 시작했습니다. 그러자 그에게는 땅의 식량이 브라만이라고 생각되었습니다. 식량에서 모든 존재가 태어났으며, 식량에 의해 그들이 지탱되며, 태어나서 죽은 후에는 땅의 식량으로 돌아간다고 생각했기 때문입니다.

그러나 그는 그 지식에 만족하지 못하고 다시 아버지 '바루나'에게 브라만을 가르쳐 달라고 요청했습니다. '바루나'는 "명상으로 브라만을 알도록 노력하라. 왜냐하면 브라만은 명상이기 때문이다"라고 이야기했습니다. 그는 다시 명상을 했습니다. 그는 명상을 통해 브라만은 생명이라는 생각을 하게 되고, 이에 만족하지 못하여 다시 명상을 하여, 브라만은 마음이라고 생각하고, 이에 만족하지 못하고 다시 명상을 하여 지성이 브라만이라고 생각하고, 이에 만족하지 못하고 다시 명상하여 마침내 브라만은 환희라는 것을 깨달았습니다. "환희로부터 모든 존재가 생겼으며, 환희에 의해 그들 모두가 살아가며, 그들 모두가 다시 기쁨으로 되돌아가기 때문이다."

이것이 '바루나'의 가르침을 받고 '브리구'가 얻은 브라만의 모습입니다. 그리고 이 브라만의 모습을 보는 자는 지고의 존재, 즉 브라만 속에서 살아가게 된다고 합니다.

이렇게 우파니샤드의 선정은 자신들의 전변설이라는 교리에 근거를 두고 행하는 것입니다. 그러나 부처님께서 깨달은 진리는 연기법입니다. 연기법의 진리에서 보면 우리의 몸 안에 '아트만'과 같은 불변의 실체는 없습니다. 그러한 실체는 무명이 있을 때 나타나는 허망한 생각입니다. 따라서 허망한 생각에 바탕을 둔 우파니샤드의 명상과 정견에 근거를 둔 불교의 선정은 다를 수밖에 없습니다.

2

단견(斷見)과 상견(常見)을
모두 버려라

단상중도
(斷常中道)

고락중도는 고행과 쾌락의 중간을 의미하는 것이 아니라 정견에서 시
작되어 정정에서 끝나는 팔정도입니다. 이제 이러한 실천적 중도의
토대가 되는 이론적 중도에 대하여 살펴보기로 하겠습니다.

괴로움은 자기가 지은 것인가 남이 지은 것인가?

————

　　　　　불교수행의 목적은 생사윤회의 괴로움을 떠나
열반을 성취하는 것입니다. 그렇다면 생사의 괴로움은 누가 지은 업
의 결과일까요?

　『잡아함경(302)』에 다음과 같은 이야기가 있습니다.

"구담이시여, 괴로움은 자신이 지은 것입니까?"

부처님께서 가섭에게 말씀하시었다.

"'괴로움은 자신이 지은 것이다'라는 말을 나는 하지 않소."

가섭이 다시 물었다.

"구담이시여, 괴로움은 남이 지은 것입니까?"

부처님께서 가섭에게 말씀하시었다.

"'괴로움은 남이 지은 것이다'라는 말도 나는 하지 않소."

가섭이 다시 물었다.

"구담이시여, 괴로움은 자신과 남이 지은 것입니까?"

부처님께서 가섭에게 말씀하시었다.

"'괴로움은 자신과 남이 지은 것이다'라는 말도 나는 하지 않소."

가섭이 다시 물었다.

"구담이시여, 괴로움은 자신이 지은 것도 아니고 남이 지은 것도 아닙니까?"

부처님께서 가섭에게 말씀하시었다.

"'괴로움은 자신이 지은 것도 아니고 남이 지은 것도 아니다'라는 말도 나는 하지 않소."

여기에 나오는 네 가지 주장은 각각 정통 바라문, 숙명론, 자이나교, 유물론의 주장입니다. 정통 바라문 사상에 의하면, 자기동일성을 가지고 있는 상주(常住) 불멸(不滅)하는 자아인 '아트만'은 행위의 주체임과 동시에 자신의 행위에 대한 과보를 받는 것이기도 합니다. 따라서 괴로움은 스스로 지어서 받는다는 주장은 바라문교의 견해입니다.

한편 마칼리 고쌀라의 숙명론적 결정론에 의하면, 괴로움은 하나의 요소로서 그것과 결합해 있으면 자신의 행위에 상관이 없이 괴로움을 받게 됩니다. 따라서 남이 짓고 자기가 받는다는 주장은 숙명론의 견해입니다.

자이나교에서는 정신적 실체이며 자아인 '지바(Jīva)'는 행위의 주체이지만, 그 자신은 무한한 안락을 본성으로 하고 있다고 주장합니다. 다만 업이라는 물질이 행위의 결과로 침투하기 때문에 괴로움을 받게 된다는 것입니다. 이러한 자이나교의 교리에 의하면 업이 침투하는 측면에서 보면 괴로움은 스스로 짓는 것이라고 할 수 있지만, 괴로움은 업에서 생기기 때문에 괴로움이 생기는 측면에서 보면 괴로움은 '지바'가 아닌 '업'이 지은 것이므로 남이 지었다고 할 수 있을 것입니다. 따라서 자기도 짓고 남도 짓는다는 주장은 자이나교의 견해입니다.

세계와 인간을 물질적 요소의 우연한 결합으로 보고 있는 유물론에 의하면 괴로움이 생기는 것은 우연한 일이지 업의 결과는 아닐 것입니다. 따라서 자기가 짓는 것도, 남이 짓는 것도 아니라는 무인론(無因論)은 유물론의 견해입니다.

부처님께서는 이러한 외도들의 주장에 대하여 이들을 모두 무기(無記)로써 배척하고 있습니다.

불교에서는 자업자득(自業自得)을 주장한다고 알고 있습니다. 부처님께서도 "사람은 지은 업에 따라서 그 과보를 받는다"고 말씀하십니다. 그런데 이 경에서는 스스로 지어서 스스로 받는다는 견해를 사견(邪見)이라고 배척하고 있습니다. 왜 이렇게 부처님의 말씀에 모순이 있을까요?

───────

일견 모순되어 보이는 말씀 속에는 깊은 의미가 숨어 있습니다. 불교는 '아트만'과 같은 상주 불멸하는 '자아'를 인정하지 않습니다. 이것이 불교의 무아설(無我說)입니다. 그러나 무아설은 단순히 '자아'를 부정하는 이론이 아닙니다. 우리가 무아설의 본뜻을 모르기 때문에 부처님의 말씀이 모순되게 느껴지는 것입니다. 무아설은 연기법을 바르게 이해할 때 알 수 있는 교리입니다.

아무튼 부처님께서는 자업자득을 부정하지는 않지만, 상주 불멸하는 자기동일성을 지닌 '자아'가 업을 짓고 그 과보를 받는다는 견해를 물리치고 있습니다. 그리고 부처님께서는 중도(中道)에서 이 문제를 이야기한다고 하시면서 십이연기(十二緣起)를 설하십니다.

십이연기는 생로병사(生老病死) 우비고뇌(憂悲苦惱) 등의 모든 괴로움은 무명에서 연기하므로 무명이 사라지면 모든 괴로움도 사라진다는 이론입니다. 괴로움은 어떤 존재에서 비롯되는 것이 아니라, 무명이라는 진리에 어두운 우리의 생각에서 비롯된 것이기 때문에 우리의 생각만 밝아지면 괴로움은 자취도 없이 사라진다는 것입니다.

이와 같이 괴로움의 원인을 무명이라고 할 때 문제가 되는 것은 무명이 어떤 것인가 하는 점입니다. 무명은 진리를 알지 못하는 무지를 의미합니다. 그런데 괴로움이 진리에 대한 무지에서 비롯된다는 것은 비단 부처님의 주장만은 아닙니다. 우파니샤드에서도 생사윤회의 괴로움은 브라만과 아트만에 대한 무지에서 비롯된다고 주장하고 있고, 자이나교에서도 '지바'에 업이 침투해서 괴로움이 생기므로 이 것을 알아서 업이 침투하지 못하게 해야 한다고 주장하고 있습니다. 이와 같이 괴로움은 진리에 대한 무지에서 비롯되므로 괴로움을 없애 기 위해서는 반드시 진리를 알아야 한다는 점에서는 외도들의 주장도 불교와 다를 바가 없습니다. 문제는 무엇이 진리인가입니다.

그렇다면 어떤 것이 진리인가?

———

당시의 외도들이 발견하고자 한 진리는 인간과 세계의 근본이 되는 '본질적인 존재'였습니다. '세계와 인간은 어떤 존 재로 되어있는가?'를 그들은 알고자 했던 것입니다. 우파니샤드의 브 라만과 아트만, 유물론의 4대와 같은 요소, 자이나교의 '지바'와 물질 적 실체들은 모두 이러한 문제의 해답으로 제시된 것들입니다. 이와 같이 외도들은 전변설(轉變說)[12]과 적취설(積聚說)[13]이라는 서로 상반된 주장으로 대립하고 있지만, 세계와 인간이 어떤 존재로 되어있는가를 문제 삼고 있었다는 점에서는 다를 바가 없습니다.

그러나 불교의 연기설(緣起說)에서는 진리를 어떤 근본이 되는 존 재라고 생각하지 않습니다. 다른 종교나 사상에서는 태초에 어떤 존

---

12 우파니샤드에 나타나는 바라문교의 사상으로서, 브라만신의 변화에 의하여 이 세계가 이루어졌다는 이론.

13 요소론자들의 주장으로서, 다양한 요소들이 모여서 이 세계가 이루어졌다는 이론.

재가 있어서 세상을 만들었다거나, 세상에는 불변의 실체가 있어서 이들이 모여서 세상을 이루고 있다고 주장하지만, 불경(佛經)의 어디를 보아도 이런 이야기는 나오지 않습니다. 저는 처음에 왜 불교에서는 이런 문제를 다루지 않고 있는지 매우 궁금했습니다. 뒤에 연기법을 이해하고서 불교에서는 연기법으로 이 문제를 해결하고 있다는 것을 알았습니다.

연기법을 이해하기 위해서 내가 겪은 이야기를 하나 하겠습니다. 대학 1학년 때의 일이라고 생각됩니다. 어느 날 학교에서 기독교를 믿는 친구와 종교 문제를 가지고 대화를 하게 되었는데 그 친구가 나에게 "아버지가 없는 사람이 있느냐?"고 물었습니다. 저는 없다고 대답했습니다. 그러자 "모든 사람에게 아버지가 있다면 최초의 인간도 아버지가 있어야 하지 않겠느냐?"고 물었습니다. 그렇다고 대답했더니, 그 최초의 인간의 아버지가 바로 하나님이라고 하면서, "하나님이 없다면 어떻게 우리가 존재할 수 있었겠느냐?"고 묻더군요. 만물의 창조자요, 모든 인류의 아버지인 하나님은 없을 수 없다는 것이었습니다. 그래서 나는 그 친구에게 "하나님의 아버지는 누구냐?"고 물었습니다. 그랬더니 "하나님은 아버지가 없다"고 하더군요. 내가 "누구나 아버지가 있기 때문에 존재하게 되었다고 하고서, 하나님은 아버지 없이 존재한다는 것은 납득할 수 없다"고 했더니, 이번에는 시계를 보여주면서, "이 시계가 존재하게 된 것은 만든 사람이 있기 때문이 아니냐?"고 물었습니다. 그래서 그렇다고 대답했습니다. 그랬더니 "이렇게 하찮은 시계도 만든 사람이 있는데, 인간과 같이 복잡하고 오묘한 존재나 이 우주와 같이 신비한 존재를 만든 사람이 없을 수 있겠느냐?"고 묻더군요. 그래서 나는 "모든 존재는 만든 사람이 있다는 것인가?"라고 되물었습니다. 그랬더니 그렇다고 대답하더군요. "하나님은 존재인가 아닌가?"를 물었더니 존재라고 대답하더군요. "그렇다면, 그렇게 오묘하고 신비한 존재인 하나님은 누가 만들었느냐?"고 물었더니, "하나님은 본래부터 존재하고 있기 때문에 만든 사람이 없다"고 대답하더군요. "모든 사람은 아버지가 있고, 모든 존재는 만든 사람이 있다"는 전제 아래서 추리를 하다가 결론이 되는 하나님에 이르러서는 아버지도 없고, 만든 사람도 없다니 이 얼마나 모순된 주장입니까?

과학자들은 처음에는 모든 물질은 더 이상 나누어지지 않는 원자로 이루어졌다고 생각했습니다. 그런데 물질은 아무리 작아도 나누어지지 않을 수 없습니다. 그것이 나누어지지 않기 위해서는 크기가 없어야 합니다. 공간을 차지하지 않아야 하는 것입니다. 공간을 차지하지 않고 있는 것을 우리는 물질이라고 할 수 없습니다. 결국 과학자들의 견해도 모순에 빠지게 됩니다. 그래서 현대물리학에서는 물질이 원자가 모여서 된 것이라고 이야기하지 않습니다. 현대물리학에서는 이미 모든 물질은 에너지라고 보고 있습니다.

이와 같이 태초에 어떤 존재가 있어서 세상을 만들었다는 전변설적인 생각이나, 요소가 모여서 세상을 이루고 있다는 적취설적인 생각은 조금만 깊이 생각해보면 자가당착의 모순된 생각이라는 것을 알 수 있습니다.

불교의 연기설에서는 전변설이나 적취설처럼 "인간과 세계를 이루고 있는 본질적 존재는 무엇인가?"를 문제 삼지 않습니다. 이런 것을 문제 삼는 것은 인간과 세계가 우리의 마음[십이입처]에서 연기한 것인 줄 모르고, 사견에 빠져 있기 때문입니다. 괴로움은 이러한 사견에 빠져있을 때 생깁니다. 따라서 부처님께서는 괴로움을 누가 만드는가를 묻는 것은 무의미하므로 그런 무의미한 논의를 해서는 안 된다는 의미에서 침묵했고, 그러한 무의미한 논쟁, 즉 사견에 빠져 있을 때 괴로움이 생긴다는 것을 알려주기 위해 연기법을 설하신 것입니다.

부처님께서는 사유(思惟)를 금했는가?

─────

중도는 불교의 핵심입니다. 그래서 예로부터 가장 중요한 것으로 인식되고 있으며, 한편 가장 많이 오해되고 있는 교리이기도 합니다.

중도의 이해 없이는 불교의 교리를 제대로 이해할 수 없습니다.

중도를 이해하기 위해서는 깊은 사유(思惟)를 해야 합니다. 흔히들 불교에서는 사유를 금하는 것으로 알고 있습니다. 부처님께서 "세계가 유한한가, 무한한가?" 등과 같은 문제에 대답하지 않은 이유를, 사유가 불교의 수행에 무익하기 때문이라고 생각하는 사람들이 있습니다. 그러나 결코 그렇지 않습니다. 우리가 무기의 의의를 살펴보면서 알 수 있었듯이, 부처님께서는 사유를 배제하기 위해서 침묵한 것이 아니라, 바른 사유로 인도하기 위해서 침묵하신 것입니다.

불교를 공부하는 방법은 문(聞)·사(思)·수(修)·증(證)이라고 할 수 있습니다. 먼저 부처님의 말씀을 듣고, 그 말씀의 본뜻을 깊이 생각하여 바르게 이해하고, 그 이해를 바탕으로 실천하여, 스스로 부처님과 같은 깨달음을 증득하는 것이 불교입니다. 근본경전을 보면, 당시의 부처님 제자들은 부처님의 말씀을 듣고 나서 조용한 곳에 앉아 그 말씀의 의미를 깊이 사유했다고 합니다.

중도는 부처님의 말씀을 듣고, 사유하고, 수행하여, 깨달음을 얻는 불교공부의 바른 길입니다. 부처님의 말씀은 중도(中道)에서 설하신 것이므로 우리도 중도에서 들어야 부처님의 말씀을 바르게 들을 수 있고, 중도에서 사유해야 바르게 이해할 수 있으며, 중도에서 수행해야 바른 깨달음에 도달할 수 있는 것입니다. 만약 중도를 이해하지 못하고 부처님의 말씀을 듣는다면 부처님의 말씀은 우리에게 별 의미가 없습니다. 예를 들면 십이연기는 생사를 벗어나는 길을 보여준 법문입니다. 우리는 그 법문을 외우고 있지만 생사에서 벗어나지 못하고 있습니다. 나는 그 이유를 우리가 중도를 모르고 있기 때문이라고 생각합니다. 부처님께서는 중도에서 말씀하시는데 우리는 사견을 가지고 듣기 때문에 그 말씀의 본뜻을 이해하지 못하는 것입니다. 따라서 불교를 공부하기 위해서는 무엇보다도 중도의 이해가 필수적입니다.

중도의 이해는 결코 쉽지가 않습니다. 부처님의 말씀을 잘 듣고 깊이 생각하지 않으면 결코 이해할 수가 없습니다.

사람은 죽으면 다음 세상에 다시 태어나는 것일까, 죽으면 그만일까?

———

불교를 공부하는 사람들은 대부분 몸은 죽어도 영혼은 죽지 않고 이 세상에서 지은 업에 따라 다음 세상에 태어날 것이라고 대답할 것입니다. 과학적인 지식을 절대적으로 믿는 사람들은 대부분 죽으면 그만이다는 생각을 하고 있을 것입니다. 부처님의 생각은 어떤 것일까요?

부처님께서는 죽으면 그만이다는 생각을 단견(斷見)이라고 해서 배척했습니다. 그렇다고 해서 영혼이 죽지 않고 다음 세상에 가서 태어난다는 생각을 올바른 생각이라고 하시지도 않았습니다. 영혼은 죽지 않는다는 생각에 대해서는 상견(常見)이라고 해서 역시 거부했습니다. 이렇게 단견과 상견을 모두 물리친 것을 단상중도(斷常中道)라고 합니다.

여러분은 아마 상당한 혼란을 느끼실 것입니다. 절에 가면 흔히 스님들께서 "옷을 갈아입는다"는 말을 합니다. 사람이 죽는 것은 육체라는 현세에서의 옷을 벗어버리고, 내세에 가서 새로운 육체라는 옷으로 갈아입는 것이라는 의미입니다. 이러한 말속에는 육체는 죽어도 영혼은 죽지 않는다는 의미가 들어있습니다. 그런데 부처님께서는 이런 생각을 상견이므로 버려야 한다고 하고 있으니, 도대체 이것을 어떻게 이해해야 할지 참으로 당혹스러운 일이 아닐 수 없을 것입니다. 우리는 어떻게 하면 이러한 의혹에서 벗어날 수 있을까요?

참선을 하는 화두 가운데 "부모가 이 몸을 낳기 전에 나의 본래면목을 어떤 것인가?"라는 화두가 있습니다. 아마 이 화두를 깨친다면 모든 의혹이 사라질 것입니다. 그러나 저는 화두만 던져놓을 수는 없으므로 부처님의 말씀을 살펴보겠습니다.

『잡아함경(300)』에서 부처님께서는 다음과 같이 단상중도를 말씀하십니다.

자기가 지은 것을 자기가 받는다고 하면 상견에 떨어지고 남이 지은 것을 남이 받는다고 하면 단견에 떨어진다. 의미 있고 진리를 이야기하는 주장은 이들 양변(兩邊)을 떠나 중도에서 설한 법이니, 소위 이것이 있는 곳에 저것이 있고, 이것이 일어날 때 저것이 일어남이니라. 무명(無明)을 연(緣)하여 행(行)이 있고, 내지 큰 괴로움 덩어리가 모이며, 무명이 멸하면 행이 멸하고, 내지 큰 괴로움 덩어리가 멸하는 것이니라.

이 경은 앞에 이야기한 경과 같은 경인데, 앞부분은 이미 살펴보았기 때문에 생략하고 뒷부분만을 인용했습니다. 여기에서 자기가 지은 것을 자기가 받는다는 것은 이 세상에서 어떤 업을 지은 사람이 죽어 다음 세상에 가서 자기가 지은 업의 과보를 받는다는 뜻이고, 남이 지은 것을 남이 받는다는 것은 이 세상에서 업을 지은 사람은 죽으면 사라지고, 그 사람이 지은 업의 과보는 다음 세상에서 다른 사람이 받는다는 의미입니다. 즉, 업을 지은 사람과 그 업의 과보를 받는 사람은 서로 다른 사람이라는 의미입니다.

부처님께서는 이러한 두 가지 생각은 잘못된 것이므로 버려야 하며 의미 있는 진실을 이야기한다면 그것은 십이연기라고 말씀하십니다. 부처님께서는 왜 "우리는 죽으면 그만인가, 죽은 후에도 영혼은 죽지 않고 다음 세상에 가서 태어나는가?" 하는 문제에는 대답을 하지 않으시고 십이연기를 설하고 있는 것일까요? 쓸데없는 논의는 그만하고 무명을 멸하여 괴로움을 벗어나는 수행에나 전념하라는 의도에서 그렇게 말씀하신 것일까요?

결코 그렇지 않습니다. 부처님께서는 이 문제를 도외시한 것이 아니라 그에 대한 해답으로 십이연기를 말씀하신 것입니다. 무기(無記)의 문제를 살펴보면서도 이야기했듯이, "영혼이 있는가, 없는가?" 하는 의심은 사견에서 비롯된 허망한 생각입니다. 그리고 연기법은 부처님께서 깨달은 인간과 세계의 실상을 보여주는 진리입니다. 인간과 세계의 실상(實相), 즉 연기법을 통달하게 되면 생사윤회의 실상을 깨달아 그러

162

한 허망한 의심은 사라집니다.

육체가 죽으면 우리의 생이 끝이라는 단견과 영혼은 죽지 않고 내세에 가서 태어난다는 상견은 모두 외도들의 주장입니다. 외도들은 어떤 형태로든 자아의 존재를 인정합니다. 바라문교에서는 불멸(不滅)하는 '아트만'을 자아라고 주장하고, 자이나교에서는 전지전능한 '지바'를 자아라고 주장합니다. 그리고 유물론적 요소설을 주장하는 사람들은 여러 요소가 일시적으로 결합해 있는 몸이 우리의 자아라고 주장했습니다. 이와 같이 외도들은 영원하게 존재하든 일시적으로 존재하든, '자아'란 자기 동일성을 가지고 시간적으로 존속하는 존재라고 생각했습니다. 이렇게 시간적으로 존재하는 자아가 죽은 후에도 변함없이 영원히 존재한다는 견해가 상견이고, 현생 동안은 존재하지만 죽으면 사라진다는 견해가 단견입니다. 그러나 부처님께서는 무아(無我)를 주장합니다. 시간적으로 자기동일성을 가지고 존재하는 '자아'는 우리의 생각 속에만 있을 뿐 실재하지 않는다는 것입니다. 이와 같이 시간적으로 자기 동일성을 가지고 존재하는 '자아'가 실재하지 않는다면, "자아는 영원한 것인가, 일시적인 것인가?"라는 물음은 마치 "토끼의 뿔은 한 개인가 두 개인가?", "용은 하늘에서 사는가, 바다에서 사는가?"라는 물음과 같이 무의미한 것이 되고 말 것입니다.

연기법은 무아의 도리를 일깨우는 진리입니다. 삼귀의를 살펴보면서 이미 생사가 본래 없는 우리의 참모습에 대하여 이야기했습니다. 연기법의 도리에서 보면 이 세상 어느 것 하나 '나' 아닌 것이 없습니다. 나와 세계는 별개의 존재가 아니라 인연의 끈으로 한 몸이 되어 있습니다. 따라서 나와 세계, 나와 남을 분별하지 않을 때 온 우주는 그대로 '참된 나'입니다. 이렇게 보면 나는 태어나서 죽는 것이 아니라 생사가 없이 인연 따라 다양한 모습으로 나타나고 있다는 것을 알게 됩니다. 따라서 '나'는 무상하고 실체가 없는 무아이지만, 인연 따라 항상 나타나고 있음을 알 수 있습니다.

소동파(蘇東坡)의 적벽부(赤壁賦)에 다음과 같은 구절이 있습니다.

그대도 물과 달을 아는가?
물은 이와 같이 흘러가지만 일찍이 간 적이 없고,
달은 저와 같이 차고 기울지만 마침내 줄어들거나 늘어나지 않는다네.
변화의 측면에서 본다면 천지(天地)는 한순간도 변하지 않을 수 없고,
불변의 측면에서 본다면 만물과 나는 모두 다함이 없다네[無盡].
그런데 다시 무엇을 부러워하랴!
客亦知夫水與月乎 逝者如斯 而未嘗往也 盈虛者如彼 而卒莫消長也
蓋將自其變者而觀之 則天地會不能以一瞬 自其不變者觀之 則物與
我皆無盡也
而又何羨乎

소동파는 불교에 정통한 사람입니다. 그는 이렇게 우리의 참모습을 이야기하고 있습니다. 변화의 측면에서 보면 우리는 무상한 무아지만 불변의 측면에서 보면 만물과 나는 한 몸으로 영원(永遠) 무진(無盡)한 것입니다.

외도들은 이러한 우리의 '참된 나'를 모르기 때문에 자기들이 제멋대로 '자아'라는 것을 꾸며놓고서 상견과 단견에 빠져있습니다. 십이연기는 이렇게 상견과 단견이라는 무명에 휩싸인 중생들이 어떻게 거짓된 '자아'를 만들어서 생사윤회의 괴로움을 겪고 있는가를 밝혀주는 교

리입니다. 중생들은 그들이 살고 있는 세계가 외부에 있고 그 세계 속에 자신과는 별개의 중생들이 함께 살고 있다고 생각합니다. 이런 생각 가운데서 중생들은 '몸'을 '자아'라고 생각하거나 몸과는 다른 죽지 않는 '영혼'이라는 것이 있다고 믿고 이것을 '자아'라고 생각합니다. 이렇게 허망한 생각을 집착하고 있는 것이 십이연기의 무명입니다.

중생들은 자신의 참모습을 모르는 무명의 상태에서 자기들이 제멋대로 꾸며놓은 '자아'를 중심으로 살아갑니다. 이것이 십이연기의 행(行)입니다.

거짓되고 허망한 '자아'를 중심으로 살아가는 가운데 의식이 형성됩니다. 우리는 의식이 태어나면서부터 일정한 형태로 존재한다고 믿고 있지만, 심리학자들이 연구한 바에 의하면 인간의 행동은 인간의 의식을 형성시킨다고 합니다. 이러한 사실은 우리의 일상적인 삶 속에서도 발견할 수 있습니다. 동양 사람의 의식구조와 서양 사람의 의식구조는 다릅니다. 태어나면서 다른 것이 아니라 그들의 환경과 삶의 방법이 다르기 때문에 다른 것입니다. 같은 동양 사람이라고 해도 개개인의 의식구조는 같지 않습니다. 이렇게 삶에 의해 의식이 형성된다는 의미에서 행을 연하여 식(識)이 있다고 하는 것입니다.

의식(意識)이 다르면 보이는 세상이 달라지고, 이렇게 저마다 다른 의식을 토대로 살아가는 가운데 '자아'와 '세계'에 대한 나름대로의 생각을 고집하면서, "내가 세상에 태어나, 늙고 병들어 죽는다"는 생각에 빠져 있는 것이 중생이고, 이러한 중생들의 모습을 설명하고 있는 것이 십이연기입니다. 따라서 이러한 사실, 즉 십이연기를 깨달은 사람은 결코 상견과 단견에 빠지지 않습니다. 단상중도는 이와 같이 십이연기를 깨달아서 단견과 상견에 빠지지 않는 것을 의미합니다.

3
—

영혼과 육체는 동일한가, 다른가?

일이중도
(一異中道)

일이중도(一異中道)와 앞에서 살펴본 단상중도는 근본적으로 다름이 없습니다. 죽으면 그만이라는 단견은 영혼과 육체는 다른 것이 아니므로 육체 이외의 영혼은 없다는 생각에서 비롯된 것이고, 육체가 죽은 후에도 '자아'는 죽지 않고 내세에 가서 태어난다는 상견은 육체와는 별개의 죽지 않는 영혼이 있다는 생각에서 비롯된 것이기 때문입니다. 따라서 단상중도와 일이중도는 내용상의 차이는 없습니다. 다만 일이중도에서는 단견이나 상견이 수행의 이론적 토대가 되지 못한다는 것을 지적하고 있습니다. 『잡아함경(297)』에서 부처님께서는 다음과 같이 일이중도를 설합니다.

영혼이 곧 육신이라고 하는 주장도 있고, 영혼과 육신은 서로 다르다고 하는 주장도 있지만, 이들 주장은 결론은 한 가지인데, 서로 다르게 주장될 뿐이다. 만약 영혼이 곧 육신이라고 한다면 거기에는 해탈을 위한 수행이 있을 수 없으며 영혼이 육신과 다르다고 해도 해탈을 위한 수행이 있을 수 없다. 그러므로 이 양변(兩邊)을 따르지 말고 마음을 바르게 중도로 향할지니, 그것은 현성이 세간에 나와 전도되지 않고 여실하게 바로 보아 알아낸 것이다. 소위 무명(無明)을 연(緣)하여 행(行)이 있고…

이 경에서 부처님께서는 영혼과 육신이 같다고 해도 해탈을 위한 수행이 있을 수 없고, 다르다고 해도 수행이 있을 수 없기 때문에 해탈을 추구하는 수행자는 마음을 중도로 향해야 한다고 하고 있습니다. 부처님께서는 왜 단견이나 상견에서는 수행을 할 수 없다고 하는 것일까요?

영혼과 육체가 같다는 것은 죽으면 그만이라는 견해입니다. 죽으면 그만이라면, 죽음에서 벗어날 수 있는 길이 없을 것입니다. 수행은 생사에서 벗어나기 위해서 하는 것인데, 근본적으로 벗어날 길이 없다면, 수행은 무의미한 것이 될 것입니다. 따라서 단견에는 수행이 있을 수 없습니다. 과학적 지식에 전적으로 의존하는 현대인은 대부분 이러한 단견에 빠져 있습니다. 그래서 출가 수행하는 것을 이해하지 못하는 사람이 많습니다.

한편, 영혼은 불멸한다는 상견에도 수행이 있을 수 없습니다. 본래 영혼은 죽지 않는다면, 죽음에서 벗어나기 위해 수행한다는 것은 의미 없는 일이기 때문입니다. 결국 단견과 상견은 수행을 부정한다는 동일한 결론에 도달하게 됩니다.

수행은 진리에 대한 바른 이해가 있을 때 제대로 실천할 수 있습니다. 즉 중도에서만 수행이 가능합니다. 우리가 아무리 불교의 교리를 많이 안다고 해도 중도(中道)에 서지 않으면 교리가 실천으로 이어질 수 없습니다.

중도(中道) 수행(修行)은 어떤 것인가?

───────

대승불교에서는 '본래성불(本來成佛)'이라고 말합니다. 모든 중생은 본래 성불해 있다는 것입니다. 이 말은 잘못 이해하면 수행할 필요가 없다는 말로 이해될 수 있습니다. "이미 성불했는데 성불을 위한 수행이 무슨 의미가 있느냐"고 이해할 수 있습니다. 그러나 '본래성불'의 의미는 그런 것이 아닙니다. '본래성불'이라는 말은 수행의 바른 길을 제시하기 위해 이야기된 것입니다.

마조 도일(馬祖 道一) 선사가 남악 회양(南嶽 懷讓) 선사 아래서 공부할 때의 일입니다. 도일 선사는 날마다 가부좌를 틀고 앉아 부처가 되겠다는 일념으로 열심히 좌선했습니다. 그러던 어느 날 회양 선사가 도일 선사에게 물었습니다. "그대는 무엇 하러 좌선을 하는가?" 도일 선사가 대답했습니다. "부처가 되기 위해서 좌선을 합니다." 이 말을 듣고 회양 선사는 기왓장을 가지고 와서 숫돌에 갈았습니다. 이것을 보고 마조 선사가 물었습니다. "스님은 무엇 때문에 기왓장을 숫돌에 갈고 계십니까?" 회양 선사가 "이것을 갈아서 거울을 만들 셈이네." 하고 대답하자, 마조 선사가 "스님 기왓장을 간다고 해서 그것이 거울이 되겠습니까?" 하고 말했습니다. 그러자 회양 선사는 기다렸다는 듯이

"좌선을 한다고 해서 부처가 되겠느냐?"라고 되물었습니다. 이 말에 마조 스님은 크게 깨달았다고 합니다.

이 대화를 잘 음미해 봅시다. 회양 선사가 마조 선사에게 좌선을 하지 말라고 그렇게 말씀하셨을까요? 그렇지 않습니다. 많은 수행자들이 부처가 되기 위해서 수행을 합니다. 이 사람에게는 부처와 중생이라는 분별심이 있습니다. 나는 중생이다. 좌선을 하여 깨달으면 중생에서 부처로 변할 것이다. 이런 기대를 가지고 수행하는 사람은 바른 수행을 하는 것이 아닙니다. 기왓장을 숫돌에 간다고 해서 기왓장이 거울이 될 수 없듯이, 중생과 부처가 따로 있다면 중생이 수행을 한다고 해서 부처가 될 수는 없습니다.

우리의 참모습을 살펴보면서 이야기했듯이 우리는 모두가 본래 청정한 비로자나불입니다. 다만 이러한 사실을 모르는 무명에서 갖가지 분별심(分別心)을 일으켜 허망한 생사의 세계에 빠져 있을 뿐입니다. 수행은 허망한 생사의 세계를 일으키고 있는 무명과 분별심(分別心)을 소멸하여 자신이 본래 생사가 없는 부처임을 자각하기 위해서 하는 것입니다. 그런데 마조 스님은 중생과 부처를 분별하고 앉아서 부처가 되기를 기다리고 있었기 때문에 회양 선사는 이것을 깨우쳐 바른 수행을 하도록 하기 위해서 기왓장을 숫돌에 갈았던 것입니다. 대승불교에서 말하는 '본래성불'은 이러한 의미입니다.

이 이야기는 불교수행의 핵심을 보여주고 있습니다. 대승불교에서 이야기하는 '본래성불'은 '자아'는 죽지 않는다는 상견도 아니고, '자아'는 죽으면 사라진다는 단견도 아닙니다. 생사(生死)라는 생각 자체가 무명에서 일어난 허망한 망상이므로 무명이 있으면 망상에 의해 생사의 세계가 벌어지고, 망상이 사라지면 본래 청정한 법계의 실상이 드러난다는, 연기하는 세계의 모습을 이야기하고 있는 것입니다. 이와 같이 무명과 망상을 버리고 실상의 세계를 깨닫는 것이 중도 수행입니다.

'자아'가 죽는다는 단견(斷見)을 가져도 수행이 있을 수 없고, '자아'는 죽지 않는다는 상견(常見)을 가져도 올바른 수행이 있을 수 없다면 부처님께서 주장하는 중도에서는 어떻게 수행이 가능할까?

———

십이연기에 이러한 의문의 해답이 있습니다. 십이연기의 마지막 부분은 태어남과 늙어 죽음입니다. 즉 생로병사(生老病死)하는 우리의 현실입니다. 십이연기는 이러한 우리의 현실이 무명에서 비롯된 것임을 보여줍니다. 무명이 있으면 생사가 있게 된다는 것입니다. 그러나 이것이 전부는 아닙니다. 십이연기에는 유전문(流轉門)과 환멸문(還滅門)이 있습니다. 무명이 있으면 행이 있고, 이렇게 차례로 연기하여 마지막에 생과 노사가 있다는 것은 유전문입니다. 그리고 무명을 없애면 행이 없어지고, 이렇게 차례로 없어져서 마지막에 생과 노사가 없어진다는 것이 환멸문입니다. 이와 같이 생사는 유전문에서는 있지만 환멸문에서는 없습니다.

그렇다면 유전문은 어떤 것이고 환멸문은 어떤 것일까요? 유전문은 무명의 상태에서 허망하고 거짓된 자아를 집착함으로써, 생사의 괴로움을 느끼며 살고 있는 중생의 모습을 보여주는 법문입니다. 환멸문은 생사의 괴로움이 무명과 욕탐에서 비롯된 것임을 깨닫고, 무명과 욕탐을 버리고 중도수행, 즉 팔정도를 닦는 수행자의 모습을 보여주는 법문입니다. 따라서 십이연기의 진리를 깨닫게 되면 상견이나 단견에 떨어지지 않고 무명에서 비롯된 허망한 생사의 괴로움에서 벗어나기 위한, 즉 본래 생사가 없는 열반을 얻기 위한 중도(中道) 수행(修行)을 할 수가 있습니다. 이와 같이 연기법이라는 중도에서 생사를 벗어나기 위한 진정한 수행이 가능하게 됩니다.

지금까지 살펴본 바와 같이 상견과 단견은 연기법에 대한 무지에서 나온 것입니다. 만약 연기법을 바르게 안다면 생사가 있다는 주장도, 없다는 주장도, 모두가 잘못된 것임을 알 수 있습니다. 이것이 연기법이고 중도입니다.

4
一

있느냐, 없느냐

유무중도
(有無中道)

모든 사견(邪見)은 유(有)·무(無)의 모순(矛盾) 대립(對立)에서 비롯된 것입니다.

———

　　　　　　중도의 내용을 살펴보면 실천적인 측면에서 설해진 고락중도는 그 내용이 팔정도였고, 팔정도의 실천에 출발점이 되는 정견이 문제되었을 때 이론적 측면에서 설해진 단상중도, 일이중도의 내용은 연기법이었습니다. 유무중도는 이들 이론적 중도를 총괄하는 것이라고 할 수 있습니다. 왜냐하면 단(斷)·상(常), 일(一)·이(異)의 모순(矛盾) 대립(對立)은 근본적으로는 유(有)·무(無)의 모순(矛盾)에서 비롯된 것이기 때문입니다.

　　괴로움은 자기가 짓고 자기가 받는다는 주장은 자아가 죽지 않고 상주(常住)한다는 상견이며, 영혼과 육신은 다른 존재라고 보는 견해

172

입니다. 한편 남이 짓고 남이 받는다는 주장은 영혼과 육신은 다르지 않기 때문에 상주하는 영혼은 없고, 육신이 죽으면 '자아'는 단멸(斷滅)한다는 단견입니다. 결국 상주 불멸하는 '자아'가 있느냐[有] 없느냐[無]에 따라 상견과 단견의 대립도 있고, 영혼과 육신이 같은 것인가 다른 것인가 하는 상반된 견해의 대립도 있습니다. 따라서 유무중도는 단상중도, 일이중도를 총괄하는 이론적 중도라고 할 수 있습니다.

이런 의미에서 부처님께서는 외도(外道)들의 사견을 『증일아함경(增一阿含經)』「유무품(有無品)」에서는 다음과 같이 유견(有見)과 무견(無見) 두 가지로 분류하고 있습니다.

세존께서 여러 비구들에게 말씀하시기를 "마땅히 두 견해를 알아야 한다. 어떤 것이 두 견해인가? 유견(有見)과 무견(無見)을 두 견해라고 말한다. 만약 어떤 사문과 바라문이 이 두 견해를 익히고 외워도 마지막에 가서는 그 법을 따를 수 없을 때, 그 이유를 여실하게 알지 못한다면 이 사람은 곧 사문도 아니고 바라문도 아니다. 사문에서 사문의 법을 어기고 바라문에서 바라문의 법을 어기게 되므로, 이 사문과 바라문은 결국 자신들이 주장하는 열반을 스스로 증득하여 그 경계에서 노닐 수가 없기 때문이다. 그러나 만약 어떤 사문과 바라문이 이 두 견해를 배우고 외운다 할지라도, 이것은 버려야 한다고 알아서 버리고, 버려야 하는 이유를 여실하게 안다면 이 사람은 곧 사문의 행을 지니고 있는 사문이며, 바라문의 행을 알고 있는 바라문으로서 자신이 열반을 증득하여 그 경계에서 스스로 노닐 수 있을 것이다. … 그러므로 비구들이여 이 두 견해를 배우고 익혀서는 안 된다. 마땅히 남김없이 버려야 한다."

이 경에서는 이렇게 외도들의 모든 사견을 유견과 무견으로 분류하고 있습니다. 이것은 외도들의 모든 사견이 유무(有無)의 모순 대립에서 비롯된 것이라는 점을 시사하는 것입니다.

유견(有見)과 무견(無見)은 '자아'가 현세에만 존재하는가, 과거세와 미래세에도 존재하는가에 대한 대립된 견해입니다. 만약 '자아'가 과거세에도 있었고, 현세에도 있고, 미래세에도 있는 것이라고 주장한다면 이것은 유견이고, 현세에는 있으나 과거세에는 없었고, 미래세에도 없다고 주장한다면 이것은 무견입니다. 이것을 바꾸어 말하면 우리에게 과거세와 미래세가 있다고 주장한다면 이것은 유견이고, 현세만 있을 뿐 과거세나 미래세는 없다고 주장한다면 이것은 무견입니다.

현세에 '자아'가 존재하고 있다는 것은 아무도 의심하지 않을 것입니다. 그러나 우리에게 전생이나 내세가 있는가, 없는가, 즉 '자아'는 전생부터 존재해서 현생을 거쳐서 내세로 가는 것인지, 그렇지 않고 현생에서만 존재하다가 사라지는 것인지에 대해서는 저마다 생각이 다를 것입니다. 아마 전생이나 내세에 대하여 갖가지 주장을 한다할지라도 결국은 상주 불멸하는 '자아'가 있느냐, 없느냐의 두 가지 견해, 즉 유무(有無) 이견(二見)에 속할 것입니다. 부처님께서 말씀하시는 유무(有無) 이견(二見)은 바로 이것을 의미합니다.

우리의 상식적인 생각으로는, 윤회를 이야기하는 불교에서는 상주 불멸하는 '자아'가 있다는 견해를 취하고 있을 것으로 보입니다. 그러나 부처님께서는 이것은 상견(常見)이며 유견(有見)이라고 배척하고 있습니다. 그렇다고 해서 '자아'가 없다는 견해를 지지하지도 않고, 이것은 단견(斷見)이며 무견(無見)이라고 해서 역시 배척하고 있습니다. 도대체 부처님께서는 왜 이렇게 모든 견해를 물리치고 있는 것일까요?

―――――

『잡아함경(301)』에서 부처님께서는 이렇게 말씀하십니다.

> 세간(世間)은 유(有)와 무(無), 두 가지에 의존하나니, 유와 무는 보이거나 들리거나 생각한 것[所觸]을 취한 것이다. 보이거나 들리거나 생각한 것을 취하기 때문에 유(有)에 의지하기도 하고 무(無)에 의지하기도 한다. 만약 이 취함이 없다면 마음이 경계에 묶여 경계를 취하지도 않고, 경계에 머물지도 않고, '자아'를 제멋대로 꾸며내지도 않고, 괴로움이 생기면 생기는 것에 대하여, 멸하면 멸하는 것에 대하여 의혹이 없이 다른 사람을 의지하지 않고도 능히 알 수가 있다. 이것을 정견이라고 하며, 이것을 여래가 시설(施設)한 정견이라고 부른다. 왜냐하면 세간이 생기는 것[集]을 여실하고 바르게 보아 안다면 세간이 없다고 하는 사람은 없을 것이고, 세간이 멸하는 것[滅]을 여실하고 바르게 보아 안다면 세간이 있다고 하는 사람은 없을 것이기 때문이다. 그래서 여래는 두 변을 떠나 중도에서 설하나니, 소위 이것이 있는 곳에 저것이 있고, 이것이 일어날 때 저것이 일어나는 것이니라. 다시 말하면 무명을 연하여 행이 있고, … 내지 큰 괴로움

의 덩어리가 생기며, 무명이 멸하기 때문에 행이 멸하여 ··· 내지 큰 괴로움의 덩어리가 멸하는 것이니라.

이 경에서 부처님께서 하시는 말씀의 뜻은 이렇습니다. 세상의 일반적인 사람들은 모두 상주 불멸하는 영혼과 같은 '자아'가 있다는 생각에 의지해서 살아가고 있거나, 그런 것은 없고, 죽으면 그만이다는 생각에 의지해서 살아가고 있다는 것입니다. 그런데 사람들은 왜 자기가 그런 생각을 가지게 되었는지를 모르는 채, 그 생각을 집착하여 고집하고 있다는 것입니다. 우리가 그런 생각을 하게 된 까닭은 보고, 듣고, 만지고, 생각하는 가운데, 보이고, 들리고, 만져지고, 생각한 것, 이런 것들을 부처님께서는 경계(境界)라고 부르는데 이들 경계 가운데서 자기의 마음에 드는 것을 취해서 저마다 달리 '거짓된 나'라는 것을 만들어 놓았기 때문이라는 것입니다. 즉, 세상 사람들은 '참된 나'의 실상을 모르는 무명(無明) 속에서 '거짓된 나'를 꾸며놓고 그 '거짓된 나'가 상주 불멸한다고 생각하기도 하고 죽으면 그만이라고 생각하기도 한다는 것입니다. 만약 우리가 이런 경계를 취하지 않는다면 우리의 마음은 이런 경계에 끌리지 않을 뿐 아니라 거짓된 나를 꾸미지도 않기 때문에 거짓된 나로 인해서 생기는 생사의 괴로움이 생기는 과정과 없어지는 과정을 아무 의혹 없이 스스로 알게 되리라는 것입니다. 부처님께서는 이것을 정견이라고 우리에게 가르쳤으며 이것이 연기법입니다.

부처님께서는 세간(世間)이 생기는 것과 멸하는 것을 사실 그대로 바르게 보라고 말씀하십니다. 이러한 부처님의 말씀은 쉽게 이해할 수가 없을 것입니다. 부처님께서는 우리가 어떻게 세상이 생기고 멸하는 것을 볼 수 있다고 말씀하시는 것일까요? 여기에서 부처님께서 말씀하시는 세간은 산이나 강이나 바다나 지구나 우주가 아닙니다. 이 우주가 생기고 없어지는 것을 눈으로 볼 수 있는 사람은 아무도 없습니다. 이렇게 아무도 볼 수 없는 것을 부처님께서 보라고 하실 리는 만무합니다. 세간이란 "이 세계와 나는 별개의 존재이다. 나는 나와는 별개의 존재인 세계에 태어나서 죽는 존재이다. 이렇게 세상에 태어나서 죽는 나는 상주 불멸하는 존재이거나 죽으면 그만인 존재이다" 라고 생각하고 있는 세상 사람들의 생각을 의미합니다. 따라서 세간이 생기는 것과 멸하는 것을 사실 그대로 바르게 보라는 부처님의 말씀은 우리의 이러한 생각이 생기고 멸하는 것을 잘 살펴보라는 말씀입니다.

부처님의 말씀대로 우리의 이러한 생각을 살펴봅시다. 만약 이 생각이 진실이라면 나와는 별개의 존재로서 세계가 나의 외부에 있을 것이고, 그 세계 속에서 태어나 죽는 나는 상주 불멸하는 존재이거나 죽으면 그만인 존재일 것입니다. 그러나 진실이 아니라면 '세계와 나'는 지금까지 우리가 생각했던 것과는 다른 모습일 것입니다.

우리는 왜 우리의 외부에 나와는 별개의 세계가 존재한다고 생각하게 되었을까요? 그것은 눈을 통해 보이고, 귀를 통해 들리고, 코를 통해 냄새가 맡아지고, 혀를 통해 맛이 느껴지고, 몸을 통해 무엇인가가 만져지고, 마음을 통해 무엇인가가 인식되기 때문일 것입니다. 그리고 보이고, 들리고, 인식되는 것은 밖에 있는 '세계'이고 보고, 듣고, 생각하는 것은 안에 있는 '자아'라고 생각하기 때문일 것입니다. 이미 여러 차례 말씀드렸듯이 보고, 듣고, 생각하는 안(眼)·이(耳)·비(鼻)·설(舌)·신(身)·의(意)는 육내입처(六內入處)이고, 보이고, 들리고, 생각되는 색(色)·성(聲)·향(香)·미(味)·촉(觸)·법(法)은 육외입처(六外入處)입니다. 이것이 십이입처(十二入處)인데 십이입처는 모두 우리의 마음입니다. 따라서 밖에 있는 세계와 안에 있는 나는 별개의 존재가 아니라 모두가 우리의 마음입니다. 이렇게 생각한다면 나와 세계가 별개의 존재라는 생각이나, 세계 속에 태어나 살고 있는 나에게 상주 불멸하는 '자아'가 있다고 하는 생각이나, 없다고 하는 생각은 모두가 잘못된 생각이라고 하지 않을 수 없을 것입니다.

이러한 잘못된 생각은 우리가 우리의 참모습을 알지 못할 때는 반드시 일어나 존재합니다. 그리고 이런 잘못된 생각이 있으면 우리에게 '나와 세계'가 별개의 존재로 나타납니다. 이렇게 '나와 세계'가 별개의 모습으로 나타나 있는 것을 부처님께서는 '세간'이라고 부릅니다. 따라서 부처님께서는 이 세간이 나타나는 것을 여실하게 보게 되면 '세간'은 비록 그것이 진실된 모습은 아닐지라도 분명히 존재하고 있으므로 없다고 할 수 없다고 말씀하신 것입니다.

만약 우리가 이와 같이 세간이 생기는 것을 여실하게 보아 안다면 '세간'은 허망하게 존재하고 있다는 것을 알게 될 것입니다. 그래서 허망한 세간을 멸하기 위해 수행할 것입니다. 이런 수행을 통해 무명을 없애고 우리의 참모습을 깨닫게 되면 우리의 잘못된 생각에 의해 생긴 세간은 우리의 잘못된 생각이 사라짐과 동시에 사라지게 될 것입니다. 따라서 부처님께서는 세간이 사라지는 것을 여실하게 보게 되면 세간은 본래 있는 것이 아니므로 있다고 할 수 없다고 말씀하신 것입니다. 부처님께서는 이런 의미에서 세간이 생기고 멸하는 것을 여실하게 보아야 한다고 말씀하신 것입니다.

중도란 허망한 생각을 집착하지 않고 세간이 생기고 멸하는 것을 여실하게 보는 입장입니다. 그리고 이렇게 세간이 생기고 멸하는 것을 여실하게 보는 중도에서 이야기한 것이 세간의 실상을 밝힌 십이연기입니다.

무명을 연하여 허망한 생각들이 차례로 일어나며 마침내 괴로움 덩어리인 '나'라는 허망한 생각이 일어나 생로병사의 온갖 괴로움이 생깁니다. 따라서 무명을 없애면 허망한 생각들이 차례로 사라지고 '나'라는 허망한 생각까지도 사라져 생로병사의 모든 괴로움이 사라진다는 것이 부처님께서 중도(中道)에서 우리에게 가르쳐주신 십이연기라는 진리이며 이것이 정견(正見)입니다.

5
장
———

사성제와 십이연기
(四聖諦 十二緣起)

1

—

사성제(四聖諦)란
무엇인가?

불교에는 많은 교리들이 있는데 왜 고(苦)·집(集)·멸(滅)·도(道)를 거룩한

진리라고 하나요?

———

사성제는 부처님께서 성스러운 진리라고 말씀하신 불교의 진리입니다. 사성제를 불교의 진리라고 한 것은 부처님께서 사성제를 깨달아 성불(成佛)하셨기 때문입니다. 부처님께서 깨달은 진리가 사성제(四聖諦)라고 하면 실망하실 분들도 있을 것으로 생각됩니다. "온 세상의 진리를 다 깨달으신 줄 알았는데 부처님께서 겨우 고(苦)·집(集)·멸(滅)·도(道)를 깨달으셨단 말인가?", "고(苦)·집(集)·멸(滅)·도(道)가 어떻게 진리가 될 수 있단 말인가?" 이렇게 의문을 가지실 분도 있을 것입니다.

앞에서 말씀드렸듯이 불교학자들 가운데도 부처님께서 깨달은 것은 사성제이기 때문에 부처님은 철학자가 아니라 괴로움에서 해탈하는 길을 가르친 윤리교사라고 생각한 분들이 많습니다. 그러나 이런 생각은 사성제를 제대로 알지 못하기 때문에 나온 것입니다. 사성제는 우리가 쉽게 이해할 수 있는 간단한 교리가 아닙니다.

부처님께서 가르치신 교리는 모두 사성제를 바르게 이해하여 스스로 체득하게 하기 위한 것입니다. 부처님께서는 고성제(苦聖諦)를 알아서 이해하고, 집성제(集聖諦)를 알아서 끊고, 멸성제(滅聖諦)를 알아서 자증(自證)하고, 도성제(道聖諦)를 알아서 수행하면 그 사람이 누진통(漏盡通)을 성취한 아라한이라고 하셨습니다. 따라서 사성제를 바르게 이해하지 않으면 불교를 실천하여 열반을 성취할 수 없습니다.

고성제(苦聖諦)는 무엇이며 왜 거룩한 진리인가요?

———

먼저 부처님께서 거룩한 진리라고 하신 고성제(苦聖諦)의 내용을 살펴봅시다. 『쌍윳따 니까야』 56. 11. Tathāgatena vutta(여래의 말씀)에서 설명하는 고성제의 내용입니다.

비구들이여, 고성제란 이런 것이다. 태어남[生]은 괴롭다. 늙음[老]은 괴롭다. 병[病]은 괴롭다. 죽음[死]은 괴롭다. 슬픔, 비탄, 고통, 근심, 불안은 괴롭다. 미워하는 사람과의 만남은 괴롭다. 사랑하는 사람과의 이별은 괴롭다. 원하는 것을 얻지 못하는 것은 괴롭다. 간단히 말하면 오취온(五取蘊)은 괴롭다.

이 세상에 태어나서 늙고 병들어 죽어가는 것이 괴롭다는 사실, 만나고 헤어지는 인간관계가 괴롭다는 사실, 뜻대로 되지 않는 세상살이가 괴롭다는 사실, 이런 것들을 모르는 사람이 어디 있겠습니까? 그런데 부처님께서는 이런 시시한 것을 거룩한 진리라고 하고 있습니다.

진리란 무엇일까요? 너무 거창해서 말로 표현할 수 없는 것이 진리일까요? 사성제를 빠알리(Pāli)어로는 'cattāri ariya saccāni'라고 합니다. '네 가지 거룩한 진리'라는 말이지요. 여기에서 진리로 번역한 'sacca'는 '진실'이라는 의미의 말입니다. 우리는 부처님께서 우리가 알 수 없는 어떤 신비하고 거창한 진리를 깨달으신 것으로 생각하기 쉽지만 부처님께서 깨달은 것은 우리가 살고 있는 이 세상과 우리 자신의 진실(眞實), 즉 실상(實相)이었습니다. 이 세상을 살아가기가 괴롭다는 것은 분명한 사실입니다. 이것이 이 세상의 실상이며 진리입니다. 불교는 이 세상에 태어나서 살아가기가 괴롭다는 사실에서 출발합니다.

그런데 맨 마지막에 "간단히 말하면 오취온(五取蘊)은 괴롭다"고 말씀하십니다. 아마 이 말씀은 잘 이해가 되지 않을 것입니다. 오취온이 무엇이기에 '오취온은 괴롭다'고 하신 것일까요?

고성제의 핵심은 바로 오취온입니다. 이 세상 모든 괴로움을 한마디로 말한다면 오취온이라는 것입니다. 그렇다면 오취온(五取蘊)은 무엇일까요? 오취온(五取蘊)을 빠알리(Pāli)어로는 'pañcupādānakkhandhā'라고 하는데, 이 말은 다섯 개의[pañca] 잡고 있는[取, upādāna] 덩어리[蘊, khandha]라는 의미의 합성어로 부처님께서 만들어 사용하신 말입니다. 이것을 오취온(五取蘊)으로 한역한 것입니다. 이 말을 문자 그대로 해석하면 '붙잡고 있는 다섯 개의 덩어리들'입니다. 그러니까 "오취온은 괴롭다"는 말은 "다섯 개의 덩어리들을 붙들고 있기가 괴롭다"는 뜻입니다. 부처님께서 우리가 알지 못하고 있던 사실을 깨닫고 발견한 내용은 바로 "오취온은 괴롭다"는 사실입니다. 오취온은 부처님께서 처음 발견하신 것이기 때문에 이름도 부처님께서 처음으로 지어 사용하신 것입니다.

'다섯 개의 덩어리'가 무엇이기에 부처님께서는 그것을 붙들고 있기가 괴롭다고 하신 것일까요? 여기에서 이야기하는 다섯 개의 덩어리는 오온(五蘊)입니다. 불교를 공부하시는 분이라면 누구나 잘 알고 있는 색(色), 수(受), 상(想), 행(行), 식(識) 다섯 가지가 오온입니다. 이 오온을 붙들고 있는 것을 오취온(五取蘊)이라고 합니다. 따라서 '오취온은 괴롭다'는 말은 '오온을 붙들고 있기가 괴롭다'는 말입니다.

삼보(三寶)를 설명하면서 말씀드렸듯이 오온이란 우리가 나라고 생각하고 있는 것들입니다. 우리는 '나'를 하나의 존재라고 생각하고 있지만, '나'는 다섯 가지나 있다는 것을 부처님께서는 발견하셨습니다. 첫째는 보고, 듣고, 먹고, 만지는 나[色]입니다. 이것을 우리는 몸이라고 부릅니다. 둘째는 기쁨을 느끼고, 슬픔을 느끼는 나[受]입니다. 우리는 이것을 감정이라고 부릅니다. 셋째는 비교하고 추리하고 생각하는 나[想]입니다. 이것을 우리는 이성(理性)이라고 부릅니다. 넷째는 의도와 의욕을 가지고 행위 하는 나[行]입니다. 이것을 우리는 의지(意志)라고 부릅니다. 마지막은 대상을 의식하여 인식하는 나[識]입니다. 이것을 우리는 의식(意識)이라고 부릅니다.

이와 같이 오온은 우리가 '나'라고 생각하고 있는 중생들의 다섯 가지 '자아'입니다. 우리는 이 다섯 가지 자아, 즉 오온을 붙들고 살아갑니다. 태어나는 것도 자아로 붙잡고 있는 오온이고, 늙고 병들어 죽는 것도 자아로 붙잡고 있는 오온입니다. 중생들의 삶을 한마디로 말한다면 오온을 자아라고 붙잡고 사는 것입니다.

부처님께서는 오온이 무명에서 연기한 망상이라는 것을 깨달았습니다. 그런데 중생들은 이러한 사실을 모르고 오온이라는 망상 덩어리를 자아로 붙잡고 살아가기 때문에 생로병사의 괴로움을 겪으며 살고 있는 것입니다. 이러한 중생들의 괴로운 실상을 고성제라고 하며, 그 내용을 한마디로 말하면 '오취온은 괴로움이다'는 것입니다.

2

고성제의 실존철학적 의미

고성제
(苦聖諦)

오취온은 중생들이 오온을 자아(自我)로 취하고 살아가는 중생들의 삶입니다. 중생들은 끊임없이 오온 가운데 애착의 대상이 되는 것을 자아로 취하고 있습니다. 이와 같이 중생들이 끊임없이 자아를 취하며 살아가는 삶은 괴롭다는 사실이 고성제입니다.

우리의 자아는 본래부터 존재하고 있는 것이 아닙니다.

———

우리의 자아는 본래부터 존재하고 있는 것이 아니라 우리가 취함으로써 존재하는 것입니다. 이것을 십이연기에서 '취(取)를 의지하여 유(有)가 있다'고 한 것입니다. 그리고 이러한 자아가 있기 때문에 생로병사(生老病死)가 나타난다는 것을 십이연기에서 '유(有)를 의지하여 생(生)이 있고, 생을 의지하여 노사(老死)가 있다'고 한 것입니다.

우리의 자아는 고정된 존재가 아니라 끊임없이 오온을 취함으로써 존재하게 된 것입니다. 몸은 먹여주어야 존재할 수 있고, 감정은 좋아하는 것을 주어야 만족합니다. 그리고 의지(意志)는 원하는 것을 가져야 행복을 느낍니다. 사랑하는 사람과 헤어지고, 미워하는 사람과 만나는 괴로움은 사랑하고 미워하는 감정을 자아로 취하기 때문에 생깁니다. 원하는 것을 얻지 못하는 괴로움은 의지와 욕망을 자아로 취하기 때문에 생깁니다. 오온을 자아로 취하지 않으면 생로병사와 우비(憂悲) 고뇌가 생길 수 없습니다. 따라서 우리가 자아로 취하고 있는 오온, 즉 오취온(五取蘊)이 모든 괴로움의 근원이며 괴로움의 실상입니다. 부처님은 이러한 사실을 고성제라고 하신 것입니다.

오취온(五取蘊)은 실존철학에서 이야기하는 실존(實存)입니다.

———

이러한 고성제의 의미를 보다 잘 이해하기 위해서는 실존철학에서 이야기하는 인간 존재, 즉 실존(實存)에 대하여 살펴볼 필요가 있습니다. 실존철학에서는 인간을 불안한 존재라고 이야기합니다. 20세기에 들어서면서 실존철학이 등장하는데, 이전의 철학에서는 인간을 이성적 존재, 정신적 존재 등으로 표현했습니다. 이러한 인간의 이해는 인간이 이성이나 정신과 같은 불변의 본질을 가지고 있다는 생각에서 나온 것입니다. 그러나 실존철학에서는 인간을 어떤 본질을 가지고 있는 존재로 보지 않고 자신이 죽을 것이라는 사실을 알고 항상 불안에 휩싸여 살아가는, '지금 살고 있는 존재', 즉 관념적으로 이해되는 존재가 아니라 '실제로 지금 여기 살아가고 있는 존재'로 이해합니다. 이러한 인간의 모습을 영어로 'Existence'라고 불렀고, 이것을 '실존'이라고 번역했습니다. 'Existence'는 'exist'라는 동사에서 파생된 명사입니다. 'exist'는 '나타나다, 있다, 실재하다, 현존하다, 살고 있다, 살아가다'라는 의미를 지니고 있습니다. 따라서 'Existence'는 '현재 살아가고 있는 존재'라는 의미를 갖습니다.

현재 지금 여기에서 살아가고 있는 우리 인간의 모습을 살펴봅시다. 우리는 코끼리에 쫓겨서 우물에 들어간 사람처럼 시시각각 다가오는 죽음을 인식하면서 한 가닥 나무뿌리 같은 수명에 의존하여 하루하루를 살아가는 불안한 존재입니다. 이러한 인간 존재를 실존철학에서는 '실존'이라고 불렀고, 부처님은 '오취온(五取蘊)'이라고 불렀습니다.

독일의 철학자 하이데거는 이러한 인간존재를 해명하면서 인간을 책상이나 나무와 같은 존재자로 대상화한 다음에 이 대상의 속성을 기술하는 방법으로 인간을 '이성적 동물', '정신적 존재' 등으로 정의하려는 종래의 태도에서 벗어나 '자기존재를 이해하고 있는 존재자'라는 의미에서 인간존재를 '현존재(現存在, Dasein)'라고 부릅니다. '책상은 책을 놓고 보기에 좋은 성질을 가졌다'라는 식으로 '인간은 생각하는 본성을 가졌다'라고 정의할 수 없다는 것입니다. 왜냐하면 인간존재는 고정불변의 성질을 가지고 존재하고 있는 것이 아니라 불안한 자신의 존재 자체가 그 자신에게 문제가 되고 있는 존재자(存在者)이기 때문입니다.

그에 의하면 '인간으로 존재한다'는 것은 언제나 '각자로 존재한다'는 것이며, '각자 자기 자신으로 존재한다'는 것은 언제나 '자신의 존재가 문제되어 있는 것으로서 자신의 존재 가능성에 관해서 심려(心慮)한다'는 뜻이며, 이렇게 '자신의 존재에 대하여 관심을 가지고 의문을 제기하며 우려를 표명한다'는 것은 '어떻게 존재할 것인가를 선택하려 함이다'라고 합니다.

하이데거의 이러한 표현은 좀 복잡해서 이해하기가 쉽지 않을 것입니다만, 이것을 간단히 말하면 인간은 다른 동물과는 달리 각기 다른 모습으로 존재한다는 것입니다. 소나 돼지 같은 동물들은 살아가는 모습이 대동소이합니다. 미국의 소든, 한국의 소든, 모든 소는 '내가 어떤 모습으로 살아야겠다'는 자신의 삶의 모습에 대하여 관심이 없습니다. 배고프면 먹고, 잠이 오면 자고, 짝지을 때가 되면 짝짓기를 합니다. 그러나 인간은 사람마다 각기 다른 삶을 살아갑니다. 각자로 존재한다는 것은 이것을 의미합니다. 사람은 사람마다 각기 다른 모습으로 존재한다는 것입니다.

이렇게 각기 다른 모습으로 존재하게 된 까닭은 사람들이 자기 자신은 어떤 존재가 될 것인가를 문제 삼고 있기 때문입니다. 동물들은 자신이 무엇이 될 것인가에 대해서는 관심이 없습니다. 그러나 인간은 어떤 생각을 가지고 어떻게 살 것인가를 항상 문제 삼고 있습니다. 어떤 사람은 출가하여 승려가 되려고 생각하기도 하고, 어떤 사람은 정치가가 되려고 생각하기도 하고, 어떤 사람은 사업가가 되려고 생각하기도 합니다. 사람들은 항상 이렇게 자신이 어떤 존재가 될 것인가, 즉 자신의 '존재 가능성'에 대하여 관심을 가지고 그 가능성에 대하여 의문을 제기하고 우려하면서 어떤 존재가 될 것인가를 선택합니다. 이와 같이 각기 다른 가능성을 선택하기 때문에 인간은 각기 다른 모습으로 존재하게 되는 것입니다.

오취온은 바로 이러한 인간존재입니다. 인간은 자신의 몸에 대해서 관심을 갖습니다. 몸이 마른 사람은 살이 찌기 위해서 영양이 많은 음식을 취하고, 비만인 사람은 살을 빼기 위해서 칼로리가 적은 음식을 취합니다. 이렇게 우리의 몸은 자신이 선택하여 취한 것입니다. 이것이 오취온 가운데 색(色)입니다. 감정에 대해서도 관심을 갖습니다. 자신의 성격에 대해서 스스로 어떤 성격의 소유자가 될 것인가를 스스로 결정하여 자신이 원하는 성격을 취해서 자신의 성격으로 삼습니다. 이것이 오취온 가운데 수(受)입니다. 사상이나 사고방식도 자신이 취한 것이고 의지도 자신이 선택하여 취하게 됩니다. 그래서 이런 것들이 복합적으로 자신의 의식을 형성합니다. 그리고 이렇게 형성된 의식을 중심으로 끊임없이 새로운 선택을 함으로써 우리의 의식은 항상 새로운 모습으로 변화합니다.

이것을 하이데거가 이야기하는 현존재의 존재방식으로 설명한다면 '인간으로 존재한다'는 것은 '각자가 취한 오취온으로 존재한다'는 것을 의미하는 것이며, '오취온으로 존재한다'는 것은 언제나 '자신의 존재, 즉 오취온이 문제되는 것으로서 욕탐의 대상이 되는 오온을 붙잡고 있다'는 것을 의미합니다. 그리고 '오온을 붙잡고 있다'는 것은 '어떤 오온으로 존재할 것인가를, 즉 미래의 존재 가능성을 선택하여 취한다'는 것을 의미합니다.

이와 같이 부처님께서 말씀하시는 오취온은 하이데거가 이야기하는 현존재와 매우 비슷합니다. 부처님도 인간존재를 육체나 영혼으로 정의하는 것을 반대했습니다. 당시의 외도들은 '아트만(Ātman)'이나 '지바(Jīva)'와 같은 정신적 실체로 인간의 본질을 정의하려 하거나 물질적 요소로 인간을 설명하려고 했습니다. 이러한 태도는 인간존재를 존재자로 대상화하여 그 속성을 개념으로 정의하려는 것입니다. 부처님께서는 이러한 입장에 반대했기 때문에 영혼과 육체는 동일한가, 다른가, 등의 문제에 침묵했던 것입니다.

부처님께서는 『잡아함경(58)』에서 오취온을 인간을 대상화시켜 정의하는 다섯 가지 개념으로 이해하려는 제자에게 그러한 이해가 잘못된 이해임을 다음과 같이 깨우쳐 주고 있습니다.

> "세존이시여, 이 오수음(五受陰)[14]은 색수음(色受陰)과 수·상·행·식수음(識受陰)입니까?"
> 부처님께서 비구에게 말씀하셨다.
> "자리에 돌아가라. 그리고 묻도록 하라. 그러면 너에게 이야기하리라."
> 그 비구는 부처님께 예를 올리고 다시 제 자리로 돌아와서 부처님께 말씀드렸다.
> "세존이시여, 이 오수음은 어떤 것이 근본이 되며, 무엇 때문에 모여서 나타난 것(集)이며, 무엇 때문에 생긴 것입니까?"
> 부처님께서 비구에게 말씀하시었다.
> "이 오수음은 욕구가 근본이 되고, 욕구 때문에 모여서 나타난 것이며, 욕구 때문에 생긴 것이다."

부처님께서는 자신이 이야기하는 오취온(五取蘊)을 다섯 가지 종류의 존재로 이해하고 있는 비구에게 자리에 돌아가면서 좀 더 깊이

---

14 『잡아함경』에서는 오취온(五取蘊)을 오수음(五受陰)으로 번역한다.

생각해 본 후에 다시 묻도록 하고 있습니다. 인간존재를 육체, 감정, 이성, 의지, 의식으로 되어있다고 생각하는, 그러니까 오취온이라는 인간존재를 다섯 가지 존재자로 대상화하여 묻고 있는 비구에게 오취온은 하이데거가 이야기하는 '현존재(Dasein)'의 의미라는 것을 스스로 깨닫도록 반성의 시간을 준 것입니다. 그 비구는 자리에 돌아가면서 그 의미를 깨달았습니다. 그는 오취온은 인간을 이루는 구성요소를 의미하는 것이 아니라, 인간 각자의 존재방식을 의미한다는 것을 깨달은 것입니다. 그래서 질문의 형식을 바꾸어 오취온이라는 인간존재의 존재 방식의 근본을 물었던 것입니다.

부처님께서는 그 비구가 오취온의 의미를 이해했다는 것을 아시고서 오취온이라는 인간존재의 존재 방식은 욕구가 근본이 되어 욕구에 의해 나타난 것이라고 설명하고 있습니다. 그러니까 욕구가 기본 축이 되어 욕구를 중심으로 끊임없이 자기존재를 취하는 인간존재의 존재방식이 오취온이라는 것입니다.

이러한 부처님의 인간존재에 대한 해명은 하이데거와 너무나 유사합니다. 하이데거는 현존재의 존재의미, 즉 현존재의 존재가능성에 대한 지향(志向) 축(軸)을 심려(心慮, sorge)라고 규정했습니다. 현존재는 자신이 미래에 어떤 존재가 될 것인가를 항상 심려하면서, 그 심려를 축으로 삼아 끊임없이 미래의 자기존재가능성을 지향하고 있는 인간존재를 의미한다는 것입니다. 하이데거가 이야기하는 심려와 부처님께서 말씀하시는 욕구는 본질적으로 차이가 없습니다. 심려가 자신의 존재가능성에 대한 우려를 의미한다면, 그러한 심려가 나타나게 된 바탕에는 자기 자신의 존재유지에 대한 욕구가 있기 때문일 것입니다. 따라서 존재가능성에 대한 심려의 보다 근원적인 심리상태는 욕구라고 할 수 있습니다.

　부처님께서 사성제의 고성제에 대하여 "오취온은 괴로움이다"라고 말씀하신 것에는 이러한 실존철학적인 의미가 있습니다. 오취온이라는 인간존재는 항상 욕구를 가지고 오온을 취하여 미래의 자기존재 가능성을 추구하기 때문에 그러한 존재방식 자체가 괴로움이라는 것입니다.

　실존철학에서는 인간이 이렇게 괴롭고 불안한 존재라는 것, 즉 고성제에 대해서는 이야기하고 있습니다. 그러나 그러한 괴로운 실존의 원인과 실존에서 벗어나는 길은 밝히지 못하고 있습니다. 실존의 초월을 모색하고는 있지만, 실존에서 초월하는 길을 밝히지 못하고 있고 실존의 초월을 체험한 실존철학자도 없습니다.

　부처님께서는 실존, 즉 고성제를 자각하고 이를 극복했습니다. 그 내용이 사성제입니다. 따라서 사성제는 고성제에서 실존을, 집성제에서 실존의 원인을, 멸성제에서 실존의 초월을, 도성제에서 실존에서 초월하는 길을 보여주는 진리라고 할 수 있습니다.

3

—

실존의 원인

집성제
(集聖諦)

인간실존, 즉 오취온의 원인은 무엇일까요?

———

　　　　　　부처님께서는 중생들이 항상 자신의 미래, 즉 존재가능성에 대해 우려하고 있는 불안하고 괴로운 존재임을 밝혔습니다. 부처님께서 인간존재의 실상이라고 말씀하시는 오취온은 이와 같이 항상 자기의 존재가능성에 대해 우려하고 있는 불안과 괴로움에 휩싸인 인간실존을 의미합니다.

　　그렇다면 이렇게 우려 속에서 미래의 존재가능성을 추구하면서 불안해하고 괴로워하는 인간실존의 원인은 무엇일까요? 부처님께서는 『쌍윳따 니까야』 56. 11. Tathāgatena vutta(여래의 말씀)에서 그것은 갈애(渴愛) 때문이라고 말씀하십니다.

"비구들이여, 고집성제(苦集聖諦)란 이런 것이다. 좋아하고 탐착하면 서 이것저것을 애락(愛樂)하는 갈애(渴愛, taṇhā)가 (오취온을) 다시 존재 하게 하는 것이다."

끊임없이 미래의 자기존재가능성을 추구하는 인간실존이 계속해 서 유지되고 있는 것은 갈애(渴愛) 때문이라는 것입니다. 갈애(渴愛)는 범어 'taṇhā'를 번역한 것인데, 본래 갈증(渴症)을 의미하던 이 말은 강 한 욕망, 갈망의 의미를 갖습니다. 십이연기에서 취(取)의 조건으로 설 해지는 애(愛)가 바로 'taṇhā'입니다.

십이연기에서 애(愛)를 의지하여 취(取)가 있다고 한 것은 오취온 이라는 인간실존의 원인이 갈애(渴愛)라는 것을 이야기한 것입니다. 이 경에서 이야기하는 갈애(渴愛)는 미래의 자기존재를 가능하게 하는 대상에 대하여 그것들을 애락(愛樂)하고 탐착(貪着)하는 우리의 욕망입 니다. 이 욕망에 의해 오취온이라는 망상 덩어리가 모이기 때문에 갈 애를 집성제(集聖諦)라고 합니다. 갈애가 망상을 모아서 오취온을 성립 시킨다는 것입니다.

집성제(集聖諦)는 구체적으로 어떤 것인가요?

———

위에 인용한 경에서 갈애(渴愛)를 집성제라고 하 기 때문에 대부분 집성제(集聖諦)란 갈애(渴愛)를 의미한다고 생각하고 있습니다. 그러나 집성제는 그렇게 단순한 것이 아닙니다. 『쌍윳따 니 까야』 12. 65. 도시경(Nagara-sutta)에서 부처님께서는 집성제를 발견하신 과정을 다음과 같이 이야기하고 있습니다.

비구들이여, 예전에 정각(正覺)을 깨닫지 못한 보살이었을 때에 나에게 이런 생각이 들었다.

"세간은 태어나고, 늙어죽고, 죽어가서 다시 태어나는 곤경에 처해있다. 그런데 이러한 괴로움과 늙어죽음에서 벗어날 줄 모른다. 언제 이러한 괴로움과 늙어죽음에서 벗어날 줄 알게 될까?"

비구들이여, 그러자 나에게 이런 생각이 들었다. "무엇이 있기 때문에 늙어죽음[老死]이 있을까? 무엇에 의지하여 늙어죽음이 있을까?"

비구들이여, 그러자 나에게 철저한 숙고의 결과 지혜에 의한 분명한 이해가 생겼다. "태어남[生]이 있기 때문에 늙어죽음이 있다. 태어남에 의지하여 늙어죽음이 있다."

비구들이여, 그러자 나에게 이런 생각이 들었다. "무엇이 있기 때문에 태어남이 있을까? 무엇에 의지하여 태어남이 있을까?"

비구들이여, 그러자 나에게 철저한 숙고의 결과 지혜에 의한 분명한 이해가 생겼다. "존재[有]가 있기 때문에 태어남이 있다. 존재에 의지하여 태어남이 있다."

〈"취(取)-애(愛)-수(受)-촉(觸)-육입(六入)에 의지하여 명색(名色)이 있다."〉

비구들이여, 그러자 나에게 이런 생각이 들었다. "무엇이 있기 때문에 명색이 있을까? 무엇에 의지하여 명색이 있을까?"

비구들이여, 그러자 나에게 철저한 숙고의 결과 지혜에 의한 분명한 이해가 생겼다. "식(識)이 있기 때문에 명색이 있다. 식에 의지하여 명색이 있다."

비구들이여, 그러자 나에게 이런 생각이 들었다. "무엇이 있기 때문에 식이 있을까? 무엇에 의지하여 식이 있을까?"

비구들이여, 그러자 나에게 철저한 숙고의 결과 지혜에 의한 분명한 이해가 생겼다. "명색이 있기 때문에 식이 있다. 명색에 의지하여 식이 있다."

비구들이여, 그러자 나에게 이런 생각이 들었다. "이 식은 되돌아가 명색에서 더 이상 가지 못한다. 이런 식으로 명색에 의지하여 식이 있는 한, 태어나고, 늙고, 죽어가고 다시 태어날 것이다. 식을 의지하여 명색이 있고, 명색을 의지하여 육입이 있고, 육입을 의지하여 촉(觸)이 있고 … 이와 같이 완전한 괴로움 덩어리(苦蘊, dukkhakkhandha)의 집(集, samudaya)이 있다."

비구들이여, "집(集, samudaya)이다. 바로 집(集, samudaya)이다"라고 하는, 예전에 들어본 적이 없는 법(法, dhamma)들에 대한 안목(眼目, cakkhum)이 생기고, 지식(知識, ñāṇam)이 생기고, 지혜(paññā)가 생기고, 밝음(明, vijjā)이 생기고, 광명(光明, āloka)이 생겼다.

이 경은 부처님께서 십이연기를 순관(順觀)으로 관찰하신 결과 집(集)을 깨달았다는 것을 이야기하신 것입니다. 이 경은 사성제의 고성제(苦聖諦)와 집성제(集聖諦)가 십이연기의 역관(逆觀)과 순관에 의해 발견된 것임을 보여주는 매우 중요한 경입니다. 부처님께서는 우리의 삶이 괴롭다는 사실을 자각하고 그 원인을 찾기 위해 사유합니다. 이것이 십이연기의 역관입니다. 노사(老死)의 원인을 찾아가는 사유를 하신 것입니다.

부처님의 사유는 식(識)과 명색에 이르러 중단됩니다. 십이연기의 이해에서 가장 중요한 것은 바로 이 부분입니다. 식과 명색이 무엇이기에 부처님의 사유는 여기에서 더 나가지 못하고 중단되었을까요?

우선 식(識)과 명색이 무엇을 의미하는지부터 살펴봅시다. 대부분의 불교 서적에서 명색은 오온이라고 설명합니다. 즉, 색(色)은 오온의 색온(色蘊)이고 명(名)은 수(受)·상(想)·행(行)·식온(識蘊)을 의미한다고 설명합니다. 그리고 명(名)은 정신을 의미하고 색은 물질을 의미하기 때문에 명색은 이 세상의 모든 정신적 물질적 존재를 의미한다고 설명합니다. 그러나 이런 이해를 가지고는 부처님의 말씀을 이해할 수가 없습니다. 간단히 말해서 잘못된 이해입니다.

명색은 'nāma-rūpa'를 번역한 것인데, 'nāma'는 '이름, 명칭'이란 뜻이고, 'rūpa'는 '형태, 모습'을 의미하는 말입니다. 따라서 정신과 물질이라는 의미는 전혀 없습니다. 'nāma-rūpa'라는 말은 부처님 이전에 형성된 『우파니샤드』에 나오는 말입니다. 『우파니샤드』에서 이 세계는 본래 단일한 실체인데 이름과 형태에 의해 나뉘었다고 이야기하고 있습니다. 예를 들면 기와와 그릇과 벽돌은 이름과 형태에 의해 구별될 뿐 본래는 동일한 흙이라는 것입니다.

부처님께서는 이 말을 그대로 사용했습니다. 이제 십이연기를 통해 그 의미를 확인해 봅시다. 십이연기에서 명색은 육입(六入)의 조건으로 이야기되고 있습니다. 육입(六入)은 육입처(六入處) 또는 육처(六處)로도 번역되는데, 대부분 육근(六根)과 동일한 것으로 알고 있습니다. 그러나 삼보(三寶)를 설명하면서 말씀드렸듯이 육입은 육근이 아닙니다.

우리는 눈으로 색을 본다고 생각합니다. 그러나 보는 것은 얼굴에 달린 눈이 아닙니다. 눈을 통해 우리의 마음이 봅니다. 그런데 우리는 이 '보는 나'가 눈 속에서 들어있다고 생각합니다. 즉, 눈은 '보는 나'가 들어있는 장소라고 생각하는 것입니다. 이렇게 눈 속에 들어있다고 우리가 생각하고 있는 '보는 나'가 안입처(眼入處)입니다. 우리는 우리의 몸속에 보고, 듣고, 생각하는 '자아'가 들어있다고 생각하는데, 이렇게 우리가 육근(六根) 속에 들어있다고 생각하는 '자아'를 육입(六入)이라고 부르는 것입니다.

그렇다면 우리는 무엇에 근거하여 그와 같은 자아가 있다고 생각하는 것일까요?

이 물음에 대한 답이 명색입니다. 명색은 'nāma-rūpa', 즉 이름과 형태를 의미합니다. 우리가 보고 듣는 것들은 모두 이름과 형태를 가진 것들입니다. 푸른 하늘, 넓은 들, 높은 소리, 낮은 소리, 단맛, 쓴맛, 이렇게 우리는 어떤 형태와 이름을 연결하여 사물을 지각합니다. 그리고 이렇게 지각할 때, 지각을 하는 '자아'가 있다는 생각을 하게 됩니다. 이름과 형태가 없는 것은 지각할 수가 없습니다. 그리고 지각을 하지 않으면 지각하는 '자아'도 있을 수 없습니다.

그러나 대부분의 사람들은 "지각을 하기 위해서는 먼저 지각하는 능력을 가진 '자아'가 존재해야 하지 않을까?"라고 생각합니다. 이런 생각을 의심하는 사람은 거의 없었습니다. 그래서 인식이나 지각은 '자아'가 존재한다는 가장 확실한 증거로 생각되었습니다. '내가 있기 때문에 세상을 볼 수 있다'는 것입니다. 그런데 부처님께서는 『잡아함경(335)』에서 다음과 같이 말씀하십니다.

내가 이제 그대들을 위하여 법을 설하겠다. 처음도 좋고, 중간도 좋고, 마지막도 좋으며, 좋은 의미가 있고, 순일하게 청정함이 충만하며, 범행(梵行)이 청백(淸白)한 법으로서 제일의공경(第一義空經)이라고 부르는 것이다. 잘 듣고 바르게 사유하라. 그대들을 위하여 이야기 하겠다. 어떤 것이 제일의공경(第一義空經)인가?

비구들이여, 안(眼)은 생길 때 오는 곳이 없고 사라질 때 가는 곳이 없다. 이와 같이 안은 부실하게 생기며, 생긴 것은 남음이 없이 사라진다. 업보(業報)는 있으나 작자(作者)는 없는 것이다. … 이(耳), 비(鼻), 설(舌), 신(身), 의(意)도 마찬가지다.

이 경은 부처님께서 직접 '공(空)'을 제일의(第一義) 즉, 가장 근본이 되는 의미라고 말씀하신 매우 중요한 경입니다. 여기에서 이야기되고 있는 안이비설신의(眼耳鼻舌身意)가 육입(六入)입니다. 그리고 육입은 지각을 할 때, 지각 행위를 하는 자[作者], 즉 자아를 의미합니다. 우리가 사물을 볼 때 '보는 자아[眼]'가 나타납니다. 그렇다면 보지 않을 때 그 자아는 어디에 있는 것일까요? 보기 전에는 어디에 있다가 볼 때는 나와서 보고, 보고 난 후에는 어디로 가는 것일까요? 부처님께서는 그런 자아는 온 곳도 없고, 간 곳도 없이 허망하게 생겼다가 허망하게 사라지는 망상(妄想)일 뿐, 참된 존재가 아니라는 의미에서 '업보(業報)는 있으나 작자(作者)는 없다'고 말씀하신 것입니다. 이것이 부처님께서 말씀하신 공(空)의 의미입니다.

이러한 부처님의 말씀을 들어도 의심이 남을 것입니다. 육입처(六入處)에 영속성을 지닌 자아가 없다면 인식의 주체는 무엇인가? 불교의 무아설의 영향을 받아 자아 없이 인지가 발생한다는 인지이론을 주장하는 인지과학자 바렐라(Francisco J. Varela)는 다음과 같이 말합니다.

인간의 역사를 통틀어 나타나는 반성적 사고의 전통 – 철학, 과학,

정신분석, 종교, 명상 - 은 자아에 대한 소박한 견해에 도전해 왔다. 어떤 전통에서도 경험의 세계 내에서 독립적이며 영속적인 고유한 자아가 발견되었다는 주장이 존재한 적이 없다. 데이비드 흄(David Hume)의 유명한 구절을 인용하면서 이 점을 분명히 하여 보자. '내 개인적인 입장에서 보자면 내가 나 자신이라고 부르는 것에 가장 가깝게 갈 때 나는 항상 뜨거움 또는 차가움, 빛 또는 어두움, 사랑 또는 미움, 고통 또는 기쁨의 이러한 지각을 더듬어 가고 있을 뿐이다. 나는 이러한 지각없이 나 자신을 포착한 적이 없으며, 이러한 지각 이외에는 아무것도 관찰한 것이 없다.' 이러한 통찰은 자아에 대한 우리의 지속적인 확신과 정면으로 대립하고 있다.[15]

부처님의 말씀과 데이비드 흄의 이야기는 너무도 유사합니다. 우리는 항상 무엇인가를 보고, 듣고, 냄새 맡고, 맛보고, 촉감을 느끼고, 생각합니다. 이런 행위를 할 때, 우리는 그 행위의 중심에 자아가 있다고 믿고 있습니다. 그러나 흄의 이야기와 같이, 우리가 자아를 찾아보면, 우리에게 관찰되는 것은 지각하는 자아가 아니라 지각일 뿐입니다. 그 지각은 나타나면 사라지고, 항상 변화합니다. 제일의공경(第一義空經)은 이 점을 이야기한 것입니다.

바렐라는 다음과 같이 말합니다.

데카르트는 너무 빨리 중단하였다. 그의 '나는 생각한다. 그러므로 존

---

15 바렐라·톰슨·로쉬 공저, 석 봉래 옮김, 「인지과학의 철학적 이해」(서울: 옥토, 1997),
    p. 116.

재한다'는 생각하는 존재인 '나'의 본성을 다루지 않은 채 그냥 내버려 두고 있다. 참으로 데카르트는 "나"는 근본적으로 사고하는 존재라고 하였다. 그러나 여기서 그는 너무도 멀리 갔다. '나는 존재한다'는 것에서 얻을 수 있는 유일한 확실성은 내가 생각한다는 것이다. 만일 데카르트가 충분히 엄밀하고, 주의 깊고, 세심했다면 그는 나는 생각하는 존재(res cogitanos)라는 결론으로 비약하지는 않았을 것이다. 오히려 그는 마음 그 자체의 과정에 주의를 집중했을 것이다.[16]

바렐라의 말처럼 우리가 지각하는 마음 그 자체의 과정에 주의를 집중하면, 지각하는 작자(作者)는 없고, 지각행위와 그 결과[業報]만 있다는 것을 알 수 있을 것입니다.

부처님께서는 십이연기의 역관에서 지각하는 존재가 있다는 결론으로 비약하지 않고, 과정을 성찰하셨던 것입니다. 그 결과 지각하는 자아, 즉 육입은 본래 존재하는 우리의 자아가 아니라, 어떤 이름과 형태를 지닌 것을 지각할 때만 나타난다는 것을 발견하신 것입니다. 십이연기에서 명색(名色)에 의지하여 육입이 있다고 한 것은 이런 의미가 있습니다.

---

16 바렐라 · 톰슨 · 로쉬, 앞의 책, p. 119.

식(識)과 명색(名色)이 서로 의지하고 있다는 것은 무슨 의미일까요?

———

명색(名色)은 이와 같이 우리의 지각의 대상이 되는 이름과 형태를 의미합니다. 그렇다면 우리가 지각하는 명색은 외부에 존재하는 객관 대상일까요? 책상, 의자, 집, 학교, 강, 산, 이렇게 우리 주변에는 이름과 형태를 지닌 존재들이 수도 없이 많습니다. 이것이 외부에 존재하고, 그것을 내부에 있는 '자아'가 본다고 생각하는 것이 우리의 상식입니다.

그런데 부처님께서는 내부에 자아가 없다고 말씀하셨습니다. 그리고 명색은 외부에 실재하는 것이 아니라 우리의 의식, 즉 식(識)에 의지하고 있다고 말씀하십니다. 그리고 다시 식은 명색에 의지하고 있다고 말씀하십니다. 식은 우리가 사물을 인식하는 자아라고 생각하고 있는 '마음'이고, 명색은 인식의 대상으로 외부에 존재하는 사물이라고 생각되는데, 이것들이 서로 의지하고 있다는 말은 무슨 의미일까요?

부시맨이라는 영화가 있습니다. 부시맨은 아프리카에서 원시생활을 하고 있는 부족 이름인데, 그 부시맨 마을에 콜라병이 하늘에서 떨어집니다. 경비행기를 타고 가던 조종사가 콜라를 마시고 밖에 던진 병이 부시맨 마을에 떨어진 것입니다. 콜라병을 처음 본 부시맨은 그것을 알아보지 못합니다. 그리고 비행기를 큰 새라고 인식합니다.

부시맨은 비행기를 인식할 수 없습니다. 왜냐하면 자신의 의식 속에 비행기라는 이름과 형태가 없기 때문입니다. 그 대신 '큰 새'라는 명색이 있기 때문에 비행기를 '큰 새'로 인식합니다. 부처님께서 명색은 식에 의존하고 있다는 것은 이것을 의미합니다.

그렇다면 식이 명색에 의존하고 있다는 것은 무슨 의미일까요?

난생처음 콜라병을 본 부시맨은 막대기로 때려도 보고 조심스럽게 손으로 만져도 보면서 이것이 무엇인가를 알아보려 합니다. 그러나 부시맨의 '마음' 속에는 콜라병에 대한 명색이 없기 때문에 무엇인지 알수가 없었습니다. 부시맨이 콜라병을 가지고 마을에 돌아오자 마을 사람들은 처음 본 물건에 관심을 갖습니다. 어떤 사람은 병 주둥이에 입을 대고 불어보고 소리가 나자 그것으로 음악을 연주합니다. 이때 콜라병은 훌륭한 악기가 됩니다. 어떤 사람은 병 주둥이를 잡고 방망이로 사용하니 어떤 방망이보다 훌륭한 방망이가 됩니다. 이렇게 부시맨 마을에서 콜라병은 악기가 되고 방망이가 되고 절굿공이가 되고 무늬를 찍는 도장이 됩니다. 콜라병을 통해 부시맨의 의식 속에 새로운 명색이 생긴 것입니다. 이렇게 새로운 명색이 생긴 부시맨의 마음은 이제 예전의 마음이 아닙니다. 새로운 명색을 인식할 수 있는 마음이 된 것입니다. 이와 같이 우리의 마음, 즉 식은 몸속에 존재하는 실체가 아니라 명색에 의지하고 있는 것입니다.

외부에 존재하고 있다고 생각하고 있었던 명색은 우리의 마음인 식에 의지하고 있고 내부에 존재하고 있다고 생각했던 식은 인식의 대상인 명색에 의지하고 있다면, 내부와 외부로 분별하고 있었던 우리의 생각은 잘못된 것임이 분명합니다. 보는 자[識]와 보이는 자[名色], 즉 자아와 세계, 주관과 객관은 상호의존적으로 나타난 것입니다. 부처님께서는 이것을 연기(緣起)라고 불렀습니다.

연기는 빠알리어로 'paṭiccasamuppāda'인데 '의존하여[paṭicca] 함께[sam] 나타남[uppāda]'이라는 의미입니다. 즉, 식과 명색이 의존하여 함께 나타나고 있는 것을 의미하는 말입니다. 부처님께서 연기를 깨달았다는 것은 바로 이것을 깨달았다는 것을 의미합니다.

"이것이 있으면 저것이 있다. 이것이 나타나면 저것이 나타난다.

이것이 없으면 저것이 없다. 이것이 사라지면 저것이 사라진다."

———

이렇게 상호의존하는 식과 명색의 관계를 깨달으신 부처님은 더 이상 추구할 의문이 없어졌습니다. "명색은 식에 의지하고 있고, 식은 명색에 의지하고 있다." 이것이 부처님께서 깨달은 내용입니다.

십이연기는 식의 조건으로 행을 이야기하고, 행의 조건으로 무명을 이야기하여 12지(支)가 되는데 앞에 소개한 경에서는 식에서 끝나기 때문에 10지(支)뿐입니다. 그래서 어떤 불교학자들은 이것을 10지 연기설이라고 부르면서 12지를 미처 갖추지 못한 연기설이라고 설명합니다. 그러나 그것은 십이연기를 단지 12개의 개념의 나열로 이해하기 때문에 생긴 오해입니다. 『쌍윳따 니까야』 12. 65. 도시경(Nagara-sutta)의 10지 속에는 12지가 갖추어져 있습니다. 이 경의 마지막은 다음과 같이 되어있습니다.

비구들이여, 그렇다면 옛날의 정각을 이루신 분들이 따라가신 옛 길, 오래된 지름길은 어떤 것인가? 그것은 거룩한 팔정도(八正道)이다. … 나는 그 길을 따라갔다. 그 길을 따라가서 늙어죽음[老死]을 자증(自證)했고, 늙어죽음의 집(集)을 자증했고, 늙어죽음의 멸(滅)을 자증했고, 늙어죽음의 멸(滅)에 이르는 길을 자증했다.

나는 그 길을 따라갔다. 그 길을 따라가서 태어남(生)-존재(有)-취(取)-애(愛)-수(受)-촉(觸)-육입(六入)-명색(名色)-식(識)을 자증했고, 식(識)의 집(集)을 자증했고, 식(識)의 멸(滅)을 자증했고, 식(識)의 멸(滅)에 이르는 길을 자증했다.

나는 그 길을 따라갔다. 그 길을 따라가서 행(行)을 자증(自證)했고, 행(行)의 집(集)을 자증했고, 행(行)의 멸(滅)을 자증했고, 행(行)의 멸(滅)에 이르는 길을 자증(自證)했다.

나는 그것을 자증(自證)하여 비구와 비구니와 우바새와 우바이에게 알려주었다.

부처님께서 사유를 통해 깨달은 것은 식과 명색의 상호의존관계입니다. 이러한 깨달음을 정견으로 삼아 팔정도를 실천하여 삶을 변화시킨 결과 식과 명색의 상호의존에서 벗어나 해탈을 성취할 수 있다는 것을 체득하셨습니다. 부처님께서는 식과 명색이 상호의존한다는 사실을 모르기 때문에[無明] 나와 세계를 분별하고 살아가게 되며[行], 그 결과 식과 명색이 발생하여 상호의존하면서 생사의 세계를 전개한다는 것을 깨달았던 것입니다. 고성제의 사유에서는 10지(支)만 나오고, 도성제의 실천에서 행이 나타나는 것은 십이연기가 단순한 사변적인 이론이 아니라 실천을 통해 체험된 진실이라는 것을 말해줍니다. 즉, 십이연기에 대한 완전한 이해는 사유에서 이루어지는 것이 아니라 수행을 통해 체득된다는 것을 말해주고 있는 것입니다. 그리고 무명이라는 말이 나오지 않는 것은 무명이 어떤 내용을 갖는 것이 아니라 이러한 사실에 대한 무지의 상태를 의미하기 때문입니다. 즉, 부처님께서 이전에는 이런 사실을 몰랐다는 사실이 곧 무명인 것입니다. 그래서 무명이 구체적으로 언급되어 있지 않지만 이 사유 속에는 무명이 전제되어 있는 것입니다.

오취온은 망념들이 모인 것이다. (集)

──────

『쌍윳따 니까야』 12. 65. 도시경(Nagara-sutta)에서 인용했던 부분 가운데 부처님께서 집(集)을 깨닫게 되는 부분을 다시 인용하겠습니다.

비구들이여, 그러자 나에게 이런 생각이 들었다. "이 식(識)은 되돌아가 명색(名色)에서 더 이상 가지 못한다. 이런 식으로 명색에 의지하여 식이 있는 한, 태어나고, 늙어죽고, 죽어가고 다시 태어날 것이다. 식을 의지하여 명색이 있고, 명색을 의지하여 육입이 있고, 육입을 의지하여 촉(觸)이 있고, … 노사(老死)가 있고, 이와 같이 완전한 괴로움 덩어리[苦蘊, dukkhakkhandha]의 집(集, samudaya)이 있다."

비구들이여, "집(集, samudaya)이다. 바로 집(集, samudaya)이다"라고 하는, 예전에 들어본 적이 없는 법(法, dhamma)들에 대한 안목(眼目, cakkhum)이 생기고, 지식(知識, ñāṇam)이 생기고, 지혜(paññā)가 생기고, 밝음(vijjā)이 생기고, 광명(光明, āloka)이 생겼다.

부처님께서는 식과 명색이 상호 의존하여 존재한다는 것을 깨달았습니다. 그리고 이러한 의존관계에 있는 식이 존재하는 한 생사의 괴로움에서 벗어날 수 없을 것이라고 생각합니다. 그리고 이것을 확인하기 위하여 지금까지의 과정을 되돌아가는 사유를 시작합니다. 노사(老死)에서 시작되었던 사유가 식이 이르렀으니, 이제 그 사유가 정당한 것인가를 검증하기 위해서 식에서 노사의 방향으로 사유를 시작하신 것입니다. 이것이 연기의 순관(順觀)입니다.

부처님께서는 이 순관을 통해 우리가 자아로 생각하고 붙잡고 있는 오취온이 명색과의 상호관계에 있는 식(識)에서 명색(名色)-육입(六入)-촉(觸)-수(受)-애(愛)-취(取)의 과정을 통해 연기한 망념들이 모인 괴로움 덩어리[苦蘊, dukkhakkhandha]라는 사실을 깨닫게 됩니다. 괴로움 덩어리인 오취온(五取蘊)은 망념이 모여서 나타난 것[集]임을 깨닫게 된 것입니다.

집(集)으로 번역된 'samudaya'는 '함께, 모이다'의 의미를 지닌 접두사 'sam'과 '나타나다'라는 의미를 지닌 'udaya'의 합성어로서 '모여서 나타남'의 의미입니다. 이것을 집(集)으로 번역했으며, 집기(集起), 또는 습(習)으로 번역하기도 합니다. 집이든, 집기든 무언가가 모여 있는 것을 의미하기 때문에 'samudaya'의 의미를 잘 살린 것이라고 할 수 있습니다. 그런데 요즘 불교학자들 중에는 이것을 발생(發生), 생기(生起)로 번역하는 분들이 있는데 그것은 잘못된 것입니다.

집(集, samudaya)이라는 개념은 온(蘊, khandha)이라는 개념과 상관된 개념입니다. 온은 덩어리를 의미하고, 집은 그 덩어리가 이루어지는 과정을 의미합니다. 즉, 오취온이라는 덩어리는 망념이 모여서 이루어진 괴로움 덩어리라는 것을 표현하기 위해서 집이라는 말을 사용한 것입니다.

오취온이라는 고성제는 이렇게 집이라고 하는 과정을 통해서 형성된 것입니다. 그리고 부처님께서는 이러한 오취온이 모이는 과정을 집성제라고 부르신 것입니다.

4

불교수행의 목표

멸성제
(滅聖諦)

**열반이 팔정도를 수행하여 얻게 되는 것이라면 왜 열반을 의미하는
멸성제가 팔정도를 의미하는 도성제 앞에 나오는 것일까?**

———

사성제의 고성제와 집성제 그리고 멸성제와 도
성제는 각기 인과관계에 있습니다. 고성제는 과(果)이고 집성제는 인
(因)이며, 멸성제는 과(果)이고 도성제는 인(因)입니다. 그런데 사성제
는 인과(因果)가 바뀌어 있습니다. 인(因)이 앞에 있고 과(果)가 뒤에 있
어야 할 터인데 사성제의 순서는 과(果)가 인(因)의 앞에 위치하고 있
는 것입니다. 고성제와 집성제의 경우는 괴로운 현실에서 수행을 시
작하여 그 원인을 밝혔기 때문에 그 과정을 표현하기 위해서 과(果)를
앞에 내세웠다고 할 수 있지만, 멸성제와 도성제의 경우는 팔정도를

수행하여 그 결과로서 열반을 얻게 되는 것이므로 인(因)이 되는 도성제가 앞에 나와야 할 터인데 멸성제가 앞에 위치하고 있습니다. 더구나 팔정도의 출발이 되는 정견의 설명을 보면 '정견이란 사성제를 여실하게 아는 것'이라고 되어 있습니다.

이러한 사실에 대하여 현대의 불교학자들은 문제를 제기하고 있습니다. 멸성제를 얻기 위한 인(因)으로서의 도성제 속에 멸성제를 포함한 사성제에 대한 여실한 앎이 어떻게 있을 수 있느냐는 것입니다. 멸성제를 얻기 전의 상태인 도성제에 어떻게 멸성제에 대한 지식이 있을 수 있느냐는 것입니다. 그래서 "이것은 명백히 모순이다"라고 주장하기도 하고, "사성제는 순환론이다"라고 주장하기도 하며, "부처님의 성도 초기에는 사성제가 확립되지 않았는데 사성제가 확립되는 과정에서 팔정도가 사성제에 도입되면서 정견의 내용이 사성제에 대한 정견으로 되었다"고 주장하기도 합니다.

이러한 주장들은 사성제를 바르게 이해하지 못한 것입니다. 사성제는 이론체계가 아니라 실천체계입니다. 그리고 이러한 실천체계의 인과관계는 연기관계에 있습니다. 사성제의 인과관계는 시간적인 선후관계가 아니라 동시 공존적인 연기관계입니다. 바꾸어 말하면 집성제가 있는 곳에 고성제가 있고, 도성제가 있는 곳에 멸성제가 있습니다. 따라서 팔정도에 멸성제가 들어있는 것은 지극히 당연한 일로서 모순도 아니고 순환론도 아닙니다. 그리고 부처님의 후기에 팔정도가 도입됨으로써 사성제가 성립되었다는 주장은 근본불교의 여러 교리들이 대부분 후대에 체계화된 것이라고 보는 견해로서 부처님의 깨달음을 과소평가한 것이라고 할 수 있습니다. 근본경전에서는 부처님께서 녹야원의 다섯 비구에게 처음 가르침을 펴실 때 사성제를 가르쳤다고 하고 있습니다. 그리고 앞에서 살펴본 바와 같이 십이연기와 사성제는 그 내용이 동일합니다.

사성제에 대하여 그것이 문제가 있다고 생각한 것은 실천체계인 사성제를 이론적으로 이해하려 하기 때문입니다. 나아가 이들의 주장은 열반을 수행을 통해 얻게 되는 어떤 새로운 세계로 이해하고 있기 때문이기도 합니다. 중생은 수행을 통해 생사에서 벗어나 열반을 얻는 것이기 때문에 열반을 얻기 전에 열반을 여실하게 안다는 것은 논리적으로 모순이라고 생각하는 것입니다. 그러나 열반은 무소득의 경지입니다. 『반야심경』에서는 열반에 대하여 다음과 같이 이야기하고 있습니다.

연기하는 모든 법(法)은 공(空)이기 때문에 공 가운데는 오온도 없고, 십이입처도 없고, 십팔계도 없으며, 십이연기의 유전문과 환멸문도 없고, 사성제도 없다. 따라서 지혜도 없고, 얻을 것도 없다. 따로 얻을 것이 없기 때문에 보살은 이러한 연기하는 법의 공성에 대한 밝은 지혜에 의지하여 마음에 걸림이 없이 살아가게 되고, 걸림이 없이 살아가기 때문에 공포가 없으며, 전도된 꿈같은 생각과 멀어져서 구경에 열반을 성취한다.

空中無色 無受想行識 無眼耳鼻舌身意 無色聲香味觸法 無眼界 乃至 無意識界 無無明 亦無無明盡 乃至 無老死 亦無老死盡 無苦集滅道 無智 亦無得 以無所得故 菩提薩埵 依般若波羅蜜多 故心無罣碍 無 罣碍故 無有恐怖 遠離顚倒夢想 究竟涅槃

열반은 이와 같이 연기하고 있는 모든 법은 공(空)이라는 것을 깨달아 마음속에 형성된 모든 망념이 사라진 경지입니다. 열반은 생사를 떠나서 따로 존재하는 것이 아닙니다. 생사가 무명에서 비롯된 꿈 같은 착각이라는 것을 깨달아 그 착각에서 벗어나면 생사가 그대로 열반입니다. 의상조사의 법성게(法性偈)에서 "생사와 열반은 항상 함께 있다(生死涅槃常共和)"고 한 것은 이것을 의미합니다.

불교의 수행은 이와 같이 열반이 무소득이라는 것을 바르게 알고서 행하는 것이지, 모르고 수행을 하다가 뒤에 알게 되는 것이 아닙니다. 즉, 수행에 앞서 정견이 우선하는 것입니다. 부처님께서는 정견이 없으면 어떤 수행도 무의미하다는 것을 『중아함경』의 『부미경(浮彌經)』에서 다음과 같이 이야기하고 있습니다.

부미여, 사견을 가지고 선정(禪定)을 바르게 알지 못하는 사문(沙門)이나 범지(梵志)가 수행을 하고자 원하여 삿된 수행을 한다면 결코 원하는 결과를 얻을 수 없다. 삿된 수행을 해서는 결코 어떤 결과도 얻을 수 없다. 왜냐하면 삿된 방법으로 결과를 구하면 얻을 길이 없기 때문이다. 부미여, 비유하면 어떤 사람이 우유를 얻고자 하여 소의 뿔을 짠다면 결코 우유를 얻을 수 없는 것과 같다. 왜냐하면 소의 뿔을 짜면서 우유를 구하는 것은 바른 방법이 아니기 때문이다. …

부미여, 정견을 가지고 선정을 바르게 아는 사문이나 바라문이 수행을 하고자 하여 바른 수행을 한다면 반드시 원하는 결과를 얻는다. 왜냐하면 바른 방법으로 결과를 구하면 얻을 길이 있기 때문이다. 부미여, 어떤 사람이 우유를 얻고자 하여 소에게 음식을 잘 먹인 후에 소의 젖을 짜면 그는 반드시 우유를 얻는 것과 같다. 왜냐하면 소의 젖을 짜면서 우유를 구하는 것은 바른 방법이기 때문이다.

이 경에서는 열반을 구하여 수행하는 것을 우유를 짜는 비유로 이야기하고 있습니다. 우유를 얻으려면 잘 먹인 암소의 젖을 짜야 하는 것이지, 소에서 우유가 나온다고 해서 소의 뿔을 쥐어짠다면 아무리 노력해도 우유를 얻을 수 없다는 것입니다. 정견이 없이 수행하는 것은 모래로 밥을 짓는 것과 같이 어리석은 일입니다. 열반을 추구하는 수행도 마찬가지입니다. 열반에 대하여 바르게 알고 열반을 구해야 열반을 성취할 수 있습니다. 따라서 열반을 구하는 팔정도의 출발점이 멸성제(滅聖諦)를 바르게 아는 정견이라는 것은 당연한 것입니다.

멸성제(滅聖諦)는 구체적으로 어떤 것인가?

───

앞에서 인용했던 『쌍윳따 니까야』 12. 65. 도시경 (Nagara-sutta)에서는 부처님께서 멸성제를 깨닫는 과정을 다음과 같이 이야기하고 있습니다.

> 비구들이여, 그러자 나에게 이런 생각이 들었다. "무엇이 없으면 늙어죽음[老死]이 없을까? 무엇이 사라지면(滅, nirodha) 늙어죽음이 사라질까?"
> 비구들이여, 그러자 나에게 철저한 숙고의 결과 지혜에 의한 분명한 이해가 생겼다. "태어남[生]이 없으면 늙어죽음이 없다. 태어남이 사라지면 늙어죽음이 사라진다."
> 〈"유(有)-취(取)-애(愛)-수(受)-촉(觸)-육입(六入)-명색(名色)이 사라지면 육입(六入)이 사라진다."〉

비구들이여, 그러자 나에게 이런 생각이 들었다. "무엇이 없으면 명색(名色)이 없을까? 무엇이 사라지면 명색이 사라질까?"

비구들이여, 그러자 나에게 철저한 숙고의 결과 지혜에 의한 분명한 이해가 생겼다. "식(識)이 없으면 명색이 없다. 식이 사라지면 명색이 사라진다."

비구들이여, 그러자 나에게 이런 생각이 들었다. "무엇이 없으면 식이 없을까? 무엇이 사라지면 식이 사라질까?"

비구들이여, 그러자 나에게 철저한 숙고의 결과 지혜에 의한 분명한 이해가 생겼다. "명색이 없으면 식이 없다. 명색이 사라지면 식이 사라진다."

비구들이여, 그러자 나에게 이런 생각이 들었다. "나는 깨달음으로 가는 길에 도달했다. 그것은 명색이 사라지면(滅, nirodha) 식이 사라진다는 것이다. 식이 사라지면 명색이 사라진다. 명색이 사라지면 육입이 사라진다. 육입이 사라지면 촉이 사라진다. … 이와 같이 완전한 괴로움 덩어리[苦蘊, dukkhakkhandha]의 멸이 있다."

비구들이여, "멸이다. 바로 멸이다"라고 하는, 예전에 들어본 적이 없는 법(法, dhamma)들에 대한 안목(眼目, cakkhum)이 생기고, 지식(知識, ñāṇam)이 생기고, 지혜(paññā)가 생기고, 밝음(vijjā)이 생기고, 광명(光明, āloka)이 생겼다.

부처님께서는 연기를 순관(順觀)하여 집성제를 깨달으신 후에 오취온이 모이는 과정인 집(集)이 소멸하면 그것이 생사의 괴로움에서 벗어난 열반이 될 것이라고 생각하게 됩니다. 그리하여 그 과정을 관찰하게 됩니다. 이전에는 노사(老死) 등은 무엇이 있어서 있게 되었는가를 사유했는데, 이제는 무엇이 없으면 노사(老死) 등도 없을 것인가를 사유하게 된 것입니다.

이렇게 노사를 없애는 과정을 관찰하는 것을 연기의 환멸문(還滅門)이라고 부르고, 노사(老死)가 있게 되는 과정을 관찰하는 것을 연기의 유전문(流轉門)이라고 합니다. 부처님께서는 유전문(流轉門)의 역관(逆觀)을 통해서 괴로움의 실상을 깨달았고, 유전문의 순관(順觀)을 통해서 괴로움 덩어리가 모이는 과정을 깨달았습니다. 이것이 사성제의 고성제와 집성제입니다. 그런데 이제 생사를 벗어나기 위해서 환멸문을 관찰하기 시작한 것입니다.

환멸문의 관찰도 역관에서 시작됩니다. 노사(老死)는 무엇이 사라지면 없어지는 것일까? 이렇게 관찰하면서 식(識)과 명색에 도달합니다. 그런데 여기에서 눈길을 끄는 것은 "명색이 없으면 식이 없다. 명색이 사라지면 식이 사라진다"는 사실을 아시고 "나는 깨달음으로 가는 길에 도달했다. 그것은 명색이 사라지면 식이 사라진다는 것이다"라고 생각하신 대목입니다.

십이연기에서는 "행이 사라지면 식이 사라진다"고 하는데, 왜 이 경에서는 "명색이 사라지면 식이 사라진다"고 하면서 이러한 사실의 자각을 통해 "깨달음의 길에 도달했다"고 하신 것일까요?

앞에서 살펴보았듯이 식과 명색은 상호의존하여 존재하고 있습니다. 이것을 연기라고 한다는 것은 이미 이야기했습니다. 부처님께서는 식과 명색은 연기한 것이기 때문에 명색(名色)은 식(識)이 사라지면 없어지고 식은 명색이 없어지면 사라진다는 것을 알게 된 것입니다. 즉, 모든 괴로움이 남김없이 사라질 수 있다는 것을 깨달으신 것입니다. 그래서 이것을 알게 된 것을 "깨달음의 길에 도달했다"고 하신 것입니다. 그리고 이것을 알게 된 것이 팔정도(八正道)의 정견(正見)입니다. 따라서 멸성제를 깨달은 다음에 정견에서 시작되는 팔정도를 실천할 수 있게 되는 것입니다.

5

열반에 이르는 길

도성제
(道聖諦)

도성제(道聖諦)는 구체적으로 어떤 것인가?

————

앞서 인용했던 『쌍윳따 니까야』 12. 65. 도시경(Nagara-sutta)의 마지막 부분을 다시 인용하여 도성제(道聖諦)를 살펴보겠습니다.

비구들이여, 그렇다면 옛날의 정각을 이루신 분들이 따라가신 옛길, 오래된 지름길은 어떤 것인가? 그것은 거룩한 팔정도(八正道)이다. … 나는 그 길을 따라갔다. 그 길을 따라가서 늙어죽음(老死)을 자증(自證)했고, 늙어죽음의 집(集)을 자증했고, 늙어죽음의 멸(滅)을 자증했고, 늙어죽음의 멸에 이르는 길(道)을 자증했다.

나는 그 길을 따라갔다. 그 길을 따라가서 태어남[生]-존재[有]-취(取)-애(愛)-수(受)-촉(觸)-육입(六入)-명색(名色)-식(識)을 자증했고, 식의 집을 자증했고, 식의 멸을 자증했고, 식의 멸에 이르는 길[道]을 자증했다.

나는 그 길을 따라갔다. 그 길을 따라가서 행(行)을 자증(自證)했고, 행의 집을 자증했고, 행의 멸을 자증했고, 행의 멸에 이르는 길[道]을 자증했다.

나는 그것을 자증하여 비구와 비구니와 우바새와 우바이에게 알려주었다.

사성제의 도성제가 팔정도라는 것은 누구나 잘 알고 있습니다. 그러나 팔정도를 수행하는 법에 대해서는 아는 사람이 많지 않을 것입니다. 이 경은 구체적으로 팔정도를 수행하는 방법을 보여주고 있습니다.

부처님께서는 팔정도를 오래된 옛길에 비유하십니다. 그리고 그길은 옛날에 바른 깨달음을 이루신 모든 부처님들이 따라갔던 길이라고 하십니다. 이 말씀은 부처님께서 깨달은 팔정도는 부처님이 만든 것도 아니고 부처님만 간 길도 아니라는 것을 의미합니다. 그 길은 예전부터 있는 길이고, 누구나 그 길을 가서 부처님이 되었으며, 누구나 그 길을 가면 부처님이 될 수 있다는 것을 의미합니다. 한마디로 팔정도가 인간의 창작이 아니라 본래적이며 보편적인 진리라는 것을 이야기하신 것입니다.

길은 목적지가 있습니다. 목적지에 따라서 길은 갈립니다. 서울 가는 길과 부산 가는 길은 다릅니다. 따라서 우리가 팔정도를 이해하기 위해서는 먼저 목적지를 바르게 이해해야 합니다. 부처님께서는 식(識)이 사라지면 모든 괴로움이 사라질 것이라는 사실을 깨닫고서 "나는 깨달음으로 가는 길에 도달했다. 그것은 명색이 사라지면[滅, nirodha] 식이 사라진다는 것이다"라고 말씀하십니다. 이 말씀 속에 팔정도의 목적지가 나타납니다. 부처님께서 도달한 깨달음으로 가는 길은 팔정도이고, 팔정도의 목적지는 상호 의존 관계에 있는 명색과 식이 사라져서 모든 괴로움이 소멸한 곳, 즉 열반입니다.

길은 가기 위한 것이지 알기 위한 것이 아닙니다. 아무리 잘 알아도 가지 않으면 목적지에 도달할 수가 없습니다. 팔정도는 이러한 길입니다. 그 길을 따라가야만 열반에 도달하게 됩니다. 부처님께서는 그 길을 따라가면 보이는 것들을 말씀하십니다. 그것은 노사(老死)에서 행(行)에 이르는 십이연기의 모든 과정[苦]과 그 과정의 집(集)과 멸(滅)과 도(道)의 자증(自證)입니다. 팔정도는 사성제를 자증하는, 즉 스스로 깨닫고 체험하는 길인 것입니다.

그런데 이 경에 무명은 빠져 있습니다. 그 까닭은 멸성제의 깨달음에서 무명이 사라졌기 때문입니다. 부처님께서 "나는 깨달음으로 가는 길에 도달했다"고 선언하신 것은 스스로 "무명에서 벗어났다"는 것을 선언하신 것입니다. 그리고 무명에서 벗어나 바른 삶을 삶으로써 모든 괴로움이 소멸한 열반을 자증하게 되었던 것입니다.

팔정도는 구체적으로 어떻게 실천하는가?

———

팔정도는 실상(實相)을 여실하게 깨달아 여법하

게 살아가는 삶의 방식입니다. 『잡아함경(785)』에서는 팔정도에 두 가지가 있다고 이야기합니다. 하나는 번뇌와 집착을 가지고 좋은 세상에 태어나려는 목적으로 수행하는 세속의 팔정도이고, 다른 하나는 모든 괴로움이 사라진 열반을 목적으로 하는 출세간의 팔정도입니다.

『잡아함경(785)』에서 정견은 다음과 같이 설해집니다.

> 어떤 것이 세속(世俗)의 정견인가? 선행과 악행의 과보가 있으며, 이 세상과 저 세상이 있고, 부모가 있으며, 세간에는 다음 생을 받지 않는 아라한(阿羅漢)이 있다고 보는 것이 세속의 정견이다.
>
> 어떤 것이 출세간(出世間)의 정견인가? 훌륭한 제자가 고(苦)를 고로 사유하고, 집(集)을 집으로, 멸(滅)을 멸로, 도(道)를 도로 사유하되, 번뇌가 없는[無漏] 사유(思惟)에 상응하는 법(法)을 선택하고, 분별하고, 추구하면서 지혜롭게 관찰하는 것이 출세간의 정견이다.

팔정도는 열반을 추구하는 수행자에게만 적용되는 삶의 방식이 아니라 세속적인 삶을 살아가는 사람들에게도 바른 삶의 방식이라는 것을 이 경은 이야기하고 있습니다. 세상 사람들 가운데는 착한 일을 한다고 복을 받고 악한 일을 한다고 불행해지는 것이 아니라, 어떻게 해서든 돈만 많이 벌고 출세만 하면 행복해진다고 믿고 있는 사람들이 있습니다. 이런 사람들은 현세만을 인정하고 전생이나 내세는 부정합니다. 부모나 형제에게 해야 할 도리도 알지 못하고 수행을 통해 생사를 초월한 수행자들이 있다는 것도 믿지 않습니다. 이렇게 알고 있는 것이 사견입니다. 우리가 비록 번뇌를 끊지 못하고 나를 집착하여 내세에 좋은 세상에 태어나기를 바라며 살아간다고 해도 행복한 삶을 위해서는 사견을 버리고 인과(因果)를 믿고, 내세(來世)를 믿으며, 부모에게 도리를 다하고, 생사를 초월한 수행자가 있다는 것을 믿는 것이 세간의 정견입니다.

출세간의 정견은 사성제를 바르게 사유하여 무아의 도리를 바르게 아는 것입니다. 인간실존이 곧 괴로움이라는 것을 바르게 사유하고, 그것은 무명에서 비롯된 자아에 대한 욕탐에서 비롯된 것임을 알아 자아에 대한 일체의 집착을 버리는 것이 괴로운 실존에서 벗어나는 길이라는 것을 확신하는 것이 출세간의 정견인 것입니다.

정견을 제외한 나머지는 모두 자아를 집착하여 행하느냐, 무아의 도리, 즉 사성제를 알고 행하느냐에 따라 세간과 출세간이 구별됩니다. 정견의 내용에 의해 세간과 출세간이 구별되는 것입니다.

정사유(正思惟)는 바른 의도, 즉 바른 생각을 갖는 것입니다. 괴로움이 욕망에서 비롯된 것임을 알아서 욕망에서 벗어나려는 생각을 갖고, 성내지 않고, 남을 해치려는 생각을 갖지 않는 것이 정사유입니다. 신구의(身口意) 삼업(三業) 가운데 탐(貪)·진(瞋)·치(痴)라는 의업(意業)을 짓지 않는 것이 정사유입니다.

정어(正語)는 바른 언행입니다. 신구의 삼업 가운데 거짓말, 이간질, 욕설, 아첨 등의 네 가지 구업(口業)을 짓지 않는 것이 정어(正語)입니다.

정업(正業)은 삼업 가운데 살생, 도둑질, 음란한 짓 등의 세 가지 신업(身業)을 짓지 않는 것입니다.

정명(正命)은 여법하게 옷과 음식과 잠자리와 병을 치료하는 약을 구하는 것이라고 합니다. 다시 말해서 정당한 방법으로 생활에 필요한 물자나 재물을 얻는 것이 정명입니다. 세속에서 사는 사람이 장사를 하거나 사업을 하여 재물을 정당하게 모으는 것이 세간의 정명이고 출가수행자가 걸식을 하거나 보시를 받는 것이 출세간의 정명입니다. 출가 수행자가 직업을 가지거나 사업을 하여 재물을 모으는 것은 그것이 비록 세간의 법에는 어긋나지 않는다고 해도 출세간의 법에는 어긋나므로 정명이 되지 못합니다.

정정진(正精進)은 바른 노력입니다. 세속의 정정진은 행복한 미래를 위해 선행을 행하면서 적절한 방법으로 악행에서 벗어나기 위해 노력하는 것이고, 출세간의 정정진은 사성제를 실천하기 위하여 적절한 방법을 취하여 끊임없이 노력하는 것입니다. 『디가 니까야(Dīgha-Nikāya)』 22. 대념처경(大念處經, Mahāsatipaṭṭhāna-sutta)에서는 사정단(四正斷)을 정정진이라고 설명합니다. 사정단(四正斷)은 이미 자신이 짓고 있는 악행을 끊기 위해 노력하는 단단(斷斷), 아직 행하지 않은 악행은 계율을 잘 지켜서 행하지 않도록 하는 율의단(律儀斷), 아직 행하지 못하고 있는 선행을 행하도록 노력하는 수호단(隨護斷), 이미 행하고 있는 선행은 더욱 열심히 실천하는 수단(修斷)입니다.

정념(正念)은 바르게 마음을 챙기는 것입니다. 우리는 대부분의 행동을 무의식적으로 합니다. 길을 가면서도 자신이 길을 가고 있다는 것을 의식하지 못하기 일쑤입니다. 밥을 먹으면서도 생각은 다른 곳에 있는 경우가 허다합니다. 정념은 이렇게 무의식적으로 행동하지 않고 자신의 생각이나 행동을 정신 차리고 지켜보는 것을 의미합니다. 앞에 소개한 『디가 니까야』에서는 사념처(四念處)를 정념이라고 설명합니다. 모든 행동에서 자신의 몸을 잘 관찰하는 신념처(身念處), 자신의 느낌을 잘 관찰하는 수념처(受念處), 자신의 마음의 움직임을 잘 관찰하는 심념처(心念處), 마음에 인식되는 대상을 잘 관찰하는 법념처(法念處)가 정념이라는 것입니다.

정정(正定)은 마음을 산란하게 하지 않고 견고하게 지니고서 고요히 삼매에 머물게 하는 선정(禪定)을 의미합니다.

이상이 팔정도의 내용인데 그 내용에 37조도품(三十七助道品)의 사정단(四正斷)과 사념처(四念處)가 포함되어 있습니다. 이것은 팔정도가 37조도품을 내포하고 있다는 것을 의미합니다.

37조도품(三十七助道品)은 어떤 것인가?

———

근본경전에서 열반을 구하는 수행으로 37조도품(三十七助道品)을 설하고 있는데, 그 내용은 사념처(四念處), 사정단(四正斷), 사여의족(四如意足), 오근(五根), 오력(五力), 칠각지(七覺支), 팔정도(八正道)입니다. 이들 37가지의 수행이 열반을 성취하는 데 도움이 된다고 해서 조도품(助道品)이라고 합니다.

이들은 각기 분리되어 있는 독립된 수행법이 아니라 연속적인 수행법입니다.

수행의 출발점은 사념처(四念處)입니다. 사념처는 신(身)·수(受)·심(心)·법(法)을 관찰하는 것입니다. 몸은 더럽다고 생각하고, 느낌은 괴롭다고 생각하고, 마음은 무상하다고 생각하고, 법은 무아라고 생각하는 것이 사념처입니다. 『중아함경』의 『염처경(念處經)』에는 사념처 수행의 여러 가지 방법이 설명되어 있습니다. 그런데 그 내용을 깊이 살펴보면 이들이 서로 밀접하게 연결되어 있다는 것을 알 수 있습니다.

신념처의 수행은 자신의 행동을 면밀하게 관찰하는 데서 출발합니다. 가고, 머물고, 앉고, 눕고, 자고, 일어날 때, 자신의 행동을 놓치지 않고 주시합니다. 그렇게 자신의 행동을 주시하다 보면 이전의 습관에 의해 지금까지 무의식적으로 행동했던 잘못된 행동이 의식될 것입니다. 그리고 어떻게 하는 것이 바른 행동인지 느껴질 것입니다. 이렇게 자신의 행동을 주시함으로써 과거의 악행을 발견하면 그것을 끊도록 노력하고, 선행을 발견하면 자신의 몸에 익히도록 노력합니다. 이렇게 하는 것이 사정단(四正斷)입니다. 사정단은 사념처와 별개의 수행이 아니라 사념처를 수행하는 과정에서 자연스럽게 나타나는, 사념처와 함께하는 수행인 것입니다.

　이렇게 사념처를 수행하면서 사정단을 통해서 악하고 불선한 법을 떠나면 그것이 사선(四禪) 가운데 초선(初禪)의 경지입니다. 자신이 초선에 들어가면 자신이 초선에 들어가서 초선에서 생기는 기쁨을 느끼고 있음을 놓치지 않고 계속 주시합니다. 그렇게 마음을 한곳에 모아 주시하는 가운데 제이선(第二禪), 제삼선(第三禪), 제사선(第四禪)에 차례로 들어가게 되며, 새로운 선정에 들어갈 때마다 주시하기를 멈추지 않습니다. 그러면 제사선에 이르러 명경지수(明鏡止水)와 같이 맑고 고요해진 마음으로 자신의 몸이 온갖 더러운 것으로 가득 차 있음을 관하고, 자신의 몸이 육계(六界)[17]로 되어있음을 관찰합니다. 제사선을 수행하여 도달한 고요해진 마음으로 우리의 몸이 지(地)·수(水)·화(火)·풍(風)·공(空)·식(識)으로 되어있음을 관찰하는 것입니다. 이렇게 우리의 몸이 육계가 모인 것이라는 것을 깨닫고서, 이러한 몸에 대한 집착을 버리기 위하여 백골관(白骨觀)이나 부정관(不淨觀)을 하는 것이 신념처입니다.

---

17 지(地), 수(水), 화(火), 풍(風), 공(空), 식(識)을 육계(六界)라고 한다.

수념처(受念處)는 신념처의 수행을 하면서 자신의 몸을 통해 느껴지는 느낌을 관찰하는 것입니다. 괴로움이 느껴지면 괴로움이 느껴지는 것을 의식하고, 즐거움이 느껴지면 즐거움이 느껴지는 것을 의식하는 것입니다. 그렇게 되면 느낌이 촉(觸)을 통해 나타난다는 것을 알게 될 것입니다. 즉, 수(受)가 실체가 없이 연기한 것임을 깨닫는 것입니다. 그래서 수에 대한 집착을 버리기 위해서 모든 느낌을 괴로움으로 관하게 됩니다. 그렇게 해서 얻게 되는 선정이 청정한 무관심의 경지인 제사선의 경지입니다.

심념처(心念處)는 자신의 마음을 관찰하는 것입니다. 마음에서 생기고 없어지는 탐(貪)·진(瞋)·치(痴)에 대하여 주의 깊게 관찰하는 것입니다. 그래서 자신이 탐·진·치에 묶여 있으면 묶여 있다는 것을 알아차리고, 해탈했으면 해탈했음을 알아차리는 것이 심념처입니다. 신념처와 수념처의 수행을 통해 변화하는 마음의 상태를 주의 깊게 살펴보면서 수행을 통해 결박으로부터 해탈해 가고 있는 마음의 상태를 분명하게 알아차리는 것이 심념처인 것입니다.

법념처(法念處)는 심념처의 수행을 통해 우리가 존재로 생각하고 있는 것은 마음속에 십이입처(十二入處)에서 생긴 의식들이 기억되어 모여 있는 것이라는 사실, 즉 집(集)을 자각하는 것입니다.

사정단(四正斷)은 사념처를 수행하면서 선과 악이 의식되면 악은 그치도록 노력하고, 선은 증장하도록 힘쓰는 것을 의미합니다. 사정단은 사념처의 수행에만 들어가는 것이 아니라 모든 수행에 들어갑니다. 팔정도와 뒤에 살펴볼 오근·오력·칠각지에서 사정단은 정진의 내용이 됩니다. 모든 수행에서 정진(精進)은 사정단을 의미합니다.

사여의족(四如意足)은 수행을 통해 얻게 되는 자재(自在)한 경지를 의미합니다. 불교의 수행은 허망한 존재, 즉 유위(有爲)를 조작하는 행을 멸하여, 무위(無爲)의 열반을 성취하는 데 있습니다. 사여의족은 행을 멸하는 수행의 네 단계와 그로 인해 성취되는 수행의 결과를 의미합니다.

행을 멸하는 수행 가운데 첫째는 욕정단행성취여의족(欲定斷行成就如意足)입니다. 수행을 하기 위해서는 먼저 열반이라는 수행의 목적을 성취하기 위한 의욕이 있어야 합니다. 이러한 의욕에 마음을 집중하는 것을 욕정(欲定)이라고 합니다. 오직 열반을 성취하리라는 강한 의욕에 마음을 집중함으로써 유위를 조작하는 삶, 즉 행을 그치는 것을 단행(斷行)이라고 합니다. 올바른 수행의 목적을 세우고 그것을 성취하려는 의욕에 마음을 집중하면 헛된 욕망이 사라져 유위를 조작하는 행이 멸하는 것이 욕정단행성취여의족입니다.

둘째는 정진정단행성취여의족(精進定斷行成就如意足)입니다. 의욕이 있으면 노력하게 됩니다. 열심히 수행하는 데 마음을 집중하는 것이 정진정(精進定)입니다.

셋째는 심정단행성취여의족(心定斷行成就如意足)입니다. 심정(心定)은 마음이 삼매에 드는 것을 의미합니다. 색계(色界) 사선(四禪)을 수행하여 제사선(第四禪)에 이르는 것이 심정(心定)입니다.

넷째는 사유정단행성취여의족(思惟定斷行成就如意足)입니다. 사유정(思惟定)은 마음을 집중하여 깊은 성찰을 행하는 것을 의미합니다. 제사선(第四禪)을 성취하여 마음이 명경지수(明鏡止水)와 같이 고요해진 상태에서 무색계(無色界)의 공처(空處), 식처(識處), 무소유처(無所有處), 비유상비무상처(非有想非無想處)의 사유를 하는 것을 의미하는 것입니다.

이와 같이 사여의족(四如意足)은 구차제정(九次第定)을 수행하여 행

(行)을 멸해가는 것을 네 단계로 이야기한 것입니다.

오근(五根)은 신근(信根), 정진근(精進根), 염근(念根), 정근(定根), 혜근(慧根)입니다. 열반에 대한 굳은 신념을 가지고[信根], 끊임없이 노력하면서[精進根], 사념처를 수행하고[念根], 구차제정을 수행하여[定根], 지혜를 밝히는[慧根] 삶이 오근입니다.

오력(五力)은 오근의 삶을 통해 얻게 되는 보다 투철한 삶을 의미합니다. 수행을 통해 오근이 더욱 굳건해지는 것을 오력(五力)이라고 하는 것입니다.

칠각지(七覺支)란 깨달음에 이르는 일곱 가지 수행의 단계를 의미합니다.

첫째는 염각지(念覺支)인데, 이것은 사념처를 의미합니다.

둘째는 택법각지(擇法覺支)인데, 이것은 사념처를 수행하면서 선법(善法)과 악법(惡法)을 분별하여 악법은 버리고 선법을 선택하여 실천하는 것을 의미합니다. 사정단(四正斷)이 곧 택법각지(擇法覺支)입니다.

셋째는 정진각지(精進覺支)인데, 사정단을 부단히 수행하는 것을 의미합니다.

넷째는 희각지(喜覺支)인데, 사정단을 수행함으로서 얻게 되는 초선과 제이선의 즐거움을 느끼는 단계입니다.

다섯째는 경안각지(輕安覺支)인데, 이것은 제삼선에서 얻게 되는 편안한 즐거움을 자각하는 단계입니다.

여섯째는 정각지(定覺支)인데, 제사선을 성취하여 마음이 고요한 무관심에 머무는 것을 의미합니다.

일곱째는 사각지(捨覺支)인데, 구차제정 가운데 사무색정(四無色定)을 닦아 삼계(三界)의 실상을 관하여 멸진정에 이르는 것을 의미합니다. 즉, 무명을 멸하여 모든 유위를 버리고 무위의 열반에 이르는 것이 사각지입니다.

이와 같이 칠각지는 사념처에서 수행을 시작하여 멸진정에 이르는 과정을 일곱 단계로 표현한 것입니다.

6
장

열반과 해탈
(涅槃 解脫)

1

—

열반(涅槃)이란 어떤 것인가?

불교의 수행을 통해서 얻고자 하는 열반은 구체적으로 어떤 세계인가?

———

『중아함경』의 『분별성제경(分別聖諦經)』에서는 다음과 같이 이야기합니다.

어떤 것이 애(愛)가 멸한 고멸성제(苦滅聖諦)인가? 중생들은 내육처(內六處), 즉 안처(眼處)·이(耳)·비(鼻)·설(舌)·신(身)·의처(意處)를 애착하고 있다. 그가 만약 이들에서 해탈하고, 이들에 물들지 않고, 집착하지 않고, 끊고, 모두 버려서 이들에 대하여 욕탐이 없으면, 이들이 멸하고, 그치고, 사라진다. 이것을 괴로움이 멸했다고 한다. 이와 같이 외육처(外六處), 촉(觸), 수(受), 상(想), 사(思), 애(愛)도 마찬가지이다. 중생들은 육계(六界), 즉 지계(地界)·수(水)·화(火)·풍(風)·공(空)·식계(識界)를 애착하고 있다. 그가 만약 이들에서 해탈하고, 이들에 물들지 않고, 집착하지 않고, 끊고, 모두 버려서 이들에 대하여 욕탐이 없으면, 이들이 멸하고, 그치고, 사라진다. 이것을 괴로움이 멸했다고 한다.

우리는 보고, 듣고, 냄새 맡고, 맛보고, 만지고, 생각하는 '자아(自我)'가 보이고, 들리고, 냄새나고, 맛나고, 만져지고, 생각되는 '세계(世界)' 속에 태어나서 살다가 죽는다고 생각합니다. 그리고 자아와 세계는 공간 속에 있는 지(地), 수(水), 화(火), 풍(風)과 같은 물질적 실체들과 의식(意識)과 같은 정신적 실체들로 이루어진 것이라고 생각하고 있습니다.

이와 같은 우리의 생각을 부처님께서는 이 경에서 내육처(內六處), 외육처(外六處), 육계(六界)라고 하십니다. 그리고 욕탐과 애착을 버림으로써 중생들이 자기의 존재로 애착하고 있는 내육처와 외부의 세계로 생각하고 있는 외육처, 그리고 존재를 구성하고 있는 요소로 생각하고 있는 육계가 멸하고 사라진 세계가 괴로움이 사라진 열반의 세계라고 말씀하십니다. 열반의 세계는 자아도 사라지고 세계도 사라진 무아의 세계이며 공의 세계라는 것입니다.

도대체 이런 세계가 어떻게 가능하며 그 세계는 구체적으로 어떤 세계일까요? 모든 존재와 생명이 사라진 허무와 죽음의 세계일까요? 그렇지 않으면 생사(生死)가 없는 열반(涅槃)의 세계가 생사 윤회(輪廻)하는 중생의 세계 저편에서 해탈한 사람을 기다리고 있는 것일까요?

————

이러한 의문은 불교를 수행하는 사람들의 오랜 의문이었으며 지금도 많은 사람들이 품고 있는 의문일 것입니다. 부처님 당시에도 열반의 세계가 어떤 것인지는 큰 의문 가운데 하나였던 것 같습니다. 『잡아함경(249)』에서는 아난존자와 같은 분도 이러한 의문에 빠져 있었음을 다음과 같이 보여주고 있습니다.

존자 아난이 존자 사리불에게 물었다.
"육촉입처(六觸入處)를 멸진하고 욕탐을 떠나면 멸하고 사라져버린 후에 다시 남는 것이 있습니까?"

이러한 아난의 질문에 사리불은 "남는 것이 있는가, 없는가?"를 묻는 것은 모두 무의미한 말[虛言]이라고 대답합니다. 그리고 다음과 같이 이야기합니다.

'만약 육촉입처(六觸入處)를 멸진하고 욕탐을 떠나면 육촉입처(六觸入處)에서 생긴 모든 것이 멸하여 사라진 후에 모든 허위(虛僞)를 떠나 반열반(般涅槃)을 얻게 된다'고 말한다면 이것이 부처님의 말씀입니다.
若言六觸入處盡 離欲 滅息沒而離諸虛僞 得般涅槃 此則佛說

열반의 세계는 중생의 세계와 따로 있는 것이 아니라 중생의 세계는 허위의 세계이고, 열반의 세계는 진실의 세계라는 것이 이 경의 의미입니다. 우리가 진실을 알기 위해서는 허위를 먼저 알아야 합니다. 거짓이 거짓인 줄 아는 것이 곧 진실이기 때문입니다. 우리는 허위의 세계에 살고 있습니다. 불교는 허위의 세계가 거짓된 세계인 줄 깨닫게 하는 종교입니다. 부처님께서는 우리가 거짓에 속아 살고 있다는 것을 깨우쳐주신 것입니다. 그래서 불교의 교리는 항상 이제(二諦)의 구조를 갖습니다. 세속제(世俗諦)는 허위의 세계의 실상을 보여주는 진리이고, 제일의제(第一義諦)는 참된 세계의 실상을 보여주는 진리입니다. 사성제의 고성제와 집성제는 허위의 세계의 실상이고, 멸성제와 도성제는 참된 세계의 실상입니다. 허위의 세계의 실상도 실상이고, 참된 세계의 실상도 실상이기 때문에 두 가지 진리, 즉 이제(二諦)라고 부르는 것입니다.

2

—

무아(無我)란 어떤 것인가?

열반이 무아의 세계라면 무아란 어떤 것인가?

———

　　　　　　　팔정도는 열반의 세계로 가는 길입니다. 이 길을 가면 무아(無我)의 세계에 도달하게 됩니다. 팔정도를 잘 살펴보면 계(戒)·정(定)·혜(慧), 삼학(三學)의 구조입니다. 『대지도론(大智度論)』(卷19)에서는 이것을 다음과 같이 이야기하고 있습니다.

　　팔정도는 세 부분으로 되어 있다. 정어(正語)·정업(正業)·정명(正命) 세 가지는 계분(戒分)이고, 정정진(正精進)·정념(正念)·정정(正定) 세 가지는 정분(定分)이며, 정견(正見)·정사유(正思惟) 두 가지는 혜분(慧分)이다.

우리가 살펴본 바와 같이 팔정도의 정어는 십선계(十善戒) 가운데 입으로 짓는 네 가지 악행을 하지 않는 것이고, 정업은 몸으로 짓는 세 가지 악행을 하지 않는 것입니다. 그리고 정명은 이러한 계행으로 살아가는 것을 의미합니다. 따라서 이들은 십선계를 의미한다고 할 수 있습니다. 『대지도론』에서는 정사유를 혜분(慧分)으로 이야기하고 있지만 정사유는 탐(貪)·진(瞋)·치(痴)라는 세 가지 마음을 일으키지 않는 것이기 때문에 이것은 십선계의 의업(意業)으로서 계분(戒分)으로 보아도 좋을 것입니다. 이와 같이 정사유를 계분에 포함시킨다면 팔정도의 정사유, 정어, 정업, 정명은 십선계를 실천하는 계행이 됩니다.

정견(正見)이 혜분이 되고, 정정진, 정념, 정정이 정분(定分)이 된다는 것은 설명할 필요가 없을 것입니다. 이와 같이 팔정도는 계(戒)·정(定)·혜(慧) 삼학(三學)을 의미합니다. 불교의 수행을 간단히 정리하면, 계율을 잘 지켜서[戒] 마음을 안정시키고 통일시켜[定], 지혜로 사성제의 도리를 깨달아[慧] 생사를 멸하고 열반을 성취하는 것[解脫]이라고 할 수 있습니다.

이러한 팔정도의 수행에는 세 단계가 있습니다. 첫째는 견도(見道)로서 팔정도가 열반에 이르는 길이라는 것을 아는 단계입니다. 이것을 '길을 발견했다'는 의미에서 견도라고 합니다. 다음은 직접 길을 따라서 가는 단계입니다. 이것을 '팔정도를 수행한다'는 의미에서 '수도(修道)'라고 합니다. 마지막은 열반의 세계에 도달한 단계입니다. 이것을 '더 이상 배울 것이 없다'는 의미에서 '무학도(無學道)'라고 합니다.

그런데 견도와 수도를 팔정도라고 하는 것은 납득이 가지만, 목적지에 도달한 무학도를 팔정도라고 하는 것은 좀 이상하게 생각될 것입니다. 길은 목적지에 가는 과정인데 무학도를 팔정도라고 하는 것은 목적지와 과정을 구별하지 못한 것으로 생각되기 때문입니다.

우리는 여기에서 『제일의공경』의 말씀을 상기할 필요가 있습니다. "업보(業報)는 있으나 작자(作者)는 없다." 이것이 무아와 공의 실상입니다. 팔정도(八正道)의 수행에도 업보는 있으나 작자는 없습니다. 이와 같은 무아와 공의 세계에는 팔정도의 수행은 있지만 팔정도도 없고, 팔정도를 수행하는 사람도 없고, 팔정도를 수행하여 얻게 되는 열반도 없습니다.

팔정도의 수행은 있지만 팔정도도 없고, 팔정도를 수행하는 사람도 없고, 팔정도를 수행하여 얻게 되는 열반도 없다니, 이 무슨 해괴(駭怪)한 말입니까?

———

『반야심경』에서도 이것을 이야기하고 있습니다.

사리자여, 제법의 공(空)한 실상(實相)은 생멸(生滅)이 없고, 구정(垢淨)이 없고, 증감(增減)이 없다. 그러므로 공(空)의 세계에는 오온(五蘊)도 없고, 십이입처(十二入處)도 없고, 십팔계(十八界)도 없고, 십이연기의 유전문과 환멸문도 없고, 고집멸도(苦集滅道)라는 진리도 없어서, 알아야 할 것도 없고, 얻을 것도 없다. 얻을 것이 없기 때문에 보살은 이러한 얻을 것이 없음을 통찰하는 반야에 의지하여 생사의 고해를 건넌다. 그러기 때문에 마음에 걸림이 없고, 마음에 걸림이 없으므로 두려움 없이 전도몽상(顚倒夢想)을 멀리 떠나 구경에 열반을 이룬다. 삼세의 모든 부처님도 반야에 의지하여 생사의 고해를 건너기 때문에 아누다라삼약삼보리를 얻는다.

舍利子 是諸法空相 不生不滅 不垢不淨 不增不減 是故 空中 無色 無
受想行識 無眼耳鼻舌身意 無色聲香味觸法 無眼界 乃至 無意識界
無無明 亦無無明盡 乃至 無老死 亦無老死盡 無苦集滅道 無智 亦無
得 以無所得故 菩提薩埵 依般若波羅蜜多 故心無罣‧ 無罣‧故 無
有恐怖 遠離顛倒夢想 究竟涅槃 三世諸佛 依般若波羅蜜多故 得阿耨
多羅三藐三菩提

『반야심경』에서 말하는 무소득이란 열반이 수행의 종점이 아니라
는 의미입니다. 즉, 열반이란 팔정도를 수행하여 얻게 되는 팔정도와
는 다른 어떤 것이 아니라 팔정도가 빈틈없이 완벽하게 실천되는 것
을 의미합니다. 바꾸어 말하면 견도(見道)는 어떻게 살 것인가를 추구
한 결과 팔정도가 바른 삶의 길이라는 것을 깨닫는 것을 의미하고, 수
도(修道)는 그 삶을 열심히 사는 것을 의미하며, 무학도는 더 이상 애쓸
필요 없이 저절로 그렇게 살게 된 것을 의미합니다.

이것이 업보는 있으나 작자는 없다는 말의 의미입니다. 팔정도를
실천하면서 살아가면, 삶이 그대로 팔정도가 되는 것이니, 여기에 팔
정도를 실천하는 삶[業]과 그 결과 팔정도가 저절로 실현되는 삶[報]은
있지만 팔정도를 실천하여 열반을 얻는 자, 즉 팔정도의 작자(作者)와
팔정도를 실천하여 그 작자가 얻게 될 열반(涅槃)은 없는 것입니다. 이
것이 진정한 열반입니다. 열반을 성취한 후에 무엇이 남는가를 묻는
아난존자에게 사리불존자가 그런 물음은 무의미한 말이라고 하면서
허위를 떠난 것이 열반이라고 한 것도 같은 의미입니다. 존재하지 않
는 작자를 존재한다고 생각하며 살아가는 허위의 삶에서 허위를 버리
고 업보가 뚜렷한 실상의 세계로 돌아가는 것을 열반이라고 할 뿐, 열

반의 세계에서 따로 얻을 것은 없습니다.

이와 같이 우리의 바른 삶으로서의 팔정도는 있지만, 우리가 가야할 열반이라는 저 건너편의 세계도 없고, 그 세계로 가는 팔정도라는 길도 없으며, 그 길을 가서 열반에 도달할 사람도 없습니다. 따라서 열반을 성취하면 팔정도의 삶이 끝나는 것이 아니라 팔정도가 완벽하게 삶 속에서 구현되며, 이것을 무학도(無學道)라고 하는 것입니다.

무아(無我)와 열반은 무학도(無學道)의 삶을 의미합니다.

———

팔정도는 견도(見道)와 수도(修道)의 단계에서는 도성제(道聖諦)가 되지만, 무학도(無學道)의 단계에서는 그대로 멸성제(滅聖諦)가 됩니다. 이것을 『중아함경』의 『성도경(聖道經)』에서는 다음과 같이 이야기하고 있습니다.

어떤 것이 정정(正定)인가? 비구가 악(惡)한 불선법을 멀리하고, 제사선(第四禪)에 도달하는 것을 정정이라고 한다.

어떤 것이 정해탈(正解脫)인가? 비구가 탐욕과 분노와 어리석음(癡)에서 마음이 해탈하는 것을 정해탈이라고 한다.

어떤 것이 정지(正智)인가? 비구가 탐욕과 분노와 어리석음에서 마음이 해탈했다는 것을 아는 것을 정지라고 한다.

이것이 배우는 사람[學者]이 성취하는 팔지(八支)[18]이고, 번뇌가

———

18 팔정도를 의미한다.

다한 아라한이 성취하는 십지[十支]¹⁹이다. 어떤 것을 배우는 사람이 성취하는 팔지라고 하는가? 배우는 단계의 정견에서 배우는 단계의 정정까지를 배우는 사람이 성취하는 팔지라고 한다. 어떤 것이 번뇌가 다한 아라한이 성취하는 십지라고 하는가? 무학의 정견에서 무학의 정지까지를 번뇌가 다한 아라한이 성취하는 십지라고 한다.

이 경에서는 아라한의 경지에 이르지 못한 사람들이 팔정도를 수행하는 것을 배움의 단계에서 행하는 팔정도라고 이야기하고, 번뇌가 다한 아라한이 탐·진·치에서 벗어나 스스로 해탈했음을 자각하면서 팔정도를 실천하는 것을 무학의 팔정도라고 하고 있습니다. 팔정도는 무학도의 아라한이 되면 끝나는 것이 아니라, 해탈을 자각하면서 여전히 실천하게 된다는 것입니다. 바꾸어 말하면 팔정도는 열반을 얻기 위한 수단임과 동시에 열반의 삶을 살아가는 삶의 방식인 것입니다.

이것을 화엄사상(華嚴思想)에서 이야기하는 이(理)와 사(事)의 개념으로 설명한다면, 사성제 가운데 멸성제(滅聖諦)는 이이고, 도성제(道聖諦)는 사인데, 무학도에서는 이와 사가 원융(圓融)하여 걸림이 없게 되는 것입니다.

이것을 의상조사는 「법성게(法性偈)」에서 다음과 같이 노래합니다.

이(理)와 사(事)가 그윽하여 분별되지 않는 경지,
시방세계 부처님과 보현보살 경계라네.
理事冥然無分別 十佛普賢大人境

---

19 팔정도에 정해탈(正解脫)과 정지(正智)를 더한 것을 말한다.

이러한 무학도의 십지(十支)는 오분법신(五分法身)의 구조를 갖습니다. 오분법신은 계신(戒身)·정신(定身)·혜신(慧身)·해탈신(解脫身)·해탈지견신(解脫知見身)입니다. 앞서 살펴보았듯이 팔정도는 계(戒)·정(定)·혜(慧) 삼학(三學)의 구조를 갖습니다. 이러한 삼학은 수도(修道)의 단계에 있을 때를 말합니다. 무학도(無學道)의 단계가 되면 정해탈(正解脫)과 정지(正智)가 생깁니다. 이렇게 정해탈과 정지(正智)가 생긴 무학도의 삶을 사는 것을 오분법신이라고 부릅니다. 계·정·혜 삼학(三學)은 계신·정신·혜신이 되고, 정해탈은 해탈신이 되며, 정지(正智)는 해탈지견신(解脫知見身)이 되는 것입니다. 바꾸어 말하면 계(戒)·정(定)·혜(慧)·해탈(解脫)·해탈지견(解脫知見)의 삶을 오분법신이라고 부르는 것입니다. 이러한 오분법신이 우리의 참모습, 즉 무아이며 열반입니다.

오분법신(五分法身)의 삶은 어떤 것인가?

———

우리는 오온을 취하여 자아로 삼고 살아갑니다. 우리가 자아로 삼고 있는 오온을 부처님께서는 중생의 오온환신(五蘊幻身)이라고 합니다. 중생들은 허망한 망상을 모아서 오온이라는 존재로 만들어 놓고 그것을 자기존재로 생각하고 있다는 것입니다. 따라서 오온은 '허깨비 같은 망상으로 된 자신'이라는 의미에서 환신이라고 부릅니다.

오분법신은 모든 법이 연기하고 있다는 것을 알아서 자아의 존재에 집착하지 않고 팔정도라는 삶의 방식을 자신의 삶의 방식으로 취하여 살아가는 삶을 의미합니다. 허망한 망상에 집착하지 않고 여법한 삶에 충실한 것을 오분법신이라고 부르는 것입니다. 무아는 바로 자아라는 망상에 집착하지 않고 살아가는 오분법신의 삶을 의미합니다.

예불하는 의식 가운데 오분향례(五分香禮)가 있습니다.

계신의 향, 정신의 향, 혜신의 향, 해탈신의 향,
해탈지견신의 향으로 지혜의 광명과 자비의 구름을 만들어 법계를
두루 다니면서 시방의 무량한 불법승 삼보에게 공양하리라.
戒香 定香 慧香 解脫香 解脫知見香 光明雲臺 周遍法界 供養十方 無
量佛法僧

이 예불문에 나오는 계향(戒香)·정향(定香)·혜향(慧香)·해탈향(解脫
香)·해탈지견향(解脫知見香)은 오분법신을 의미합니다.

계율을 자신의 삶의 방식으로 살아가면 그 삶에서는 향기가 납니다. 이것을 계향이라고 합니다. 부처님께서는 아무리 좋은 향기도 바람을 거슬러 갈 수 없지만, 계의 향기는 바람을 거슬러 간다고 말씀하셨습니다. 우리는 어떤 사람이 계율을 청정하게 지키며 살아간다는 소문만 들어도 그 삶의 깊고 아름다운 향기를 느낄 수 있습니다.

이전에 태국의 방콕 시장을 지냈던 청백리(淸白吏)로 세계에 널리 알려진 '잠렁 스리무앙'이라는 분은 재가불자의 팔재계(八齋戒)를 삶의 방식으로 선택하고 나서 인생이 완전히 바뀌었다고 합니다. 그분은 가난한 집에서 태어나 부자로 살고 싶어서 육군사관학교에 진학했다고 합니다. 태국에서 장교가 되는 것은 사회적으로 크게 출세하는 것입니다. 그분은 육군 소장까지 지냈습니다. 돈도 많이 벌고, 아름다운 부인도 맞이했습니다. 그러나 어느 날 그는 자신이 결코 행복하지 못

하다는 것을 깨달았다고 합니다. 넓은 정원의 잔디를 깎으면서 자신이 잔디의 종노릇을 하고 있음을 깨달았고, 비싼 오디오시스템을 도둑맞고는 재산을 모으고 지키는 것이 얼마나 힘든 것인가를 깨달았다고 합니다. 그래서 부처님의 가르침대로 사는 것이 진정한 행복의 길이라는 것을 깨닫고 모든 재산을 자선단체에 기부한 후 팔재계를 자신의 삶으로 선택했다고 합니다. 그분은 계신(戒身)을 성취하신 분입니다. 그분의 향기는 온 세계에 널리 퍼져 있습니다.

그분은 아마 정신(定身)과 혜신(慧身)도 성취했을 것입니다. 해탈신(解脫身)과 해탈지견신(解脫知見身)을 성취했는지도 모릅니다. 그분이 방콕 시장으로 재직할 때 워낙 청렴해서 뇌물을 받지 않으니까 기업가들이 사업을 하는데 매우 불편했다고 합니다. 그래서 몇 차례의 암살을 시도했다고 합니다. 그분은 자신을 죽이려는 사람이 있다는 것을 알고도 전혀 두려워하지 않았다고 합니다. 특별히 경호에 신경을 쓰지도 않았고 새벽에 혼자 길에 나가 미화원을 도우면서도 전혀 두려움이 없었다고 합니다. 몸으로부터 해탈하지 않고는 결코 행할 수 없는 일입니다. 팔재계만 지녀도 그 향기와 공덕이 이와 같은데 출가 수행자가 비구의 계율을 잘 지닌다면 그 향기는 어떻겠습니까? 불교를 발전시키고 불법을 세상에 널리 펴기 위해서는 여러 가지 불사도 중요하지만 가장 중요한 것은 불자들이 불법을 실천하는 것이라는 생각이 듭니다.

팔재계란 오계(五戒)에 꽃이나 향으로 몸을 치장하고 오락을 즐기지 말 것, 사치스럽게 꾸민 잠자리에서 자거나 높고 크게 잘 꾸민 자리에 앉지 말 것, 때가 아니면 먹지 말 것, 이 세 가지를 더한 것입니다. 우리나라에서도 고려시대까지는 이 팔재계를 재가불자의 삶의 방식으로 삼았습니다. 그래서 항상 팔재계를 지키지는 못해도, 날을 정해서 그날만은 반드시 지키는 것이 풍습이 되었습니다. 재일을 정하여 팔재계를 지키는 것을 팔관재라고 했던 것입니다. 우리도 옛 전통을 살려서 팔관재일을 정하여 가장 중요한 법회로 삼았으면 합니다.

계율을 지키는 삶을 살아가면 우리의 마음이 항상 고요한 선정에 머물게 됩니다. 이렇게 마음이 고요한 사람에게서는 계향보다 더욱 수승한 인격의 향기가 납니다. 이것을 정향(定香)이라고 합니다. 선정(禪定)에 머물면 명경지수와 같은 마음으로 모든 것을 지혜롭게 관찰하게 됩니다. 즉, 연기법에 대한 밝은 이해를 가지고 무아의 삶을 살아가게 되는 것입니다. 이러한 삶에서 나오는 지혜의 향기를 혜향(慧香)이라고 합니다. 무아의 삶을 통해 마음이 탐·진·치와 같은 온갖 번뇌에서 벗어나 해탈한 삶의 향기가 해탈향(解脫香)이고, 스스로 해탈을 자각하면서 살아가는 삶의 향기가 해탈지견향(解脫知見香)입니다.

오분법신을 성취한 삶의 주변은 지혜와 자비가 충만하게 됩니다. 오분향례문(五分香禮文)의 광명운대(光明雲臺) 주변법계(周遍法界)라는 말은 이것을 의미합니다. 광명(光明)은 밝은 지혜를 의미하고, 운대(雲臺)는 자비공덕이 구름과 같음을 의미합니다. 구름은 비가 되어 모든 생명을 이익되게 합니다. 그와 같이 오분법신으로 살아가는 사람의 자비공덕은 일체중생을 이익되게 한다는 의미에서 구름에 비유한 것입니다.

오분법신의 삶을 통해 지혜의 광명과 자비공덕의 구름을 법계에 두루 미치게 하고, 이 지혜와 자비의 공덕을 자신의 공덕으로 취하지 않고 시방세계의 불법승 삼보에게 공양하겠다는 다짐이 오분향례입니다. 불법승 삼보에 공양한다는 것은 일체중생이 부처가 되어 평등한 연기법의 진리 아래서 함께 화합하며 살아가는 평화로운 세상을 만드는 것을 의미합니다.

오분법신, 이것이 우리의 참모습입니다. 우리가 허망한 자기존재에 속지 않고 삶을 바로 본다면 누구나 참된 삶에 복귀할 수 있습니다. 오분법신의 성취에는 남녀노소와 빈부귀천의 차별이 없습니다. 아무도 막을 수 없으므로 무애(無碍)이고, 자재(自在)이며, 무량한 공덕이 나오므로 신통(神通)입니다.

3

열반을 성취하면 죽은 후에 다시는 태어나지 않게 되는가?

열반을 성취한 사람은 죽어서 어떻게 되나요?

───────

열반에 대한 오해는 부처님 당시에도 있었습니다. 부처님 당시에 염마카라는 비구는 열반에 대하여 잘못된 생각을 가지고 있었습니다. 『잡아함경(104)』에서는 이러한 염마카와 사리불의 대화를 다음과 같이 전하고 있습니다.

그때 염마카라는 비구가 못된 사견(邪見)을 일으켜, "내가 부처님의 설법을 이해한 바에 의하면, 번뇌가 다한 아라한은 몸이 무너져 수명을 마치면 다시는 아무것도 존재하지 않게 된다"라고 주장했다. … 사리불이 다시 물었다. "오온(五蘊)을 떠나 따로 여래(如來)가 있는가?" "아닙니다." "오온 가운데 여래가 있는가?" "아닙니다." "이와 같이 염마카여, 여래는 법(法)을 여실(如實)하게 보고, 무소득(無所得)에 여법(如法)하게 머물라고 하신 것일 뿐, 따로 시설(施設)하신 바가 없다."

사리불은 이 경에서 여래(如來)는 오온과 다른 존재도 아니고, 그렇다고 오온을 자아로 취하여 살아가지도 않으며, 단지 법을 여실하게 보고서 무소득에 여법하게 머물러 살아가는 삶이라고 이야기하고 있습니다. 열반은 오온을 떠나 다른 존재가 되는 것이 아니라 진실을 바로 보고 살아가는 삶을 의미한다는 것입니다.

중생과 부처는 차별이 없다.

———

『화엄경』에 다음과 같은 말씀이 있습니다.

마음은 화가처럼 갖가지 오온(五蘊)을 그려낸다네.
마음이 만들지 않은 것은 이 세상 어디에도 없다네.
마음처럼 부처도 그렇게 하고, 부처처럼 중생도 그렇게 한다네.
그러므로 마음과 부처와 중생, 이 셋은 조금도 차별이 없다네.
부처들은 모두 모든 것이 마음에서 전개된다는 것을 안다네.
만약 이와 같이 알 수 있다면 그 사람은 진정한 부처를 본 것이네.
心如工畵師 畵種種五陰 一切世界中 無法而不造
如心佛亦爾 如佛衆生然 心佛及衆生 是三無差別
諸佛悉了知 一切從心轉 若能如是解 彼人見眞佛

불교에서 마음은 몸속에 들어있는 실체적 자아가 아니라 업을 통해 형성된 업의 결과를 의미합니다. 우리가 행위를 하면 그 행위가 마음이 되는 것입니다. "바늘도둑이 소도둑 된다"는 속담이 있습니다. 도둑질을 하면 도둑질하는 마음이 생긴다는 말입니다. 이와 같이 우리의 마음은 우리의 업, 즉 삶의 과보입니다. 『제일의공경』에서 "업보는 있으나 작자는 없다"고 한 것은 우리의 업을 통해 형성된 업의 결과, 즉 마음은 있지만 자아로서의 작자는 없다는 의미입니다.

『화엄경』에서 마음이 갖가지 오온을 그려낸다고 하는 것은 우리의 업을 통해 형성된 마음이 다시 업을 지어 이 세상을 만들어내고 있다는 의미입니다. 이 마음이 법계(法界)를 깨달아 부처님 세계를 만들며 살아가면 부처라 불리고, 무명에 휩싸여 자아를 집착하면서 생사의 세계를 만들면 중생이라 불립니다. 중생의 마음과 부처의 마음이 근본적으로 다르지 않습니다. 중생의 마음도 세계를 만들고 부처의 마음도 세계를 만듭니다. 따라서 세계를 만든다는 측면에서 보면 마음과 부처와 중생은 조금도 다름이 없습니다. 도둑질을 하여 도둑을 만드는 마음을 도둑이라고 부르고, 선을 베풀어 자선가를 만드는 마음을 자선가라고 부르듯이 부처의 일을 하여 부처를 만드는 마음을 부처라고 부르고, 자아를 취하여 중생을 만드는 마음을 중생이라고 부르는 것입니다.

생사(生死)가 없는 열반(涅槃)의 세계가 따로 있는가?

———

오취온(五取蘊)의 존재방식으로 살아가는 중생들

의 삶에는 생사의 괴로움이 있고, 오분법신(五分法身)의 존재방식으로 살아가는 법신(法身)의 삶에는 열반(涅槃)의 즐거움이 있습니다. 생사의 괴로움과 열반의 즐거움은 사실은 별개의 것이 아닙니다. 진리에 대한 무지에서 법계(法界)의 실상을 보지 못하고 탐욕으로 살아갈 때 나타나는 허위가 생사의 괴로움이고, 연기의 진리를 알아 사홍서원(四弘誓願)과 같은 발원(發願)을 하여 살아갈 때 나타나는 진실이 열반의 즐거움입니다.

인간은 의지(意志)를 지향축(志向軸)으로 자신의 존재 가능성을 추구하는 존재입니다. 이러한 존재방식은 열반을 성취한다고 해서 변화하지 않습니다. 생사와 열반의 차이는 무명의 상태에서 욕탐(欲貪)이라는 의지를 지향축으로 삼느냐, 반야로 법을 통찰하면서 원(願)을 지향축으로 삼느냐의 차이일 뿐입니다.

세간의 진리인 고성제(苦聖諦)와 집성제(集聖諦)는 무명(無明)만 사라지면 그대로 출세간(出世間)의 진리가 됩니다. 무명의 상태에서 욕탐을 축(軸)으로 존재가능성을 추구하는 오취온의 존재방식은 무명만 사라지면 그대로 반야의 지혜에서 원을 축으로 행위가능성을 추구하는 오분법신의 존재방식이 되는 것입니다. 따라서 생사를 떠나 따로 열반이 있을 수 없으며, 세간을 벗어난 곳에 출세간이 따로 있는 것도 아닙니다. 생사와 열반, 세간과 출세간은 별개의 존재에 붙여진 이름이 아니라 연기하는 법에 붙여진 시설(施設)이며 가명(假名)입니다.

욕탐(欲貪)으로 자아를 취하여 살아가는 오취온의 삶에서 죽음은 자아가 더 이상 존재할 수 없는 존재의 끝이요, 극복할 수 없는 숙명입니다. 그러나 원으로 법을 성취하려는 오분법신의 삶에서 죽음은 새로운 행위선택의 가능성이며 열반입니다. 그래서 중생들은 죽음 앞에서 죽지 않으려고 몸부림치지만, 보살은 스스로 몸을 바치면서 미래의 행원(行願)을 세웁니다. 이와 같이 중생들의 욕탐은 과거에 만들어놓은 '자아'를 지키기 위한 과거 지향적인 의지이지만, 열반을 성취한 오분법신의 원은 새로운 세계를 열어가려는 미래지향적인 의지입니다.

진리는 우리가 그것을 알든 모르든 변치 않고 상주(常住)합니다. 다만 진리를 아는 사람은 진리에 따라서 살아가고, 진리를 모르면 진리에 어긋나게 살아갈 뿐입니다. 열반의 즐거움은 진리를 따르는 삶 속에 나타나고, 생사의 괴로움은 진리에 어긋난 삶 속에 나타납니다. 오취온의 존재방식은 진리를 모르고 진리에 어긋나게 살아가는 삶의 방식입니다. 이것이 사성제의 고성제이며 이러한 존재방식의 원인이 허망한 망념의 집(集)임을 밝힌 것이 집성제입니다.

본래 무아인 것을 알지 못하고 자기존재라는 허망한 생각을 붙들고 살아가는 삶이 생사입니다. 『잡아함경(270)』에서는 오온이 무상한 것임을 생각하여 무아라는 생각에서 살아가면 그대로 열반을 얻을 수 있다고 합니다.

세존께서 비구들에게 이르시되, 무상(無常)하다는 생각을 닦아 익히고, 많이 닦아 익히면, 능히 일체의 욕애(欲愛)와 색애(色愛)와 무색애(無色愛)와 들뜬 교만과 무명을 끊을 수 있다. 비유하면 농부가 초가을에 밭을 깊이 갈아, 풀뿌리를 뽑아내어, 잡초를 없애는 것과 같다. … 만약 비구가 들판에서든, 숲속에서든, 바르게 잘 사유하되, 색(色)이 무상함을 관(觀)하고, 수(受)·상(想)·행(行)·식(識)이 무상함을 관하면 이와 같은 사유가 일체의 욕애와 색애와 무색애와 들뜬 교만과 무명을 끊어 없애게 된다. 왜냐하면 무상하다는 생각이 무아라는 생각을 일으켜 세우기 때문이다. 거룩한 제자가 무아(無我)라는 생각으로 살아가면 마음이 아만(我慢)에서 멀어져 순조롭게 열반을 얻게 된다.

오온을 무상하다고 관하는 것은 오온이 연기하고 있는 법(法)임을 반야로 통찰하는 것을 의미합니다. 이러한 통찰을 통해 일체의 존재에 대한 욕탐과 애착을 끊고, 무명을 멸하여, 존재가능성을 추구하는 중생의 삶에서 벗어나, 법신으로서 행위가능성을 추구하며 살아갈 때 우리는 열반의 즐거움을 얻게 된다는 것입니다.

오온이 연기하는 것을 반야(般若)로 어떻게 통찰하는가?

———

반야에 의한 통찰은 촉입처(觸入處)에서 행해집니다. 부처님께서는 이것을 『잡아함 경(63)』에서 다음과 같이 말씀하십니다.

무명촉(無明觸)에서 외부에 사물이 존재한다고 느끼는 어리석은 범부들은 "나는 미래에 존재할 것이다"라고 말하기도 하고, "나는 미래에 존재하지 않을 것이다"라고 말하기도 한다.

비구여, 다문성제자(多聞聖弟子)는 육촉입처(六觸入處)에 머물지만 무명(無明)을 염리(厭離)함으로써 능히 명(明)이 생기게 하나니, 그는 무명의 상태에서 욕탐을 떠남으로써 명이 생기게 한다. 그는 "나는 미래에 존재할 것이다"라고 말하지도 않고, "나는 미래에 존재하지 않을 것이다"라고 말하지도 않는다. 이와 같이 알고 이와 같이 통찰하면 전에 일어난 무명촉(無明觸)이 멸한 후에 명촉(明觸)이 나타난다.

육촉(六觸)은 보고, 듣고, 냄새 맡고, 맛보고, 만지고, 생각하는 우리의 경험입니다. 이러한 경험은 중생의 삶이나 부처님의 삶이나 다를 바가 없습니다. 다른 점은 무명의 상태에서 살아가느냐, 반야로 법을 통찰하면서 살아가느냐의 차이일 뿐입니다. 무명촉은 연기의 도리를 모르고 살아가면서 하게 되는 경험을 의미합니다. 중생들은 무명의 상태에서 살아가기 때문에 미래의 자기존재에 대하여 문제 삼습니다. 그래서 보고, 느끼고, 사유하고, 의도하고, 인식하면서 얻은 경험을 오온으로 조작하여 자아로 취하게 됩니다. 이렇게 조작된 자아가 내세에도 존재할 것인가, 아니면 내세에는 존재하지 않을 것인가를 문제 삼는 것이 중생입니다.

반야의 삶이라고 해서 보고, 느끼고, 사유하고, 의도하고, 인식하는 삶이 사라지는 것은 아닙니다. 반야로 살아가는 사람은 존재 자체가 허구라는 것을 알기 때문에 자아를 조작하지 않습니다. 따라서 미래의 자기존재를 문제 삼지 않습니다. 이 경에서는 이러한 삶이 나타나는 것을 명촉이 나타난다고 하고 있습니다.

명촉이 나타나는 삶의 모습이 오분법신(五分法身)입니다. 오분법신은 계(戒)·정(定)·혜(慧)·해탈(解脫)·해탈지견(解脫知見)을 말하는데, 이것은 오취온과 본질적으로는 다름이 없습니다. 오취온이 무명의 상태에서 욕탐을 축으로 존재가능성을 추구하는 가운데 존재로 취착된 자아임에 반하여, 오분법신은 반야에서 원을 축으로 행위가능성을 추구하는 법신이라는 차이가 있을 뿐입니다. 연기하는 법을 반야로 통찰하는 법신의 삶에서는 "나는 미래에 어떤 존재가 되고 무엇을 소유할 것인가?"가 문제되는 것이 아니라, "나는 지금 어떤 행동을 해야 할 것인가? 나는 어떻게 살 것인가?"가 문제됩니다. 이와 같이 오분법신은 '어떤 행위를 선택할 것인가'를 문제 삼고, 선택한 행위를 실천하는 법신의 모습입니다.

무명의 상태에서 자기존재로 취해진 오취온의 색(色)은 반야의 삶 속에서는 오분법신의 계(戒)가 됩니다. 육근(六根)의 삶을 통해 지각되는 지각의 내용을 조작하여 자신의 몸으로 취착하고서 취착된 자신의 몸을 유지하려는 욕탐을 일으켜 살생(殺生), 투도(偸盜), 사음(邪淫), 망어(妄語) 등의 악행을 행하는 것이 오취온의 색(色)이라면 색이 무상하게 연기하는 법이라는 것을 반야로 통찰하여 욕탐을 버리고 자신의 행복이 이웃의 행복과 함께 연기한다는 연기의 도리에 따라 이웃의 행복을 위해 온갖 악행을 멀리하고 모든 선행을 행하는 것이 오분법신의 계(戒)입니다.

오취온의 존재방식으로 살아가는 삶에서의 수(受)는 오분법신의 존재방식으로 살아가는 삶 속에서는 정(定)이 됩니다. 감각적인 쾌락을 추구하기 때문에 자신의 욕망에 어긋나는 것에 대해서는 괴로움을 느끼고, 욕구를 충족시키는 것에 대해서는 즐거움을 느끼면서 고락의 감정에 흔들리고 있는 산란한 마음이 오취온의 수(受)이고, 욕탐을 버리고 계율을 지님으로써 항상 고요한 마음으로 생활하는 것이 오분법신의 정(定)입니다.

무명(無明)의 상태에서 마음에 형성된 표상을 비교하고, 추상하고, 총괄하여 개념을 만드는 사유작용, 즉 관념화 작용이 오취온의 상(想)이라면 모든 법이 연기한다는 것을 알아서 자신이 선택해야 할 행위와 그 행위의 결과를 지혜롭게 통찰하는 것이 오분법신의 혜(慧)입니다.

무명의 상태에서 관념화된 대상을 욕구의 대상으로 삼아 그것을 소유하려고 하는 의지가 오취온의 행(行)이라면 지혜로 가장 가치 있는 행위를 자유롭게 선택하여 실천하는 것이 오분법신의 해탈(解脫)입니다.

행(行)에 의해 조작된 욕구의 대상으로 인식하는 가운데 존재의 생멸과 자신의 생사를 인식하는 것이 오취온의 식(識)이고, 연기하는 일체의 법은 무아(無我)이고 공(空)이기 때문에, 다시 말해서 업보(業報)만 있을 뿐 작자(作者)는 없기 때문에 자신은 본래 생사에서 해탈해 있음을 확실하게 인식하는 것이 오분법신의 해탈지견(解脫知見)입니다.

보고, 느끼고, 사유하고, 의도하고, 인식하는 삶을 통해서 체험한 내용을 존재로 조작하고, 자기존재를 유지하기 위하여 끊임없이 자신의 존재를 취하는 삶의 방식이 오취온(五取蘊)이라면 계율을 지키고, 마음을 고요하게 안정시켜, 지혜롭게 사유하고, 바른 행위를 선택하여 실천함으로써 본래 생사가 없는 자신의 참모습을 드러내는 삶의 방식이 오분법신입니다. 이러한 오분법신으로 살아가는 삶을 열반이라고 부릅니다.『중아함경』의『공경경(恭敬經)』에서는 이러한 열반을 증득하는 과정을 다음과 같이 이야기하고 있습니다.

비구들이여, 모든 수행자[梵行人]를 공경하고 존중하라. 비구가 수행(梵行)을 공경하고 존중하지 않으면 위의법(威儀法)을 갖출 수 없으며, 위의법을 갖추지 않으면 학법(學法)을 갖출 수 없으며, 학법을 갖추지 않으면 계신(戒身)을 갖출 수 없으며, 계신을 갖추지 않으면 정신(定身)을 갖출 수 없으며, 정신을 갖추지 않으면 혜신(慧身)을 갖출 수 없으며, 혜신을 갖추지 않으면 해탈신(解脫身)을 갖출 수 없으며, 해

탈신을 갖추지 않으면 해탈지견신(解脫知見身)을 갖출 수 없으며, 해
탈지견신을 갖추지 않으면 열반(涅槃)을 갖출 수 없다.

이 경에서 이야기하듯이 열반은 수행자를 공경하는 데서 출발하
여 위의를 갖추고 바른 수행의 방법을 배워서 오분법신을 차례로 성
취함으로써 얻게 됩니다. 우리의 삶은 수행을 통해 새로운 모습으로
전환됩니다. 우리가 수행을 하는 것은 어떤 새로운 것을 얻기 위해서
가 아니라 진리에 어긋난 우리의 삶을 진리에 따르는 삶으로 전환시
키기 위해서입니다.

수행은 수행자를 공경하는 삶에서 시작됩니다. 어리석은 사람들
은 수행이 우리의 삶에 무의미하다고 생각합니다. 감각적인 쾌락을
즐기는 것이 인생의 목적이라고 생각하는 사람들에게 수행자는 은둔
자나 염세주의자로 인식됩니다. 이런 생각을 가진 사람은 수행자를
공경할 까닭이 없을 것입니다. 수행자를 공경한다는 것은 수행의 가
치를 인정하고 자신도 수행을 통해 인생의 진정한 가치를 실현하려는
원을 세우는 것을 의미합니다. 오분법신의 성취는 이렇게 수행의 가
치를 알고 수행을 통해 자신의 삶을 새롭게 변화시키려는 마음에서
출발합니다.

4

—

해탈(解脫)이란 어떤 것인가?

열반(涅槃)은 무엇이고, 해탈(解脫)은 무엇인가?

———

불교에서는 열반과 해탈을 이야기합니다. 일반적으로 열반과 해탈을 같은 것으로 이해하고 있는데 근본경전에 의하면 분명히 차이가 있습니다. 우선 열반과 해탈은 말의 뜻에 차이가 있습니다. 열반은 '불이 꺼진 상태'를 의미는 'nibbāna, nirvāṇa(sk.)'를 번역한 것이고, 해탈은 '벗어났다'는 의미의 'vimokkha, vimokṣa(sk.)'를 번역한 것입니다.

부처님께서는 이 세상은 탐(貪)·진(瞋)·치(癡) 삼독(三毒)의 불길에 휩싸여있다고 하셨습니다. 열반은 세상을 불태우는 삼독의 불길이 완전히 사라진 것을 의미합니다. 불교의 궁극적인 목적은 이러한 열반을 성취하는 것입니다.

해탈은 '벗어난다'는 의미입니다. 즉, 어떤 구속이나 속박에서 벗어나는 것을 해탈이라고 합니다. 따라서 해탈은 구속이나 속박의 수만큼 많지만, 크게는 욕탐에서 비롯된 번뇌(煩惱)로부터의 해탈과 진리에 대한 무지, 즉 무명으로부터의 해탈이 있습니다. 전자를 심해탈(心解脫)이라고 부르고, 후자를 혜해탈(慧解脫)이라고 부릅니다. 오분법신(五分法身) 가운데 계정혜 삼학을 수행하여 성취하는 해탈신(解脫身)은 심해탈을 의미하고, 해탈지견신(解脫知見身)은 혜해탈을 의미합니다. 그리고 이 둘을 다 갖춘 해탈을 구해탈(俱解脫)이라고 하며 이들을 삼해탈(三解脫)이라고 부릅니다.

간단히 말하면 열반은 불교 수행의 궁극적 목적으로서 구해탈(俱解脫)을 성취한 것을 말하고, 해탈은 수행을 통해 번뇌가 소멸될 때 번뇌에서 벗어난 상태를 의미합니다.

무엇으로부터 누가 해탈하는가?

———

결박이란 문자 그대로 구속된 상태이고, 해탈은 구속에서 벗어난 상태를 의미합니다. 우리가 해탈을 성취하기 위해서는 우선 구속하고 있는 것이 무엇이고, 구속되어 있는 것이 무엇인지를 알아야 할 것입니다.

『잡아함경(239)』에서는 다음과 같이 이야기하고 있습니다.

내가 이제 결박(結縛)에 묶인 법과 결박하고 있는 법을 이야기하겠다.

어떤 것이 결박에 묶인 법인가? 안(眼)과 색(色), 이(耳)와 성(聲), 비(鼻)와 향(香), 설(舌)과 미(味), 신(身)과 촉(觸), 의(意)와 법(法), 이들이 결박에 묶인 법이다.

어떤 것이 결박하는 법인가? 욕탐이 결박하고 있는 법이다.

안(眼)과 색(色)이 결박된 법이고 욕탐이 결박하고 있는 법이라니, 무슨 의미인지 쉽게 이해가 되지 않을 것입니다. 『잡아함경(250)』에서는 안과 색이 욕탐에 의해 결박된 상태를 다음과 같이 이야기합니다.

존자 사리불이여, 안이 색을 묶습니까, 색이 안을 묶습니까? …

존자 사리불이 존자 마하구치라에게 대답했다. 안이 색을 묶는 것도 아니고, 색이 안을 묶는 것도 아니다. 그 중간에 욕탐이 있으면, 이것이 그들을 묶는다.

云何 尊者舍利弗 眼繫色耶 色繫眼耶 耳聲鼻香舌味身觸意法意繫法耶 法繫意耶 尊者舍利弗 答尊者摩訶拘絺羅言 非眼繫色 非色繫眼 乃至 非意繫法 非法繫意 尊者摩訶拘絺羅 於其中間 若彼欲貪 是其繫也

욕탐이 안과 색을 묶고 있다는 것은 무슨 의미일까요? 우리는 눈[眼]으로 대상[色]을 볼 때 모든 것을 보지는 않습니다. 예를 들어 친구와 함께 거리를 지나간다고 합시다. 두 사람이 같은 길을 같은 시간에 지나가도 두 사람이 본 것은 같지 않을 것입니다. 두 사람은 무엇을 보게 될까요? 아마 관심이 가는 것을 보게 될 것입니다. 책을 좋아하는 사람은 서점을 보게 될 것이고, 옷을 좋아하는 사람은 옷가게를 보게 될 것입니다. 이렇게 우리는 사물을 지각하지만 보이는 모든 것을 보는 것이 아니라 관심이 있는 것을 보게 됩니다.

한편 눈을 뜨고 있다고 해서 모든 것이 보이는 것은 아닙니다. 주의를 집중해야 비로소 보입니다. 길을 갈 때 다른 것은 보이지 않고, 관심이 가는 것이 보이는 것은 우리가 관심이 가는 것에 집중하기 때문입니다. 이렇게 보는 '자아'와 보이는 '대상' 사이에 관심이나 욕구가 있을 때 우리는 무엇인가를 볼 수가 있습니다. 이렇게 관심을 통해 볼 수 있기 때문에 이 경에서 안과 색을 욕탐이 묶고 있다고 한 것입니다.

이와 같이 욕탐에 묶여있는 안과 색은 자아(自我)와 대상(對象), 즉 주관(主觀)과 객관(客觀)으로 대립하고 있습니다. 보는 안(眼)은 자아이고, 보이는 색은 외부의 대상인 것이지요. 이것이 우리의 일반적인 생각입니다. 부처님께서는 이렇게 주객(主客)으로 대립하고 있는 보는 자아로서의 안을 안입처(眼入處)라고 부르고, 외부의 대상으로서의 색을 색입처(色入處)라고 불렀습니다. 그리고 안입처는 우리가 내부의 자아로 생각하고 있는 것이라는 의미에서 내입처(內入處)라고 부르고, 색입처는 외부의 대상으로 생각하고 있는 것이라는 의미에서 외입처(外入處)라고 불렀습니다.

이와 같이 중생들의 내입처와 외입처는 욕탐에 의해 항상 함께 묶여있습니다. 보는 것이 있으면 보이는 것도 있고, 보이는 것이 있는 곳에는 반드시 보는 것이 있습니다. 함께 묶여있기 때문에 홀로 나타나는 법이 없습니다. 이러한 내입처와 외입처가 욕탐에 결박되어 있는 법입니다.

한편 『잡아함경(19)』에서는 오온(五蘊)을 결박에 묶인 법이라고 이야기합니다. 왜 오온이 결박에 묶인 법일까요? 『잡아함경(306)』을 보면 그 이유를 알 수 있습니다.

두 개의 법이 있다. 어떤 것이 둘인가? 안(眼)과 색(色)이 둘이다. … 왜
냐하면 안(眼)과 색(色)을 의지하여 안식(眼識)이 생기고, 안(眼), 색(色),
안식(眼識) 셋이 화합하여 촉(觸)이 생긴다. 촉(觸)에서 수(受), 상(想),
사(思)가 생기나니, 이들이 네 가지 무색음[四無色陰, 受想行識蘊]이다. 안
(眼)과 색(色) 그리고 이 네 가지 온(蘊)을 사람이라고 부르고, 이들 법
에서 사람이라는 개념을 만들고, 중생, 인간, 등의 개념을 만든다.

有二法 何等爲二 眼色爲二 如是廣說乃至非其境界故 所以者何 眼色
緣生眼識 三事和合觸 觸俱生受想思 此四無色陰 眼色此等法 名爲人
於斯等法 作人想 衆生 那羅 摩㝹闍 摩那婆 士其 福伽羅 耆婆 禪頭

이 경은 우리가 사람, 인간, 중생이라고 부르는 것은 오온이며, 오
온은 십이입처(十二入處)에서 연기한 망상들을 개념화하여 부르는 이름
에 지나지 않는다는 것을 이야기하고 있습니다. 오온은 욕탐에 의해 결
박된 십이입처에서 연기한 망념으로서 우리는 오온을 '자아'라고 집착
합니다. 따라서 오온 역시 욕탐에 의해 결박된 법이라고 하는 것입니다.

해탈은 결박된 십이입처와 오온이 결박에서 벗어나는 것을 의미
합니다. 그런데 『잡아함경(22)』에서는 해탈에 대하여 다음과 같이 이
야기하고 있습니다.

모든 색(色)은 무상(無常)하다. 이렇게 색(色)의 무상을 바르게 관찰하
면 색(色)에 대한 갈애(渴愛)가 바로 없어진다. 색에 대한 갈애가 없어
지면 마음(心)이 잘 해탈한다. 이와 같이 수(受), 상(想), 행(行), 식(識)도
마찬가지로 관찰해야 한다.

오온이나 십이입처가 욕탐에 묶여있으므로 이들에 대한 욕탐, 즉 갈애가 없어지면 마음이 해탈하게 되며, 마음이 해탈하면 괴로움을 끊고 생로병사(生老病死)의 공포에서 벗어날 수 있다는 것입니다.

속박된 법은 오온과 십이입처인데 왜 해탈은 마음이 한다고 하는가?

———

오온과 십이입처는 중생들이 욕탐으로 취착한 망념이라는 것을 살펴본 바 있습니다. 오온과 십이입처는 중생들이 욕탐에 결박되어 있을 때 마음에 모여 있는(集) 망념(妄念)입니다. 바꾸어 말하면 오온과 십이입처는 욕탐에 결박되어 있는 마음입니다. 이렇게 욕탐에 결박된 마음이 중생의 세계인 허위의 세계입니다. 우리의 마음이 욕탐에서 해탈하면 이들 허망한 세계가 사라져 참된 세계가 드러납니다. 사리불이 아난의 질문에 "육촉입처를 멸진한 후에는 허위를 떠나 열반을 얻게 된다"고 한 것은 이것을 의미합니다.

우리의 마음을 결박하고 있는 욕탐도 우리의 마음이고, 욕탐에 결박된 십이입처와 오온도 우리의 마음이며, 욕탐에서 해탈하는 마음도 우리의 마음입니다. 이 모든 것이 우리의 마음일 뿐입니다. 그런데 마음에 욕탐이 생기면 우리의 마음은 그 욕탐에 속박됩니다. 우리의 마음이 우리의 마음을 결박하는 것입니다. 우리가 생로병사의 괴로움을 느끼는 것은 우리의 마음이 욕탐에 결박되어있기 때문입니다. 마음이 욕탐에 결박되어 있는 상태에서 생로병사의 괴로움이 생기는 것입니다.

우리는 자신의 존재에 대한 욕탐에 의해 육입처나 오온을 자아로 취하고 있습니다. 우리의 마음에 육입처나 오온이 자아로 취해져 관념화되어 있을 때 자신은 태어나서 늙고 병들어 죽어가는 존재로 인식됩니다. 자기의 존재가 동일하게 유지되기를 바라는 욕탐에 구속된 마음은 무상하게 변화하는 자신으로부터 괴로움을 느낍니다. 그래서 어떻게 하면 늙지 않고, 병들지 않고, 죽지 않을 것인가를 생각하고 그 가능성만을 추구하게 됩니다. 이것이 오취온으로서의 인간실존이며 욕탐에 결박된 상태입니다. 그러나 아무리 염려하고 노력해도 죽음은 피할 수 없습니다. 부처님께서는 이것을 결박이라고 부르고 있습니다. 죽음으로부터 벗어날 수 없는, 죽음 이외의 그 어떤 선택도 불가능한 인간실존이 곧 결박인 것입니다.

해탈은 자유를 의미합니다. 자유란 여러 가지 선택의 가능성이 있을 때 실현될 수 있습니다. 죽지 않으려고 하니까 하는 수 없이 억지로 사는 인생이 됩니다. 그러나 죽을 것을 알고 사는 사람은 죽을 생각을 하고 살기 때문에 못할 것이 없습니다.

고인이 된 스티브 잡스(Steve Jobs, 1955~2011)는 매일 죽음을 생각하며 살았다고 합니다. 그가 남긴 말이 생각납니다.

"죽음은 삶이 만든 최고의 발명품이다."

"무덤에서 가장 부자가 되는 일 따윈 중요하지 않다. 매일 밤 자기 전 우리는 정말 놀랄 만한 일을 했다고 말하는 것이 내게 중요하다."

해탈한 사람에게 죽음은 고통과 좌절이 아니라 자신의 삶을 온전(穩全)하게 자신의 것으로 만드는 계기가 됩니다. 그래서 그는 말합니다.

"다른 사람의 삶을 사느라 낭비하지 마세요. 그건 다른 사람이 생각한 대로 사는 겁니다."

이와 같이 생사에서의 해탈이란 죽음을 망각하고 사는 것도 아니고, 죽지 않고 영원히 사는 것을 의미하는 것도 아닙니다. 죽음을 생각하면서 선택의 가능성이 단절된 죽음을 초월하여 다른 사람의 삶이 아닌, 자신이 자유롭게 선택한 진정한 자신의 삶을 살아가는 것이 진정한 생사해탈입니다.

이러한 해탈은 우리가 자신의 존재로 생각하고 있는 오온이나 육입처가 허망한 망상 덩어리에 지나지 않는다는 사실의 자각에서 비롯됩니다. 생사는 허망한 망념을 자신의 존재로 착각하는 무명과 욕탐에서 비롯된 것임을 깨달아 욕탐을 버리면 우리의 마음은 욕탐에서 해탈하게 되는 것입니다. 우리의 마음이 욕탐에 결박되지 않으면 마음이 자신의 존재를 취착하지 않음으로써 모든 가능성을 선택할 수 있는 자유로운 상태가 되는 것입니다. 불교의 수행은 이렇게 허망한 존재를 취하지 않고 마음이 해탈하기 위해서 하는 것입니다.

어떤 수행을 어떻게 해야 해탈할 수 있는가?

———

모든 수행의 근본은 사념처(四念處)입니다. 『잡아함경(609)』에서는 사념처 수행을 통해 모든 망념에서 해탈하는 과정을 다음과 같이 설명하고 있습니다.

내가 이제 사념처(四念處)의 집(集)과 사념처의 멸(滅)에 대하여 이야기하겠다.

자양분[食]이 모이면 몸[身]이 모여 나타나고[集], 자양분이 멸하면 몸이 소멸[滅]한다. 이와 같이 신(身)의 집(集)을 따라 관(觀)이 머물고, 신의 멸을 따라 관이 머물고, 신의 집과 멸을 따라 관이 머물면 의지하여 머물 곳이 없게 된다. 그리하여 모든 세간에서 영원히 취할 것이 없게 된다.

촉(觸)이 모이면[集] 수(受)가 모여 나타나고[集], 촉이 멸하면 수가 멸(滅)한다. 이와 같이 수의 집(集)을 따라 관이 머물고, 수의 멸을 따라 관이 머물고, 수의 집과 멸을 따라 관이 머물면 의지하여 머물 곳이 없게 된다. 그리하여 모든 세간에서 영원히 취할 것이 없게 된다.

명색이 모이면[集] 마음[心]이 모여 나타나고[集], 명색이 멸하면 심이 멸한다. 이와 같이 심의 집을 따라 관이 머물고, 심의 멸을 따라 관이 머물고, 심의 집과 멸을 따라 관이 머물면 의지하여 머물 곳이 없게 된다. 그리하여 모든 세간에서 영원히 취할 것이 없게 된다.

기억하고 있는 생각[憶念]이 모이면[集] 법(法)이 모여 나타나고[集], 기억하고 있는 생각이 멸하면 법이 멸한다. 이와 같이 법의 집을 따라 관이 머물고, 법의 멸을 따라 관이 머물고, 법의 집과 멸을 따라 관이 머물면 의지하여 머물 곳이 없게 된다. 그리하여 모든 세간에서 영원히 취할 것이 없게 된다.

이와 같이 사념처 수행은 자신의 존재로 생각하고 있는 신(身)·수(受)·심(心)과 외부의 사물로 생각하고 있는 법(法)이 헛된 망념임을 깨달아, 이들로부터 마음이 해탈하는 수행입니다. 수행을 통해 우리의 마음이 욕탐에서 벗어나 모든 존재를 취하지 않는다고 해서 우리의 마음이 아무런 의욕도 없는 목석처럼 되는 것은 아닙니다. 해탈한 마음은 욕탐보다 훨씬 크고 미래지향적인 의욕을 일으키게 됩니다. 부처님께서는 이것을 원(願)이라고 부르고 우리에게 원을 세워 살아가도록 가르쳤습니다.

5

––

구차제정(九次第定)과 해탈(解脫)

해탈은 선정(禪定) 수행을 통해서 얻게 됩니다.

–––––––

　　　　　근본불교의 선정수행은 구차제정(九次第定)입니다. 구차제정(九次第定)은 행(行)을 멸하여 해탈과 열반을 성취하는 수행입니다. 『잡아함경(474)』에 의하면 구차제정을 수행하면 다음과 같은 것이 적멸(寂滅)해진다고 합니다.

　　초선(初禪)에서는 언어(言語)가 적멸한다.
　　제이선(第二禪)에서는 각관(覺觀, 사유와 성찰)이 적멸한다.
　　제삼선(第三禪)에서는 희심(喜心)이 적멸한다.
　　제사선(第四禪)에서는 출입식(出入息)이 적멸한다.

공처(空處)에서는 색상(色想)이 적멸한다.

식처(識處)에서는 공처상(空處想)이 적멸한다.

무소유처(無所有處)에서는 식처상(識處想)이 적멸한다.

비유상비무상처(非有想非無想處)에서는 무소유처상(無所有處想)이 적멸한다.

상수멸(想受滅, 滅盡定)에서는 상수(想受)가 적멸한다.

이러한 구차제정은 행을 차례로 멸하는 것입니다. 행에는 신(身)·구(口)·의(意) 삼행(三行)이 있습니다. 우리는 삼행을 몸과 입과 마음으로 행하는 일상적인 행동을 의미하는 것으로 생각하기 쉬운데, 행은 일상적인 행동을 의미하는 것이 아니라 유위(有爲)를 조작하는 작용을 의미합니다. 『잡아함경(568)』에서는 이러한 삼행을 다음과 같이 설명하고 있습니다.

출식입식(出息入息, assasapassasa)을 신행(身行, kāya-saṅkhāra)이라고 부른다.

유각유관(有覺有觀, vitakkavicara)을 구행(口行, vaci-saṅkhāra)이라고 부른다.

상수(想受, saññā ca vedāna)를 의행(意行, citta-saṅkhāra)이라고 부른다.

이 경에서는 이와 같이 삼행을 설명하고서 행은 구행, 신행, 의행의 순서로 적멸한다고 설명합니다. 먼저 각관(覺觀, 사유와 성찰)이 멸하고, 다음에 출입식(出入息)이 멸하며, 마지막으로 상(想)과 수(受)가 멸한다는 것입니다. 이것을 구차제정과 비교해 보면 초선(初禪)에서는 언어(言語)가 적멸하고, 제이선(第二禪)에서는 각관(覺觀)이 적멸하므로 초선과 제이선에서 구행이 멸한다는 것을 알 수 있습니다. 그리고 제

삼선(第三禪)에서는 희심(喜心)이 적멸하고, 제사선(第四禪)에서는 출입식(出入息)이 적멸하므로 제사선(第四禪)에서 신행(身行)이 멸한다는 것을 알 수 있습니다. 마지막으로 상수멸(想受滅, 滅盡定)에서 상(想)과 수(受)가 적멸하므로 의행(意行)은 멸진정(滅盡定)에서 멸한다는 것을 알 수 있습니다.

왜 각관(覺觀, 사유와 성찰)을 구행(口行)이라고 부르며, 구행이 맨 먼저 멸하는 것일까요?

———

구행이란 언어(言語), 즉 개념을 만드는 관념화작용을 의미합니다. 욕계(欲界)는 언어의 세계입니다. 우리는 욕구의 대상을 존재화 하여 이름을 붙입니다. 책을 놓고 보려는 욕구에서 책상이라는 개념을 만들고 걸터앉으려는 욕구에서 의자라는 개념을 만듭니다. 우리가 사용하는 언어의 본질은 이와 같이 욕구입니다.

초선(初禪)은 욕탐을 떠나 욕계에서 해탈한 경지이기 때문에 대상을 언어로 파악하지 않습니다. 따라서 초선에서는 언어가 멸합니다. 그러나 언어를 조작하는 개념화작용, 즉 구행은 사라지지 않습니다. 그렇다면 언어를 조작하는 작용은 구체적으로 어떤 마음의 작용을 의미하는 것일까요?

언어는 개념(槪念)입니다. 구행은 개념을 구성하는 작용을 의미합니다. 개념이 형성되는 과정을 살펴보면 다음과 같습니다.

우리가 사물을 지각하면 그 사물의 모양과 그 사물에서 느낀 감정이 우리의 마음에 생깁니다. 이것을 표상(表象)이라고 합니다. 예를 들어 책상을 본다면 책상의 모양이 우리의 마음에 생기게 되는데 이것을 표상이라고 하는 것입니다.

여러 개의 책상이 있다고 합시다. 그러면 우리의 마음에는 여러 개의 표상이 생길 것입니다. 마음에 여러 개의 표상이 생기면 이 표상들을 먼저 비교하게 됩니다. 그러면 책상들은 각기 다른 모습이지만 공통된 모습이 있다는 것을 알게 될 것입니다. 이때 우리의 마음은 다른 모습은 버립니다. 이것을 추상(抽象)이라고 합니다.

책상은 각기 크기가 다르고 색깔이 다릅니다. 이렇게 표상들을 비교하여 다른 점은 모두 추상하면 같은 점만 남을 것입니다. 다리가 달려 있고 상판이 평평하여 책을 놓고 보기에 적합한 점이 동일하다면, 이렇게 동일한 점만을 모으게 되는데 이것을 총괄(總括)이라고 합니다.

우리의 마음에 생긴 많은 표상을 이렇게 비교하고, 추상하여, 총괄하면 하나의 표상이 만들어집니다. 그러면 이렇게 총괄 된 것에 책상이라는 이름을 붙입니다. 이것을 명명(命名)이라고 합니다. 책상이라는 개념은 이런 과정을 통해서 형성되며 이것이 언어입니다.

구행은 이렇게 언어를 만드는 작용을 의미합니다. 각관(覺觀)은 사물을 지각하여 생긴 표상을 비교하고 추상하고 총괄하는 마음의 작용을 의미합니다. 이와 같이 개념을 형성하는 구행은 외부의 사물을 지각하여 사유하지 않으면 사라질 것입니다. 그런데 제이선(第二禪)은 마음이 삼매에 들어가 외부의 사물을 지각하지 않는 마음의 상태이므로 각관(覺觀)이 사라져 구행이 멸하게 되는 것입니다.

왜 출입식(出入息)을 신행(身行)이라고 하는가요?

———

우리는 우리의 몸이 숨을 쉬고 있을 때 나의 몸이라고 생각합니다. 몸은 그대로 있어도 호흡이 멈추면 나의 몸이라고 생각할 수 없을 것입니다. 우리는 호흡이 유지되는 동안을 자신의 몸이 존재한다고 생각합니다. 즉, 호흡을 통해 우리의 몸이 동일한 존재로 인식되는 것입니다. 이런 까닭에 출입식(出入息)을 신행이라고 합니다.

제사선(第四禪)은 마음이 청정한 무관심으로 통일되어 몸을 통해 생기는 모든 감정에서 벗어난 경지입니다. 따라서 제사선에서 신행이 멸합니다.

의행(意行)은 무엇이며 어떻게 소멸하나요?.

———

상(想)과 수(受)는 사유(思惟) 작용과 감수(感受) 작용을 의미합니다. 우리는 사유하고 느낄 때 나의 마음이 존재한다고 생각합니다. 우리의 마음은 사유 작용과 감수 작용이 존재화(存在化)된 것입니다. 따라서 상과 수를 의행이라고 합니다. 멸진정(滅盡定)은 모든 존재가 사유 작용과 감수 작용에서 비롯된 것임을 깨닫고 허망한 생각에서 벗어난 경지입니다. 따라서 멸진정을 성취하면 의행이 소멸하게 됩니다.

삼행(三行)은 왜 구행(口行), 신행(身行), 의행(意行)의 순서로 적멸하나요?

우리는 언어/명사, 즉 개념으로 존재를 인식합니다. 이렇게 언어로 인식된 존재가 행에 의해 조작된 유위(有爲)입니다. 이러한 유위는 구차제정의 수행을 통해 유위를 조작하는 삼행을 멸함으로써 사라지게 됩니다.

그런데 유위가 조작되는 순서를 보면 그 출발점은 의행입니다. 모든 존재는 연기하는 것으로서 실체가 없습니다. 이러한 사실을 알지 못하는 무명의 상태에서 느끼고, 사유하는 것이 의행입니다. 느끼고 사유함으로써 느끼고 사유하는 나의 마음[意]이 존재한다는 생각을 하게 됩니다. 의행에 의해서 마음이라는 유위가 조작되는 것입니다. 이렇게 마음이라는 유위가 조작되면 마음이 깃들어 있는 나의 몸이 존재한다는 생각을 하게 되고, 이 몸을 통해 지각되는 것에 이름을 붙여서 그것을 외부의 존재로 인식합니다. 이와 같이 유위가 조작되는 순서는 의행이 맨 처음이고, 다음은 신행이며, 마지막이 구행입니다.

우리는 이미 형성된 유위의 세계에서 살아갑니다. 따라서 이미 형성된 유위를 멸하는 과정은 생기는 과정과는 반대의 순서가 됩니다. 그래서 『잡아함경(568)』에서 멸하는 순서는 구행, 신행, 의행의 순서이지만 생기는 순서는 의행, 신행, 구행의 순서라고 이야기하고 있습니다. 외부의 대상을 존재로 생각하는 망념을 먼저 없애면 대상을 상대하여 존재하고 있는 자신의 존재에 대한 망념이 사라지고, 그 결과 이러한 존재를 허구적으로 조작하는 마음이 허망한 것임을 깨닫게 된다는 것입니다.

구차제정에서 어떻게 해탈을 성취하는가?

———

구차제정을 통해 삼행이 멸하는 과정에서 구행과 신행이 멸하여 얻게 되는 것이 심해탈(心解脫)이고, 의행이 멸하여 얻게 되는 해탈이 혜해탈(慧解脫)입니다. 구행은 외부의 존재에 대한 욕탐이 없을 때 멸하고, 신행은 자기존재에 대한 욕탐이 없을 때 멸합니다. 이렇게 내외(內外)의 존재에 대한 욕탐이 멸할 때 마음이 욕탐에서 벗어나 해탈하게 됩니다. 이렇게 욕탐에서 벗어나는 수행이 구차제정 가운데 색계(色界) 사선(四禪)입니다.

색계 사선의 수행을 통해 욕탐은 사라져도 여전히 존재에 대한 망념은 사라지지 않습니다. 그래서 수행하게 되는 것이 무색계(無色界)의 사무색정(四無色定)입니다. 먼저 물질적 존재에 대한 망념은 공처(空處)를 성취함으로써 사라집니다. 공간의 존재에 대한 망념은 식처(識處)의 성취를 통해서 사라지고, 식(識)의 존재에 대한 망념은 무소유처(無所有處)의 성취를 통해서 사라지며, 아무것도 존재하지 않는다는 망념은 비유상비무상처(非有想非無想處)의 성취를 통해서 사라집니다. 그러나 비유상비무상처에서는 존재하는 것도 아니고 존재하지 않는 것도 아닌 그 어떤 존재가 있다는 생각은 남아있습니다. 모든 것은 연기하고 있기 때문에 공(空)이라는 사실은 아직 깨닫지 못하고 있는 것입니다. 따라서 비유상비무상처는 무명(無明)의 상태입니다. 이러한 무명은 멸진정을 통해 연기의 도리를 깨달음으로써 사라집니다. 이것이 혜해탈입니다.

열반은 이렇게 심해탈과 혜해탈을 성취함으로써 얻게 됩니다. 이러한 열반의 세계는 아무것도 존재하지 않는 허무의 세계가 아닙니다. 허무의 세계라고 생각하는 사람은 무견(無見)에 빠진 사람입니다. 그렇다고 해서 생사의 세계를 떠나 모든 존재가 생멸하지 않고 변함없이 존재하고 있는 열반의 세계가 따로 있는 것도 아닙니다. 이렇게 생각하는 사람은 유견(有見)에 빠진 사람입니다. 열반은 허망하게 조작된 유무(有無)의 모순 대립을 떠난 중도(中道)의 세계이며 연기하는 법계(法界)입니다. 이러한 법계에서 우리는 법계와 함께 연기하는 법신(法身)입니다. 허망한 생각을 그치고 연기하는 법계를 여실하게 관조하면서 일체중생을 위해 어떤 일을 해야 할 것인가를 생각하는, 원(願)으로 충만한 삶, 이것이 열반을 성취한 법신의 삶입니다.

7
장

육바라밀
(六波羅蜜)

1
—

무소득의 삶

보살의 길

지금까지 근본경전을 중심으로 부처님의 가르침을 살펴보았습니다. 이제부터는 대승불교의 육바라밀을 중심으로 불교의 대승적 실천에 대하여 살펴보겠습니다.

———

육바라밀은 『육도집경(六度集經)』에 잘 설해져 있습니다. 『육도집경』은 강승회(康僧會)가 251년에서 280년 사이에 8권으로 한역(漢譯)한 석존의 전생담(前生譚)을 모은 본연부(本緣部)에 속하는 경전입니다. 「제1 보시도무극장(布施度無極章)」에 26경, 「제2 계도무극장(戒度無極章)」에 15경, 「제3 인욕도무극장(忍辱度無極章)」에 13경, 「제4 정진도무극장(精進度無極章)」에 19경, 「제5 선도무극장(禪度無極章)」에 9경, 「제6 명도무극장(明度無極章)」에 9경이 수록되어, 총 6장 91경으로 되어 있습니다.

　여기에 실린 전생담(前生譚)은 대부분 다른 경전에 나오는 내용으로 새로운 것은 아닙니다. 다른 전생담과 비교할 때 『육도집경』이 지니는 특징은 여러 가지 전생담을 육바라밀로 분류하고 있다는 점입니다. 이러한 체계는 매우 중요한 의미를 지닙니다. 개개의 전생담을 하나하나의 바라밀을 실천하는 것으로 분류함으로써 성불을 지향하는 보살의 육바라밀행을 구체적인 모습으로 제시하고 있기 때문입니다. 이것은 『육도집경』이 대승불교에 의해 새롭게 정리된 전생담이라는 것을 말해줍니다.

대승불교운동은 부파불교에 의해 왜곡된 교리의 이해와 이에 따른 편협한 수행에 대응하여 일어난 불교 부흥운동입니다.

———

　　　　　부처님의 가르침은 연기의 도리를 깨달아 무아의 삶을 살도록 하는 것이었습니다. 그런데 부처님께서 열반하신 후에 세월이 흐르자, 이러한 부처님의 가르침은 바르게 이해되지 못하고 열반은 수행의 결과 얻게 되는 개인적인 초월적 경지로 오해되었습니다. 그 결과 부처님의 가르침에 대하여 각기 다른 해석을 하면서 여러 부파로 교단이 분열하여 대립하게 되었습니다. 부파불교인들은 중생의 교화보다는 자기 부파의 이론이 옳다는 것을 이론적으로 논증하는 데 열중하였습니다.

　불교가 이렇게 잘못 이해되고 실천되고 있을 때 부처님의 근본 사상으로 돌아가 바르게 이해하고 실천하려는 운동이 대승불교 운동입니다. 대승불교인들은 부처님의 본뜻이 일체중생을 성불케 하는 데 있다고 생각하여 자신들은 일체중생을 구제하려는 목적을 가지고 수행하는 보살(菩薩)이고, 부파불교인들은 자신의 열반과 개인적인 깨달음을 추구하는 성문(聲聞)이나 연각(緣覺)이라고 비판했습니다.

이와 같이 대승불교인들은 모든 중생의 구제를 목적으로 하는 보살의 이념을 추구하였습니다. 그러나 보살이라는 개념이 대승불교에서 이루어진 것은 아닙니다. 보살이라는 말은 석존의 전생을 범부와는 다른 '이미 성불이 결정되어 있는 수행자'로 부각시키고자 불전문학의 집필자들이 생각해 낸 것으로 보는 것이 통설입니다.

석존의 전생을 의미하던 보살이라는 개념이 대승불교에서는 '깨달음을 구하여 노력하는 사람'의 의미로 재해석되어 '누구나 깨달음을 구하여 노력하면 보살'이라는 보편적인 개념이 됩니다. 석존의 전생을 의미하는 보살이라는 특수개념이 대승불교에서 누구에게나 적용될 수 있는 보편개념이 되면서 불전문학 속에 나타난 석존의 수행도 깨달음을 구하는 사람, 즉 보살이면 누구나 닦아야 할 보편적 수행으로 인식됩니다. 이렇게 해서 불전문학 속에 나타난 석존의 수행은 모든 보살의 길임과 동시에 대승불교의 이념으로 자리 잡게 됩니다.

최초로 '대승(大乘)'을 내세운 경전은 『소품반야경(小品般若經)』으로 알려져 있습니다. 『소품반야경』의 주된 내용은 '반야바라밀'과 '공(空)'입니다. 초기의 대승불교인들은 불교수행의 목적을 석존과 같이 모든 중생을 구제하는 깨달음에 두고 '반야바라밀'과 '공'의 체현을 추구했던 것입니다. 이러한 대승불교의 이념과 이상이 형성되는데 불전문학(佛傳文學)이 지대한 영향을 주었습니다.

앞서 이야기한 바와 같이 대승불교의 가장 중요한 개념인 '보살'

은 바로 불전문학에서 형성된 개념입니다. 저는 불전문학이 단순히 용어만을 대승불교에 제공했다고는 생각하지 않습니다. 불전문학을 살펴보면 그 속에 대승불교의 이념을 구체적으로 실현하는 모습이 석존의 전생이라는 형식 속에 생생하게 표현되고 있기 때문입니다. 따라서 대승불교를 주창했던 사람들은 불전문학 속에서 '자리이타(自利利他)'라고 하는 보살의 이념을 찾아내고, '반야바라밀'이라는 이상을 세운 것으로 생각됩니다.

『육도집경』은 이러한 초기 대승불교의 관점에서 해석되고 정리된 본연부(本緣部) 경전이라고 할 수 있습니다. 따라서『육도집경』은 전생담, 즉 불전문학에 대한 대승적 해석이며 대승불교가 불전문학에서 어떤 영향을 받고 있는지를 명확하게 보여주는 경이라고 할 수 있습니다. 이러한 관점에서『육도집경』에 담긴 보살사상을 간단히 살펴보기로 하겠습니다.

『육도집경』의 중심사상은 '무아(無我)'와 '업보(業報)'의 사상입니다.

———

육바라밀의 실천을 통해서 깨달음을 얻어 부처가 된다는 것이『육도집경』의 내용입니다. 육바라밀의 실천이 업인(業因)이 되어 성불(成佛)이라는 과보(果報)가 있게 된다는 것입니다. 그런데 육바라밀의 실천은 철저한 자기부정(自己否定)의 수행입니다. 따라서 이것은 무아의 실현이라 할 수 있습니다.

일반적으로 '무아'와 '업보'는 양립하기 어려운 것으로 이해되고 있습니다. '무아'는 실체적 자아의 존재를 부정하는 개념입니다. 그런데

'업보'는 자아가 존재해야 성립된다는 것입니다. 업(業)을 지으면 그에 상응하는 보(報)를 받는다는 것이 업보사상이기 때문에 '업보'를 인정한다면 업을 지어 보를 받는 자아의 존재를 부정할 수 없다는 것입니다.

그러나 지금까지 살펴보았듯이, 무아와 업보는 모순된 개념이 아닙니다. 무아와 업보를 모순된 개념으로 생각하는 것은 연기법이라는 진리와 중도(中道)에 대하여 이해가 부족하기 때문입니다. 불교의 '무아설'이 단순히 자아의 부정을 의미한다면 불교는 단견(斷見)이 됩니다. 한편 불교의 업설이 상주 불멸하는 자아를 중심으로 이루어진 이론이라면 불교는 상견(常見)이 됩니다. 그러나 불교는 단견과 상견을 모두 부정하는 중도(中道)입니다.

불교의 근본 입장인 중도는 작자(作者)는 부정하지만 업보(業報)는 긍정하는 연기법에 바탕을 두고 있습니다. 앞서 이야기한 단견이나 상견은 시공(時空) 속에 존재하는 '자아(自我)'를 전제로 하기 때문에 나타난 견해입니다. 모든 존재는 무명에서 비롯된 허위입니다. 존재는 연기하는 법을 욕탐으로 구성한 허구임을 깨닫지 못하기 때문에 단견과 상견에 떨어져서 무아사상과 업보사상을 모순된 사상이라고 생각하는 것입니다. 불교에서 말하는 무아와 업보는 모순된 개념이 아닙니다. 무아가 곧 업보입니다.

불교의 '무아'와 '업보'의 사상은 『육도집경』에서 육바라밀의 수행이라는 구체적인 모습으로 나타납니다.

―――

　　　　　자기 자신을 위해서 사는 것이 아니라 일체중생

을 위해서 살아가는 것이 『육도집경』에서 이야기하는 바라밀(波羅蜜)입니다. 무아의 실천이 육바라밀이라는 것입니다. 『육도집경』에서는 각각의 바라밀에 대하여 다음과 같이 간단한 해설을 하고 있습니다.

보시바라밀이란 어떤 것인가? 다른 사람들을 사랑으로 기르고, 사견을 가진 사람들을 가엽게 여겨, 기꺼이 현명하게 가르쳐 사견에서 벗어나게 하며, 중생들을 보호하고 구제하되, 하늘을 넘고, 땅을 넘어 하해(河海)와 같이 널리 중생들에게 보시하는 것이다. 굶주린 자에게는 음식을 주고, 목마른 자에게는 마실 것을 주고, 추위에 떠는 자에게는 옷을 주고, 뜨거운 고뇌에 빠져 있는 자에게는 서늘한 안락을 주고, 병든 자는 약으로 구제하고, 진귀한 보물이나 처자와 국토까지도 구하는 자에게 베풀되, 부모가 자식을 키우듯이 해야 한다.

지계바라밀이란 어떤 것인가? 미친 듯이 어리석고 흉학하여 생명을 죽이기를 좋아하고, 탐욕으로 남의 것을 도둑질하고, 더러운 음행을 하고, 이간질하고, 사나운 말을 하고, 속이고, 아첨하고, 질투하고, 성내고, 어리석은 마음으로 부모를 불안하게 하고, 성인을 욕보이고, 부처님을 비방하고, 어진 사람을 괴롭히는 이와 같은 악행을 자신의 몸으로 포를 뜨고 젓을 담아 시장에 내다 팔지언정 결코 행하지 않고, 삼보를 믿고, 부모와 스승과 국왕과 시주의 네 가지 은혜에 보은하는 마음으로 널리 중생을 구제해야 한다.

인욕바라밀이란 어떤 것인가? 보살이 깊이 사유해 보니 중생들은 어리석어서 교만한 마음으로 스스로를 크게 생각하고 항상 남을 이기려고 한다. 벼슬이나 국토나 보기 좋은 것은 자기 혼자 차지하려고 한다. 그들을 살펴보면 어리석음이 있으며 탐욕과 질투가 있다. 마음속으로는 탐욕과 질투심을 일으키고, 밖으로는 원한과 분노심을 일으키면서도 그것을 깨닫지 못하여 그치지 않는다. 이렇게 미치고, 취하여, 어둠 속에서 살아가고 있다. 지옥, 아귀, 축생의 세계를 돌아다니면서 무량한 괴로움을 받고 있다. 보살은 이것을 보고 한탄하기를 중생이 나라를 망치고, 가정을 파괴하고, 자신을 위험에 빠트리고, 민족을 멸망케 하고, 살아서는 이와 같은 재앙이 있고, 죽어서는 삼악도(三惡道)의 괴로움이 있게 되는 것은 인욕(忍辱)하는 마음을 가지고 자비를 행하지 못하기 때문이다. 보살은 이것을 깨닫고 스스로 서원하기를 "나는 화탕(火湯) 지옥의 괴로움과 소금에 절여지는 재앙을 당할지언정 결코 중생들에게 성을 내어 독한 마음으로 가해하지 않겠다"고 하였다. 대저 참을 수 없는 것을 참는 것이 만복의 근원이다. 이렇게 스스로 깨달은 후에 세상에 태어날 때마다 자비를 행하였다. 중생들이 자기를 욕하고, 때리고, 재보(財寶)와 처자와 국토를 빼앗고, 몸을 위태롭게 하고, 목숨을 해쳐도, 보살은 항상 모든 부처님의 인욕의 힘으로 복을 삼아 성내는 악독한 생각을 멸하고, 자비로써 그들을 불쌍히 여겨 그들을 구제하고 보호하였다. 그리하여 그들이 허물을 면하게 되면 그것을 기뻐하였다.

정진바라밀이란 어떤 것인가? 깊은 도(道)에 전념하면서 그 도를 향해 나아감에 게으름이 없는 것이 정진이다. 눕거나, 앉거나, 길을 가거나, 눈으로는 항상 모든 것을 부처님들이 신령스러운 모습을 변화해서 자기 앞에 서 있는 모습으로 보고, 귀로는 모든 소리를 항상 부처님께서 가르치는 덕음(德音)으로 듣고, 코로는 도의 향기를 맡고, 입으로는 도를 말하고, 손으로는 도를 행하는 일을 받들고, 발로는 도의 집에 서서 그 뜻을 호흡지간에도 버리지 않아야 한다. 중생들을 걱정하고 불쌍히 여기되, 무명의 긴 밤을 지내면서 중생들이 삼독의 불길에 뜨겁게 끓어오르는 고통의 바다를 떠돌면서 구제할 수 없는 악독한 행을 하고 있는 것을 보살은 마치 지극한 효자가 부모를 잃은 것처럼 걱정하였다. 중생을 구제하는 길 앞에 화탕지옥의 고난이 있고 무서운 칼날의 위험이 있다 할지라도 몸을 던지고 수명을 바쳐 즐거이 중생의 고난을 구제하여 중생들이 육도의 어두운 윤회에서 벗어나 영화(榮華)를 얻도록 하는 데 뜻을 두었다.

선정바라밀이란 어떤 것인가? 마음을 바르게 하고, 뜻을 하나로 하여 여러 착한 일에 합일하는 것이 선정이다. 선정에는 사선(四禪)이 있다.

이와 같이 『육도집경』에서는 보시 바라밀에서 선정 바라밀까지는 해설을 하고 있으나 반야바라밀에 대해서는 해설이 없습니다. 이것은 여타의 바라밀이 곧 반야바라밀의 실천이라는 것을 의미합니다. 보시에서 선정에 이르는 수행은 반야바라밀을 얻기 위한 수단이 아니라 반야바라밀의 구체적인 실현이라는 것입니다. 이미 살펴보았듯이 불교의 수행 목적은 어떤 결과를 얻는 데 있는 것이 아니라 수행을 완성하여 바르게 살아가는 데 있습니다. 반야바라밀은 수행의 결과 얻게 되는 것이 아니라 수행을 통해 실현되는 것이며 이것을 무소득(無所得)이라고 합니다.

2
—
한 생명으로 사는 삶

보시바라밀

근본경전에서도 보시를 중요한 덕목으로 이야기하지만 깨달음을 구하는 수행으로 이야기하지는 않습니다. 근본경전에서 보시는 천상(天上)에 태어나는 선업(善業)일 뿐이고, 출세간(出世間)의 길은 팔정도(八正道)를 중심으로 하는 37조도품(三十七助道品)입니다.

대승불교에서는 보시를 천상(天上)에 태어나는 선업(善業)으로 한정하지 않고 깨달음을 구하는 보살의 수행(修行)으로 인식합니다.

———

『육도집경』에서는 보시를 '무아'와 '공'을 실현하는 보살 수행의 출발점으로 이야기합니다. 이것은 대승불교에서 선업(善業)과 수행(修行)을 동일시하고 있음을 보여준다고 할 수 있습니다. 자신을 위한 선업은 천상에 가는 업이 되지만, 일체중생을 위한 것일 경우에는 그대로 성불을 위한 수행이 된다는 것입니다. 보시가 무아의 자각에서 실천될 때는 보살의 수행이 된다는 것을 보여주는 이야기가 『육도집경 제일경(第一經)』에 다음과 같이 실려 있습니다.

옛날 보살이, 그 마음이 진리에 통달하여 세간은 무상하고 영화와 수명은 보전하기 어려움을 알고 모든 재물을 보시하였다. 제석천(帝釋天)이 이를 보고 그 공덕으로 자신의 지위를 빼앗지나 않을까 걱정하여 요술로써 지옥을 만들어 놓고 그 앞에 나타나서 말했다.

"보시하여 중생을 제도하면 죽은 후에 혼령이 태산지옥에 들어가 큰 해를 입게 되는데 그대는 어찌하여 보시를 하고 있는가?"

보살이 물었다.

"자비를 베풀어 재앙을 받는다면 보시를 받는 자는 어떻게 되는가?"

제석이 대답했다.

"은혜를 받은 자는 죽어서 하늘로 올라간다."

보살이 말했다.

"내가 중생을 구제하는 것은 오직 중생들을 위함일 뿐이다. 그대의 말과 같다면 그것은 진실로 나의 소원이다. 자비를 베풀어 죄를 받는다 해도 나는 반드시 보시를 행하겠다. 자기를 위험에 빠트리면서 중생을 제도하는 것이 보살의 높은 뜻이다."

제석이 말했다.

"그대는 무슨 생각으로 이렇게 고상한 일을 하는가?"

보살이 대답했다.

"나는 부처가 되어 중생을 제도하고 그들로 하여금 열반을 얻어 다시는 생사윤회를 하지 않게 하기를 원한다."

제석이 거룩한 생각을 듣고 물러서 머리를 조아리며 말했다.

"사실은 보시로 자비롭게 중생을 구제하여 태산지옥에 들어가 화를 받는 일은 없습니다. 당신의 덕이 하늘과 땅을 울려 나의 지위를 빼앗을 것을 걱정하였습니다. 그래서 지옥을 나타내 보여 당신의 뜻을 흐리게 하려 했습니다. 어리석게도 성인을 속였으니 그 죄가 본래 무거우나 이미 허물을 뉘우쳤나이다."

제석은 머리 숙여 절하고 물러났다.

이 경에서는 보시의 두 가지 유형이 대비됩니다. 하나는 자기 자신을 위한 보시입니다. 제석천왕의 지위는 많은 보시를 한 공덕으로 얻은 것입니다. 제석천의 보시에는 보시를 한 자[我]와 그 보시를 통해 얻은 것[我所]이 있습니다. 이것은 대가를 얻는 보시입니다. 이러한 보시에는 항상 얻은 것을 잃지 않을까 하는 두려움과 걱정이 있습니다. 그 걱정과 두려움은 얻은 것이 크면 클수록 많을 것입니다. 제석천은 보살의 보시행에서 불안을 느낍니다. 보시를 행하는 보살을 자신이 얻은 것을 빼앗아 갈 적(敵)으로 생각한 것입니다. 따라서 속이고 괴롭힙니다. 보시가 아무리 착한 일이라 해도 자신을 위해서 하면 결국은 자신에게도 이로움이 되지 못할 뿐 아니라 남도 해쳐서 투쟁과 갈등을 낳는 악업이 되고 만다는 것을 이 경은 제석천을 통해 보여주고 있습니다.

다른 하나는 '무아'의 실현으로서의 보시입니다. 보살은 모든 재물을 보시하지만, 그 결과 얻게 되는 공덕을 소유하려는 생각이 없습니다. 이러한 보시는 "세간은 무상하고, 영화와 수명은 보전할 수 없다"는 자각에서 비롯된 것입니다. 『육도집경』의 보살은 무상(無常)과 무아를 자각하고 보시를 행하고 있습니다.

'무아'의 자각에서 보시를 행하는 보살은 보시를 행하는 자신의 존재와 보시의 결과 얻게 될 소유에 관심이 없습니다. 보시를 행할 때, 그 보시를 통해 어려운 처지의 중생들이 어려움에서 벗어나는 것을 다행으로 느끼고 그것을 기뻐할 뿐입니다. 따라서 보시에 따르는 걱정이 없습니다. 보시를 하면 할수록 중생들과 함께 느끼는 행복이 커질 뿐입니다. 가난한 사람은 재물을 보시할 대상으로 인식되고 어리석은 사람은 지혜를 가르쳐야 할 대상으로 인식됩니다. 그 누구에게도 적대감을 느끼지 않을 뿐 아니라 그 누구도 '무아'를 실현하는 사람에게는 적대감을 가질 수 없습니다. 제석천이 품었던 적대감은 보살의 '무아'를 통해 해소될 뿐만 아니라 제석천 스스로도 '무아'를 깨닫게 됩니다. 이것이 '무아'를 실현하는 자리(自利)와 이타(利他)가 동시에 성취되는 '보시바라밀'입니다.

'무아'의 실현은 모든 갈등과 모순을 극복하고 해결하는 최선의 방법입니다.

———

그 대표적인 예가 제2경(第二經)인 「살바달왕본생(薩波達王本生)」입니다. 그 내용을 소개하면 다음과 같습니다.

옛날 보살이 큰 나라의 왕이 되었는데 이름이 살바달(薩波達)로 중생들이 원하는 것을 모두 보시하였다. 이것을 본 제석천은 자기의 자리를 빼앗기지나 않을까 걱정이 되어 보살의 의도를 시험해보기로 하였다. 그는 변방의 왕에게 비둘기로 변화해 왕이 있는 곳으로 달려가 구원을 요청하도록 시켰다. 그리고 자신은 매로 변화해서 비둘기를 쫓아갔다.

비둘기는 왕에게 날아가 매로부터 자신을 보호해 줄 것을 요청했다. 왕이 비둘기를 불쌍히 여겨 비둘기를 숨겨주자 매는 자신의 먹이인 비둘기를 돌려줄 것을 요구했다. 자신에게 보호를 부탁한 비둘기를 내줄 수 없다고 주장하는 왕에게 매는 "은혜를 베푼다는 왕이 나의 먹이는 빼앗아도 되는 것입니까?"라고 항의했다.

왕이 비둘기 대신 다른 먹이를 제안하자 매는 왕의 살을 요구했다. 비둘기 무게만큼의 살을 떼어주기로 약속하고 왕은 자신의 살을 떼어내어 저울에 달았다. 그런데 아무리 떼어내도 비둘기의 무게에 미치지 못했다. 마침내 몸을 통째로 저울 위에 올려놓자, 비로소 무게가 같아졌다. 왕은 신하에게 자신을 죽여서 매의 먹이로 줄 것을 명령했다. 이것을 본 매는 본모습으로 돌아와 땅에 이마를 조아리며 "바라는 것이 무엇이기에 이러한 고초를 받습니까?"라고 물었다. 보살은 다음과 같이 대답했다.

"내가 바라는 것은 하늘의 제석이나 비행황제(飛行皇帝)의 자리가 아니다. 내가 보니 중생들이 어리석음에 빠져서 불교를 알지 못하고, 마음을 재앙과 화가 일어나도록 방자하게 행하면서 몸을 지옥에 던지고 있다. 이러한 어리석음과 미혹함을 보고 불쌍하여 서원하였나니, 부처가 되어 중생들의 고난과 어려움을 구제하고 그들이 열반을 얻게 하고자 하노라."

이 말을 듣자 제석천은 놀라고 참회하면서 하늘의 의사를 시켜 몸을 예전과 같이 치료한 후에 기뻐하면서 떠나갔다.

이 이야기는 상황의 설정이 매우 치밀합니다. 중생들의 세계는 생존경쟁의 세계입니다. 그 세계에는 항상 모순과 갈등이 있습니다. 내가 살기 위해서는 남이 죽어야 하는 경우가 있습니다. 너도 살고 나도 산다는 것이 양립할 수 없는 경우가 대부분입니다. 이러한 모순 때문에 모든 삶은 갈등 관계에 있게 됩니다. 따라서 일체중생에게 자비를 베푼다는 것은 근본적으로 불가능합니다. 비둘기에게 자비를 베푼다면 매에게는 무자비한 일이 되기 때문입니다.

왜 이와 같은 모순과 갈등이 야기될까요? 그것은 '자신의 존재'에 대한 집착 때문입니다. 이 경에서는 그 상황을 제석천으로 설정하고 있습니다. '나'를 고집하는 제석천의 입장에서 보면 보시의 공덕을 쌓는 보살의 존재는 제석천으로서의 자신을 위협하는 적입니다. 제석천이라는 자기존재를 유지하기 위해서는 자기보다 많은 보시를 하는 존재가 있어서는 안 됩니다. 이러한 모순과 갈등을 드러내기 위해서 비둘기와 매가 등장합니다. 비둘기와 매는 다 같이 '자기존재'에 대한 집착이 있습니다. 이것이 중생입니다. 존재의 세계에서 살아가는 중생들에게 삶은 필연적으로 모순과 갈등을 일으킵니다.

석존(釋尊)은 어린 시절 춘경제(春耕祭)에서 이러한 삶의 모순을 깨닫습니다.

———

사람이 먹고살기 위해서는 많은 벌레가 쟁기에 갈려서 죽어야 하고, 새들은 살기 위해서 불쌍한 벌레를 먹어야 하고,

매는 살기 위해서 작은 새들을 잡아먹어야 합니다. "모든 생명은 왜 자기가 살기 위해서 남을 죽이지 않을 수 없는 것일까?" 이러한 문제가 석존이 해결하고자 했던 근본 문제였습니다. 그렇다면 석존이 찾아낸 해답은 어떤 것일까요?

그것은 우리가 이미 살펴본 바 있는 연기법의 자각이며 '무아'의 자각이었습니다. '나'의 본질을 '존재하는 것'에서 구한다면 우리는 어차피 죽어 가는 존재입니다. 다른 생명을 죽이면서까지 살려고 발버둥 친다 해도 결국은 죽게 됩니다. 이렇게 어차피 죽게 되는 존재의 실상을 살펴보면 존재의 실상은 타고 있는 불꽃과 같이 무상하게 연기하고 있는 '무아'입니다. 기름과 심지와 공기에 의해 불꽃이 타고 있듯이 우리는 독자적으로 존재하는 것이 아니라 여러 인연에 의해 살고 있습니다. 이렇게 모든 삶은 개체적인 존재로서 서로 대립하고 있는 것이 아니라 서로서로 인연이 되어 함께 살아가고 있습니다. 따라서 우리가 개체적인 자아에 대한 집착만 버린다면 우리의 세계는 인연으로 연결된 하나의 생명이며, 개별적 존재로 인식할 때 생기는 모든 모순과 갈등은 헛된 망상(妄想)이라는 것이 드러납니다.

이 경에서 보살은 자기를 버림으로써 비둘기와 매로 인해 야기된 모순과 갈등을 해소하고 있습니다. 제석천이 '나'에 대한 집착을 버리지 못함으로써 발생한 갈등은 보살이 '무아'를 실천함으로써 해소됩니다. 이러한 무아의 보시를 통해서는 잃는 것도 없고, 얻는 것도 없습니다. 단지 함께 살아가는 삶이 있을 뿐입니다. 이것이 무소득에 머물면서 살아가는 참된 삶입니다.

우리의 삶은 그 본질이 보시(布施)입니다.

─────

　　　　　　　농부는 농사를 지어 음식을 생산하고 우리는 그 음식을 먹고 살아갑니다. 농부는 우리에게 음식을 보시하고 있는 것입니다. 우리는 공장에서 노동자들이 만든 물건으로 살아갑니다. 우리는 공장의 노동자에게서 보시를 받고 있는 것입니다. 우리가 일해서 생산한 것은 우리의 소유가 아닙니다. 우리는 삶을 통해 서로서로 보시하고 있는 것입니다.

　주고받는 보시의 관계는 인간 사이에만 있는 것이 아닙니다. 우리가 먹는 쌀과 과일은 풀과 나무가 우리에게 베푼 것입니다. 우리가 음식을 먹고 배설한 배설물은 나무나 풀에게는 좋은 보시가 됩니다. 나무는 우리의 배설물을 먹고 자라서 우리에게 열매를 보시하고, 우리는 그 열매를 먹고살아가면서 나무가 먹을 배설물을 내놓습니다. 우리가 숨을 쉬는 것도 나무에게는 보시가 됩니다. 우리가 내쉬는 탄산가스는 나무가 받아들이고, 나무가 내놓는 산소는 우리가 받아들입니다.

산다(生)는 것은 서로 주고받는 것(布施)입니다.

─────

　　　　　　　보시는 이렇게 삶의 본질입니다. 우리는 자신이 알든, 모르든, 보시하며 살고 있습니다. 보시를 통해 우리는 한 생명으로 살아가고 있는 것입니다. 그래서 주는 자도 없고 받는 자도 없으며, 주고받는 물건도 없어야 진정한 보시라고 합니다. 한 생명 속에서는 나와 남이 있을 수 없기 때문입니다. 우리는 이렇게 보시를 통해 한 생명으로 돌아가게 되며, 한 생명으로 돌아갈 때 너와 내가 함께 생사의 괴로움과 생존의 투쟁에서 벗어나 해탈과 열반을 성취할 수 있습니다.

대승불교에서는 이렇게 삶의 본질을 회복하여 자타(自他)가 일시 (一時)에 성불(成佛)하는 삶을 바라밀이라고 부릅니다.

3

—

화합과 공존의 삶

지계바라밀

계(戒)는 선악(善惡)의 기준이 됩니다.

————

　　　　　　　지계(持戒)는 선업(善業)이고 범계(犯戒)는 악업(惡業)입니다. 따라서 지계는 '업보'와 깊은 연관을 갖습니다. '업보'는 일반적으로 윤회와 연관하여 생각합니다. 업을 지으면 윤회하게 된다고 생각함으로써 업을 부정적인 의미로 이해하고 있는 것입니다. 자이나교의 업설(業說)은 이렇게 이해될 수 있으나 불교의 업설은 그와는 다릅니다. 부처님께서는, 업에는 선업과 악업이 있기 때문에 악업은 지어서는 안 되지만 선업은 적극적으로 지어야 한다고 가르칩니다. 그리고 생사윤회의 괴로움에서 벗어날 수 있는 원리도 '업보'의 원리입니다.

『중아함경』의 『염유경(鹽喩經)』에서는 "사람이 지은 업(業)에 따라 그 보(報)를 받으므로 범행(梵行)을 행하지 않으면 괴로움을 끝낼 수 없고 범행을 수행하면 괴로움을 끝낼 수 있다"고 이야기하고 있습니다. 이 원리는 그대로 사성제의 원리가 됩니다. 『중아함경』의 『도경(度經)』에서는 다음과 같이 이야기하고 있습니다.

> 비구여, 마땅히 괴로움을 바르게 알고, 괴로움의 원인인 집(集)을 끊고, 괴로움의 멸[涅槃]을 작증(作證)하고, 고멸도(苦滅道)[八正道]를 닦아야 한다.
> 比丘 當知苦如眞 當斷苦集 當苦滅作證 當修苦滅道

이와 같이 사성제는 '업보'의 인과율에 따르는 진리입니다. '업보'의 진리는 윤회에만 적용되는 것이 아니라 열반에도 적용하고 있는 것입니다.

업설을 체계적으로 정리하고 있는 『중아함경』의 「업상응품(業相應品)」을 살펴보면 부처님께서 업설을 설하신 의도가 윤회에 있지 않다는 것을 알 수 있습니다. 「업상응품」에는 10개의 경이 포함되어 있는데 이들 경에서 가르치는 주된 내용은 윤회가 아닙니다. 『사경(思經)』에서는 "업에는 반드시 그에 상응하는 과보가 따른다"는 것을 이야기하고 있고, 『나운경(羅云經)』에서는 "자신이 지은 업이나, 짓고 있는 업이나, 앞으로 지을 업이 착한 업인지, 악한 업인지를 항상 살펴서 선업을 짓도록 노력해야 한다"는 것을 강조하고 있으며, 『가람경(伽藍經)』에서는, "선업으로 마음을 청정하게 하여 번뇌를 없애고 바른 지혜를 얻어야 한다"고 이야기하고 있습니다. 그리고 『우바리경(優婆離經)』에서는 "모든 업의 근원은 마음이므로 신(身)·구(口)·의(意) 삼업(三業) 가운데 의업(意業)이 가장 중요하다"고 이야기하고 있습니다.

불교의 업설(業說)은 윤회를 설명하는 이론이 아니라 해탈을 위한 수행의 토대가 되는 이론입니다.

———

업설의 이러한 의의는 『육도집경』의 「계도무극장(戒度無極章)」에 보다 구체적인 모습으로 나타납니다.

『육도집경』 제28경에서 코끼리의 몸으로 태어난 보살은 상아를 취하기 위해 자신을 죽이려는 사냥꾼에게 다음과 같이 이야기합니다.

나의 고통을 참기 어렵다. 빨리 상아를 뽑아 가고, 나의 마음을 어지럽혀 나쁜 생각이 생기게 하지 말라. 나쁜 생각을 하면 죽어서 태산지옥이나 아귀, 축생의 길에 들어가게 된다. 참고 자비를 행하면서 악(惡)에서 나와 선(善)으로 가는 것이 보살의 높은 행이다. 뼈를 난도질하고 살을 저미어 죽인다 해도 결코 이러한 행을 어기지 않겠다. 이 행을 닦으면 죽어서 곧 하늘에 오르게 되고 빨리 멸도(滅道)를 얻게 된다.

이 경에서는 선업과 악업의 결과는 삼악도(三惡道)와 천상에 태어나는 것일 뿐만 아니라 열반을 얻는 것임을 보여 주고 있습니다. 『육도집경』 제27경에서는 지계의 궁극적인 목적을 다음과 같이 이야기하고 있습니다.

참된 일을 버리고 삿된 일을 하여 제왕이 되고, 수명이 하늘땅과 같으며 부귀가 끝이 없다 해도 육락(六樂)은 마음에서 비롯되는 것이니 나는 결코 그리하지 않겠다. 비록 밥 한 끼의 수명이라 할지라도 삼존(三尊) 지진(至眞)의 교화를 받는다면 나는 기꺼이 그것을 받들겠다. 세속의 책을 억만 권 외우고, 천궁에 살면서 극천(極天)의 수명을 누린다 해도 삼존(三尊)을 모르고 불경(佛經)을 배울 수 없다면 나는 원치 않는다. 부처님의 말씀을 지키다가 죽는다 해도 나는 달게 받겠다.

지계의 목적은 세속적인 부귀영화가 아니라 불교의 수행에 있다는 것입니다.

그렇다면 불교의 수행은 무엇을 목표로 하는 것이며 지계의 본질은 무엇일까요?

———

『육도집경』 제29경은 지계의 목적과 본질을 비유적으로 표현하고 있습니다. 보살이 앵무왕(鸚鵡王)의 몸을 받았을 때 앵무새 고기를 즐기는 왕을 위해 사냥꾼들이 앵무새의 무리를 잡아다가 새집에 넣어 두고 잘 먹이면서 살찐 앵무새를 잡아 요리를 만들어 왕에게 바쳤습니다. 이때 보살은 다음과 같이 이야기합니다.

앵무왕이 깊이 생각해 보니, 중생들이 어지러이 지옥에 떨어지고 몸을 잃으면서 삼계를 흘러 다니는 것은 먹는 것[食]으로 말미암지 않은 것이 없었다. 그래서 따르는 자들에게 이르기를 "탐욕을 버리고 음식을 줄여라. 몸이 마르는 조그만 괴로움을 견디면 목숨을 기대할 수 있을 것이다. 어리석은 자는 음식을 탐하여 뒷일을 걱정하지 않나니, 마치 욕심 많은 아이가 칼날에 묻은 꿀을 탐하여 혀가 잘릴 줄 모르는 것과 같다. 나는 지금부터 음식을 줄이겠다. 너희들도 그렇게 하라." 앵무왕은 날로 수척해져서 새장의 틈으로 빠져나올 수 있었다. 그는 새장 위에 서서 다음과 같이 말했다. "탐욕은 큰 악(惡)이요, 무욕(無慾)은 아름다운 선(善)이로다. 모든 부처님께서는 탐욕을 감옥이며, 그물이며, 독이며, 칼날이라고 생각하셨다. 너희도 음식을 줄이면 나와 같이 될 것이다."

이 경에서 보여주는 바와 같이, 계율의 본질은 탐욕을 버리는 것입니다. 그리고 목적은 해탈에 있습니다. 삼계에 윤회하는 것이 모두 탐욕에 의한 것이므로, 지계를 통해 탐욕을 끊음으로써 삼계의 윤회에서 벗어나야 한다는 것입니다. 그리고 이와 같은 계행(戒行)을 세세생생(世世生生) 수행하면 여래(如來)를 이룬다는 것이 이 경의 주제입니다.

이상에서 살펴본 바와 같이 『육도집경』에서 지계바라밀은 업설을 바탕으로 설해지고 있습니다. 마음에 탐욕이 있는 행은 악이고 탐욕이 없는 행은 선이라는 기준 아래, 지계바라밀은 내세에 세간의 복락을 얻는 선행일 뿐만 아니라 탐욕을 멸하여 성불에 이르는 길로 이해되고 있는 것입니다.

불교의 계율은 우리의 참모습과 세상의 존재원리에 바탕을 두고 있습니다.
———

지계도 보시와 마찬가지로 성불에 이르는 바른

길이며 우리의 삶의 실상입니다. 불교의 계율은 여러 종류가 있지만 근본은 오계(五戒)와 십선계(十善戒)입니다. 살생(殺生)·투도(偸盜)·사음(邪淫)·망어(妄語)·음주(飮酒) 다섯 가지를 금하는 것이 오계(五戒)이고, 오계를 신(身)·구(口)·의(意) 삼업(三業)으로 나누어 몸으로 짓게 되는 살생(殺生)·투도(偸盜)·사음(邪淫) 세 가지를 금하고, 입으로 짓게 되는 거짓말·꾸며대는 말·이간질하는 말·욕설과 같은 사나운 말 네 가지를 금하고, 마음에서 일어나는 탐욕스러운 생각·성내는 생각·어리석은 생각 세 가지를 금하는 것이 십선계입니다. 이들 계율은 우리가 평화롭게 공존하기 위해서 반드시 지켜야 할 것들입니다.

부처님께서 깨달은 것은 모든 생명이 인연의 끈으로 연결되어 함께 연기하고 있는 한 몸이라는 사실이었습니다. 이러한 연기법의 진리에서 본다면 살생은 스스로를 죽이는 것이 되고 거짓말은 스스로를 속이는 것이 됩니다. 이것은 이론적으로만 그런 것이 아니라 실제적으로도 그러합니다. 살생을 예로 들어봅시다. 살생은 사람을 죽이는 것만을 의미하지 않습니다. 생명이 있는 모든 것의 생명을 해쳐서는 안 된다는 것이 불살생의 의미입니다. 대부분의 다른 종교에서도 살인을 해서는 안 된다는 계율이 있습니다. 그러나 다른 동물은 사람을 위해서는 죽여도 좋다고 생각하고 있습니다. 그래서 신에게 제사를 지낼 때 다른 동물을 죽여서 제물로 바치기도 합니다. 우리도 대부분 다른 동물을 죽이는 것은 죄가 되지 않는다고 생각합니다. 그러나 현대의 생태학자들은 모든 생명체는 먹이사슬이라는 끈으로 연결되어 있기 때문에 그 사슬을 구성하고 있는 한 종류의 생명체가 사라지면 다른 생명체도 모두 죽게 된다는 사실을 발견했습니다. 모든 생명은 하나라는 연기법이 진리임을 증명한 것입니다. 따라서 우리가 살기 위해서는 다른 생명을 살리지 않으면 안 됩니다. 거짓말도 마찬가지입니다. 내가 남을 속이면 남도 나를 속이게 됩니다. 내가 속이면 결국은 나도 속게 되는 것입니다.

　나 혼자만 살려고 하면 나도 살 수 없게 되고, 남을 속이면 나도 속게 됩니다. 이런 사회에는 원망과 미움과 투쟁이 가득합니다. 그러나 남을 살리면 나도 살게 되고, 남을 속이지 않으면 나도 속지 않게 됩니다. 이런 사회는 존경과 사랑과 평화가 충만합니다. 이것이 연기법의 진리에 의해 살아가는 세상의 모습입니다. 불교의 계율은 이렇게 연기의 진리에 따라 평화로운 사회를 만들기 위해 반드시 지켜야 할 삶의 길입니다.

불교의 계율은 평화롭게 살기 위해서 편의상 만들어 놓은 인위적인 것이 아니라 연기법이라는 진리에 따르는 본래적인 삶의 방식입니다.

———

　　　　　　　우리는 본래 한 생명이기 때문에 한 생명으로 살아가지 않으면 안 되며, 한 생명으로 살아가는 삶의 방식이 계율입니다. 계율은 모든 생명이 화합하고 공존하는 원리입니다.

　지계는 계율을 지키는 그 자체에 의미가 있는 것이 아니라 함께 화합하여 살아가는 데 있습니다. 이러한 계율의 진정한 의미를 모르면 자신이 계율을 지키고 있다는 것에 대하여 교만한 마음을 일으켜 남을 비난하거나 화합을 깨트리는 경우가 있습니다.

　부처님 당시에 어떤 비구가 자신은 계율을 잘 지키고 있으나 다른 비구들은 계율을 지키지 않는다고 비난했습니다. 부처님께서는 이 비

구를 불러서 과연 계율을 잘 지키고 있는가를 물었습니다. 그 비구는
자신은 살생을 하지 않기 위하여 물도 걸러서 마신다고 대답했습니
다. 그러자 부처님께서는 "한 방울의 물속에 팔만 사천 벌레가 살고 있
는데[一滴水中八萬四千蟲], 걸러서 마셨다고 해서 그 벌레를 죽이지 않았
다고 할 수 있는가?"라고 꾸짖었습니다. 부처님께서는 물속에 우리의
눈에 보이지 않는 미생물이 살고 있음을 알고 계셨던 것입니다.

　부처님의 말씀과 같이 우리가 아무리 살생을 하지 않으려 해도 살
아가면서 살생을 피할 수는 없습니다. 그렇다면 어떻게 해야 불살생
이라는 계율을 범하지 않을 수 있을까요? 모든 생명을 한 생명으로 보
지 않으면 우리는 결코 살생을 피할 수 없습니다. 그러나 모든 생명을
한 생명으로 보고 살아간다면 죽이는 자도 죽는 자도 없게 됩니다. 이
와 같이 불살생은 모든 생명을 나의 생명과 한 생명으로 보고 살아가
는 삶을 의미하는 것이지 생명을 전혀 해치지 않는 것을 의미하는 것
은 아닙니다. 바꾸어 말하면 나와 남을 분별하여 살아가는 사람은 어떤
계율도 지킬 수 없으나 나와 남을 분별하지 않고 한 몸, 한 생명으로 알
고 살아가는 사람의 삶은 모든 삶이 곧 지계의 삶이 되는 것입니다. 이
와 같이 지계바라밀은 자타(自他)를 분별하지 않는 무아의 삶을 의미하
며, 모두가 함께 평화롭게 공존하는 평화의 원리를 의미합니다.

4
—

자비원력(慈悲願力)의 삶

인욕바라밀

모든 존재는 한 몸이고, 모든 생명은 한 생명이라는 연기의 진리에 무지한 어리석은 사람은 자기존재, 자기 생명만을 유지하고 보존하기 위하여 마음속에 탐욕을 일으킵니다. 그리고 탐욕이 있는 사람은 다른 사람을 경쟁자나 적으로 생각하기 때문에 그들에 대하여 적대감으로 화를 내어 해치게 됩니다. 어리석은 중생은 안으로는 탐욕이 있고 밖으로는 진에(瞋恚)가 있다는 부처님의 말씀은 이것을 의미합니다. 불교의 수행 목적은 탐·진·치를 멸(滅)하여, 원력(願力)·자비(慈悲)·지혜(智慧)를 성취하는 것입니다. 보시와 지계가 마음속의 탐욕을 제거하는 수행이라면 인욕(忍辱)은 다른 사람과의 관계에서 나타나는 성내는 마음, 즉 진에(瞋恚)를 멸하는 수행입니다.

탐욕은 서원(誓願)을 일으키면 사라집니다.

———

　　　　　보시바라밀을 설명하면서 소개한 경에서 보살에게 제석천이 보시하는 목적을 물었을 때 보살은 다음과 같이 이야기합니다.

　내가 바라는 것은 하늘의 제석이나 비행황제(飛行皇帝)의 자리가 아니다. 내가 보니 중생들이 어리석음에 빠져서 불교를 알지 못하고, 마음을 재앙과 화가 일어나도록 방자하게 행하여 몸을 지옥에 던지고 있다. 이러한 어리석음과 미혹함을 보고 불쌍하여 서원하였나니, 부처가 되어 중생들의 고난과 어려움을 구제하고 그들이 열반을 얻게 하고자 한다.

　보살의 보시는 그 목적이 자신의 영화에 있지 않고 불쌍한 중생을 행복하게 하려는 서원(誓願)을 성취하는 데 있다는 것입니다. 일체중생을 위한 서원을 세워서 자신을 위한 탐욕을 버리는 것이 보시라는 것입니다. 지계는 탐욕을 제거하고 일체중생들과 화합하여 함께 살아가는 삶을 의미합니다. 보살은 중생을 위하여 중생을 떠나지 않고 중생들과 함께 살아갑니다. 그런데 어리석은 중생들은 탐욕에 휩싸여 있기 때문에 자신을 구제하려는 보살에게도 화를 내고 해치려 듭니다.

　『법화경』에 상불경보살(常不輕菩薩)의 이야기가 나옵니다. 모든 중생이 본래 해탈한 부처라는 것을 깨달은 상불경보살은 모든 사람을 부처님으로 존경했습니다. 도둑이나 강도를 보아도 "나는 당신을 존경합니다. 당신은 미래에 반드시 부처님이 될 것이므로 나는 당신을 존경합니다." 이렇게 그 누구도 가볍게 여기지 않고 항상 존경하는 마음으로 대했습니다. 그래서 상불경(常不輕)이라고 불렸습니다. 항상 다른 사람을 가볍게 여기지 않는 사람이라는 뜻입니다. 이렇게 존경하며 축원하는 보살에게, 중생들은 어리석어서 그 깊은 뜻을 알지 못하고 자신들을 놀린다고 생각하여 욕하고, 꾸짖고, 매질을 했습니다. 상불경보살은 욕을 먹고 매질을 당하면서도 이들에게 원망하는 생각을 일으키지 않고 존경하는 마음을 조금도 버리지 않았다고 합니다.

보살의 중생 교화에는 많은 고난이 있게 마련입니다.

———

인욕은 이러한 고난을 참아내는 것을 의미합니다. 『육도집경』에서는 참지 못하는 것이 화의 근원이고 인욕은 만복의 근원이므로, 인욕을 통해 만복을 이루어 일체중생에게 고루 나누어 주기 위해서 보살은 인욕을 실천해야 한다고 이야기합니다. 인욕은 소극적으로 참고 화를 내지 않는 데 그치는 것이 아니라 자비라는 적극적인 행동까지를 포함합니다.

인욕바라밀은 자비(慈悲)를 실천하여 진에(瞋恚)를 멸하는 수행입니다.

———

따라서 인욕은 자리(自利)를 초월하여 이타(利他)로 나아갑니다. 「인욕도무극장(忍辱度無極章)」의 경들은 대부분 비슷한 구조를 지니는데 그 대표가 될 만한 경은 제44경입니다. 그 내용을 간단히 정리하면 다음과 같습니다.

보살이 '찬데화(忍辱)'라는 이름의 범지(梵志)가 되어 산에서 수행할 때 '가리(迦梨)'라고 하는 그 나라의 왕이 사냥을 나와 사슴을 쫓다가 보살을 만나 짐승들이 간 곳을 물었습니다. 보살은 짐승들이 죽임을 당할 것을 염려하여 대답을 하지 않았습니다. 왕은 화가 나서 "네 놈은 무엇을 하는 놈이냐?"고 묻자, 보살은 '인욕을 닦는 사람'이라고 대답했습니다. 이에 왕은 그의 인욕을 시험이라도 하겠다는 듯이 그의 신체를 칼로 잘라내기 시작했습니다. 이때 보살은 다음과 같은 생각을 했습니다.

"나는 높은 도에 뜻이 있으니 어찌 이와 다툴 것인가. 이 왕이 나에게도 칼질을 하는데 하물며 백성들에게는 어찌하리오. 내가 부처가 되면 반드시 이 사람을 먼저 제도하여 중생들이 그 악을 본받지 못하게 하리라."

가리왕이 보살에게 가해(加害)하는 것을 보고 사천왕이 가리왕과 그의 처자를 죽이고 나라를 멸망시키겠다고 할 때 보살은 이들에게 다음과 같이 말합니다.

"이 재앙은 내가 전세에 불교를 받들지 않고 그를 괴롭혔기 때문이다. 악을 행하여 화가 따르는 것은 그림자가 물체를 따르는 것과 같다. 과거에 뿌린 것은 적지만 지금 얻는 것은 많도다. 내가 그대의 명에 따르면 화가 천지와 같아서 누겁(累劫)에 미움을 받을 것이니 어찌 화를 마칠 수 있으리오."

이 경의 결론은 보살이 부처를 이루어 석가모니불이 되었고, 보살에게 해를 가했던 가리왕은 보살의 원대로 부처님의 첫 제자인 교진여가 되었다는 것입니다.

이 경은 인욕바라밀의 근본사상과 그 의미를 빠짐없이 갖추고 있습니다. 이 경을 통해 나타난 인욕바라밀의 근본이 되는 사상은 업보사상입니다. 자신이 욕을 당하는 것은 과거의 업에 대한 과보를 받는 것입니다. 그것을 피하려 한다면 더욱 큰 화가 될 뿐입니다. 이러한 '업보'의 자각이 인욕의 근본이 됩니다.

인욕은 이와 같은 업설을 기초로 자비와 원력을 실천하는 보살행입니다. 이 경에서, 보살은 자신의 고초를 문제 삼지 않고 왕의 무지와 난폭으로 인해 백성들이 받을 고초를 생각합니다. 그리하여 그 왕에게 자비심을 일으키고 그를 먼저 구원할 원을 세우고 있습니다. 이것이 진정한 인욕이라는 것입니다. 이렇게 인욕바라밀 속에는 업설에 기초하여 원을 세우고 자비로 이를 실현한다는 자비사상이 내포되어 있습니다.

불교의 업보(業報) 사상(思想)은 필연적인 결정론이 아닙니다.

———

그렇다고 해서 우연론은 더욱 아닙니다. '업보'라고 하면, 우선 "우리의 인생이 전생의 업에 의해 결정된 것을 의미하는 것이 아닐까?" 하는 생각이 듭니다. 물질의 경우 모든 존재는 운동의 속도와 방향에 의해 다음의 상태가 결정됩니다. A라는 공을 일정한 각도와 방향으로 일정한 힘을 주어 던지면 일정한 방향으로 일정한 거리를 운동하게 됩니다. 이렇게 물질은 주어지는 조건에 필연적으로 다음의 상태가 결정됩니다. '업보'가 이와 같다면 우리는 전생에 지은 업에 의해 우리의 장래가 결정되어 있다고 하지 않을 수 없을 것입니다.

자이나교의 업설은 이러한 물질의 인과율을 그대로 행위의 인과율에 적용시켰습니다. 그래서 자이나교의 업설은 수학적인 구조를 지닙니다. 전생의 업의 양이 10이면 10만큼의 고통을 통해서 업이 소멸됩니다. 따라서 업으로부터 해탈하기 위해서는 전생에 지은 만큼의 괴로움을 받아야 합니다. 더도 덜도 아닌, 꼭 그만큼의 괴로움을 받아야 업이 사라진다는 것이 자이나교의 업설입니다.

불교의 업보(業報)는 물질적 인과구조가 아니라 생명의 인과구조입니다.

———

하나의 씨가 땅에 떨어지면 하나의 결실이 나오는 것이 아니라, 하나도 나오지 않을 수도 있고 많은 결실이 나올 수도 있습니다. 씨에서 결실이 나오는 것은 결코 우연이 아닙니다. 그렇다고 결실이 나오지 않는 것도 우연이 아닙니다. 씨가 좋은 인연을 만나면 많은 결실을 맺고, 나쁜 인연을 만나면 아무런 결실이 없을 수도 있습니다. 이것이 인과입니다. 이것을 아는 사람이 농사를 짓는다면 자신이 수확하고자 하는 종자에게는 좋은 인연을 주어 잘 자라게 하고, 원하지 않는 잡초 같은 것에는 나쁜 조건을 주어 자라지 못하게 할 것입니다. 따라서 불교에서는 신·구·의 삼업(三業) 가운데 의업이 가장 중요하다고 이야기합니다. 업보(業報)는 우리의 의도에 의해 다양한 가능성을 갖는다는 것입니다.

우리의 삶은 항상 상황 속에서 전개됩니다. 같은 상황이라고 해서 같은 결과가 되는 것은 아닙니다. 결과는 그 상황에서 어떻게 행동하느냐에 따라 각기 다르게 나타납니다. 빈민가에서 자란 사람이 자라서 다른 사람을 괴롭히는 폭력배가 될 수도 있고, 힘없는 사람들을 돕는 변호사가 될 수도 있습니다. 사람의 형성에 환경이 중요한 영향을 끼치는 것은 사실이지만 사람을 만드는 것은 환경이 아니라 업(業)입니다. 사람은 자신의 생각과 행동에 의해서, 바꾸어 말하면 자신이 짓는 업에 의해서 자신의 모습을 결정합니다.

상황이 같다고 해서 같은 업을 지을 수밖에 없는 것은 아닙니다. 우리에게 주어진 상황에서 우리가 선택할 수 있는 행위의 가능성은 무제약적입니다.

우리는 항상 주어진 환경에서 어떻게 행동할 것인가를 요청받고 있습니다.

———

어떤 행위를 선택할 것인가는 자신의 자유의지에 달려 있습니다. 내가 어떤 마음으로 어떻게 행동하느냐가 나의 존재와 미래를 결정합니다. 인욕은 우리에게 어떤 환경이 주어질지라도 악업을 짓지 않고 선업을 짓는 것을 의미합니다. 화가 나면 바른 선택을 할 수 없습니다. 따라서 우리가 최선의 행위를 선택하기 위해서는 인욕하지 않을 수 없습니다.

우리가 당하는 화를 보면 대부분 참지 못한 데에 그 원인이 있습니다. 순간의 화를 참지 못한 결과가 얼마나 참혹할 수 있는가를 보여주는 역사적인 사건은 수없이 많습니다. 부처님의 종족인 석가족이 멸망한 것도 석가족이 인욕을 하지 못한 결과였습니다.

카필라국의 석가족은 코살라국의 유리왕에게 멸족을 당했습니다.

———

       파사익왕의 아들인 유리왕은 석가족이 외가입니다. 파사익왕이 석가족에게 청혼을 하자 석가족은 코살라국의 위세 때문에 거절할 수는 없었지만 고결한 석가족이 야만적인 파사익왕과 혼인을 할 수 없다고 생각하여 예쁘고 총명한 여종을 석가족의 왕족으로 속여서 파사익왕에게 보냈습니다. 유리 왕자는 이 여인과 파사익왕 사이에 태어났습니다.

    그가 일곱 살이 되었을 때, 외가인 카필라성에 갔다가 마침 새로 지은 사당에 들어가 제단 위에 올라가서 놀았습니다. 어린아이가 아무것도 모르고 한 행동인데, 석가족들은 신성한 신전을 종의 아들이 더럽혔다고 생각했습니다. 그래서 유리 왕자에게 "종년의 자식이 감히 신전을 더럽히느냐"고 크게 꾸짖었습니다. 유리 왕자는 태자인 자신을 종년의 자식이라고 부른 데 대하여 큰 원한을 품고, 코살라국에 돌아가 그 원한을 키웠습니다. 그는 성장하자 파사익왕을 몰아내고 왕위를 찬탈한 후에 카필라성을 침략하여 석가족을 몰살했습니다. 그의 원한이 얼마나 컸던지 석가족을 머리만 남기고 땅에 파묻어 코끼리로 밟아 죽였다고 합니다.

    원한에 의한 업보는 이렇게 무서운 것입니다. 위의 경에서 "과거에 뿌린 것은 적지만 지금 얻는 것은 많다"고 하듯이, 업은 마음속에서 자라납니다. 업은 원한과 미움 속에서는 무서운 과보로 자라고, 인욕과 자비 속에서는 아름다운 과보로 자랍니다. 인욕은 이러한 '업보'의 법칙 아래서 나쁜 인연을 좋은 인연으로 전환하는 계기가 됩니다. 보살은 전생의 악연으로 가리왕에게 고초를 당하면서도 이를 참음으로써 악연을 끊고, 그에 대한 자비심을 일으켜 그를 구제하리라는 원을 세움으로써 좋은 인연을 새로 만들었습니다.

부처님은 원수가 될 인연을 사제(師弟)의 인연으로 바꾸었습니다.

————

이와 같이 악연을 돌려서 좋은 인연으로 만드는 것이 인욕바라밀이며, 이것이 자비이고 신통(神通)입니다. 인욕을 통해 남에 대한 증오와 투쟁을 그치고, 자비심으로 모든 인연을 좋은 인연으로 만드는 것이 인욕바라밀입니다. 한마디로 인욕바라밀은 '무아'와 '업보'의 사상을 토대로 하는 자비의 구체적 실천입니다.

5

—

중생교화의 삶

정진바라밀

일체중생을 제도하리라는 원을 세워 보시를 행하고, 지계로 내면의 탐욕
을 없애고, 인욕으로 원수에게도 자비를 행하는 것이 보살의 삶입니다.

보살이 이러한 보살의 삶을 사는 까닭은 무엇일까요?

———

그것은 일체중생을 괴로움에서 구원하여 일체
중생과 함께 부처를 이루기 위해서입니다. 보시(布施)·지계(持戒)·인욕
(忍辱)이 씨앗이라면 성불(成佛)은 결실인 셈입니다. 농부가 씨를 뿌려
결실을 얻는 데는 오랜 시간의 노력이 필요합니다. 농부가 많은 결실
을 수확하기 위하여 노력하듯이 보살은 일체중생의 성불을 위해 쉬지

않고 노력하지 않으면 안 됩니다. 노력에 따라 결실의 시기가 빨라질 수도 있고, 늦어질 수도 있으며, 수확이 많을 수도 있고, 적을 수도 있듯이 보살의 정진도 이와 마찬가지입니다. 「정진도무극장(精進度無極章)」의 주제는 바로 이러한 정진의 의미입니다.

「정진도무극장」의 첫 경인 제55경에 의하면, 제바달다는 불계(佛戒)를 먼저 알고 있었으나 이를 실천하지 않아 장님이 촛불을 든 것처럼 자신의 앞길을 밝히지 못했을 뿐 아니라 남에게도 이익을 주지 못했지만, 석가모니 부처님께서는 제바달다에게서 모공(毛孔)마다 침을 꽂는 고통을 대가(代價)로 불계(佛戒)를 듣고, 이를 열심히 수행한 결과 부처가 되어 중생을 구제했다고 합니다.

정진(精進)은 정법(正法)을 받아 지녀 실천하기 위해서 몸을 돌보지 않는 용맹한 삶을 의미합니다.

———

　　　　　　흔히 용맹정진이라는 말을 하는데, 그것은 진리를 실천하는 데는 자신의 몸을 돌보지 않는 용맹함이 있어야 한다는 것을 의미합니다.

정진(精進)의 여하에 따라 성불의 시기가 달라진다는 내용을 담고 있는 경은 『제64 밀봉왕경(蜜蜂王經)』입니다. 이 경에 의하면, 석존과 미륵은 일체도왕여래(一切度王如來)로부터 함께 불법을 배웠으나, 미륵은 정진하지 않아 성불의 시기가 늦어졌다고 합니다. 이 경에서는 어떤 것이 정진바라밀인가를 구체적으로 보여주고 있습니다.

일체도여래(一切度如來)가 세상에 출현하였을 때 '정진변(精進辯)'이라는 비구와 '덕락정(德樂正)'이라는 비구가 함께 경법(經法)을 들었다. '정진변'은 경을 듣고 환희하여 불퇴전의 지위를 얻어 신통을 구족했으나, '덕락정'은 수면(睡眠)에 떨어져 아무것도 얻지 못했다. '정진변'은 '덕락정'이 수면에서 깨어나도록 애를 썼으나 깨어나지 못하자, 큰 벌[蜜蜂王]로 변해서 '덕락정'이 졸지 못하도록 위협하면서 교화하여 불퇴전지에 이르게 했다.

이 경에서 이야기하고 있듯이 『육도집경』에서의 정진은 팔정도의 정진과는 그 목적이 다릅니다. 팔정도의 정진은 자신의 수행에 전념하는 것을 의미하지만 『육도집경』에 나타나는 정진은 항상 다른 사람을 교화하여 자신뿐만 아니라 다른 사람도 함께 정진하게 하는 것입니다. 이것은 정진바라밀이 스스로 성불을 향해가는 수행임과 동시에 다음 세상으로 불법을 이어가는 일이기도 하다는 것을 의미합니다. 석가모니 부처님께서는 미륵을 정진케 하여 석가모니 부처님의 정법을 잇도록 했던 것입니다. 그래서 「정진도무극장」의 경들에는 과거불과 현재불, 현재불과 미래불이 등장하여 정진을 통해 불법을 이어가는 모습을 보여줍니다. 이러한 정진바라밀의 의미를 『제71 미륵위여인신경(彌勒爲女人身經)』에서는 다음과 같이 이야기합니다.

앉아서는 사유하고, 다니면서는 교화하고, 어리석은 사람은 가련하게 여기고, 지혜로운 사람은 사랑하면서, 지혜로써 가르치는 정진(精進)을 쉬지 않는다.

이와 같이 정진바라밀은 자신의 깨달음을 위한 노력과 함께 어리석은 중생을 교화하여 중생을 교화하는 데 전심전력하는 것을 의미합니다. 육바라밀의 정진은 자리이타의 대승적인 의미를 지니는 것입니다. 이러한 정진바라밀의 구체적인 실천은 부처님의 삶에서 발견할 수 있습니다.

부처님의 일생은 중생을 교화하는 일로 일관되어 있습니다. 부처님께서는 보리수 아래서 도를 성취하신 후에 자신이 깨달은 진리를 이해할 수 있는 사람이 누구일까를 생각했습니다. 부처님께서는 자신과 함께 수행했던 교진여 등 다섯 수행자를 생각했습니다. 교진여 등은 부처님께서 고행(苦行)을 포기했을 때 싯다르타는 타락했다고 비난하고, 부처님과 함께 수행하던 우루벨라의 가야산 고행림을 떠나 바라나시의 녹야원으로 수행처를 옮겼습니다. 부처님께서는 자신을 비난하고 떠난 다섯 비구에게 자신이 성취한 깨달음을 전하기로 마음먹고 그들을 찾아 수백 리 길을 걸어갔습니다. 그리고 그들에게 자신이 깨달은 진리를 아낌없이 가르쳐주었습니다.

이렇게 시작된 중생교화는 열반하시는 순간까지 45년 동안 계속됩니다. 부처님께서는 바라나시에서 다섯 비구를 깨달음의 세계로 인도하시고, 그곳에 머무시면서 바라나시의 부호 아그리 장자의 아들 야사와 야사의 친구 54명의 귀의를 받습니다. 이렇게 60명의 제자가 불법에 귀의하여 깨달음을 성취하자 이들에게 다음과 같이 이야기했습니다.

수행자들이여, 나는 신의 그물, 인간의 그물을 모두 벗어났다. 그대들도 신의 그물, 인간의 그물을 모두 벗어났다.

수행자들이여, 이제 진리의 말씀을 전하기 위해 길을 떠나라. 많은 사람들의 이익과 행복을 위하여, 세상을 불쌍히 여기고 사람과 신들의 이익과 행복과 안락을 위하여. 두 사람이 한 길로 가지 말라.

수행자들이여, 처음도 좋고, 중간도 좋고, 마지막도 좋은 법을 조리와 표현을 잘 갖추어 이야기하라. 또 원만하고 청정한 행을 실천해 보여라. 세상에는 마음의 때가 적은 자도 있으리니, 법을 듣지 못한다면 그들도 타락하고 말 것이나 들으면 법을 잘 이해할 것이다.

수행자들아, 나도 법을 설하기 위하여 우루벨라로 돌아가리라.

부처님께서는 이렇게 자신은 물론 제자들에게도 중생의 교화를 위해 전념할 것을 당부하셨습니다. 부처님께서는 비구들로 하여금 민가와 가까운 곳에 머물면서 수행과 교화를 병행하도록 했습니다. 부처님께서는 수행이 개인의 안락에 그치는 것을 염려하셨던 것입니다. 부처님께서는 비구들에게 마을 가까운 곳에 머물면서 날마다 탁발을 나가 걸식하도록 했습니다. 음식을 얻되, 한 집에서 얻지 말고 일곱 집을 돌면서 걸식하도록 했고, 한 번 들린 집에는 두 번 들리지 않도록 당부했습니다. 한 마을에서 걸식을 마치면 다른 마을에 가서 걸식하도록 했습니다.

저는 이러한 걸식의 원칙은 매우 중요한 의미가 있다고 생각합니다. 요즈음 기독교인들이 집집마다 돌아다니면서 포교하는 것을 보게 됩니다. 이러한 포교의 방법은 부처님에 의해서 시작된 것입니다. 부처님께서 매일 일곱 집을 찾아가서 걸식하도록 한 것은 음식을 얻는 데 목적이 있었던 것이 아니라, 이들에게 불법을 전하는 데 목적이 있었던 것입니다. 그리고 걸식을 함으로써 시주의 은혜를 알고 자신의 수행이 시주의 은혜에 보답하는 수행이 되도록 했던 것입니다. 부처님께서 생각하신 수행의 목적은 개인의 깨달음에 있었던 것이 아니라 일체중생의 깨달음에 있었던 것입니다.

그런데 오늘의 우리 불교계를 보면 부처님의 이러한 정신이 완전히 사라져버린 것 같습니다. 수행처는 심산유곡이어야 한다고 생각하는 사람들이 많고 시중에 나와서 포교하는 스님들에 대해서는 마치 수행을 게을리하는 스님처럼 생각하는 것 같습니다.

포교는 수행을 끝낸 후에 하는 것이 아닙니다.

———

성불한 후에 포교하겠다는 생각은 크게 잘못된 것입니다. 불교의 수행은 자신의 마음에서 탐·진·치를 없애고 원력과 자비와 지혜를 성취하는 것입니다. 이러한 수행은 심산유곡에서 하는 것이 아니라 중생 속에서 하는 것입니다. 중생을 떠나서는 원력(願力)도 있을 수 없고, 자비(慈悲)와 지혜(智慧)도 있을 수 없습니다.

부처님께서 가르친 정진(精進)은 그 근본이 중생교화입니다.

———

연기법의 진리에서 본다면 모든 중생은 나와 한 몸, 한 생명입니다. 부처님의 정진은 보리수 아래서 정각을 이룸으로써 끝난 것이 아니라 정각의 성취를 통해 시작된 것입니다. 그리고 우리는 부처님으로부터 진리를 배웠으므로 따로 진리를 찾으려 할 것이 아니라 부처님께서 가르쳐 주신 가르침에 따라 진리를 실천하면서 진리를 체득하면 됩니다.

부처님께서는 진리를 찾기 위해서 수행했지만 우리는 드러난 진리를 체득하기 위해서 수행하는 것입니다.

───

그래서 부처님께서 깨달은 사성제는 견도(見道)·수도(修道)·무학도(無學道)라고 부르지만, 부처님께서 가르치신 사성제는 시전(示轉)·권전(勸轉)·증전(證轉)이라고 부릅니다. 부처님께서는 사성제를 발견하고 수행하여 더 이상 배울 것이 없게 되었지만 우리는 우리가 애써 발견할 필요 없이 부처님께서 보여주고 권한 것을 실천하여 스스로 증득하면 됩니다.

이미 드러난 진리를 실천하는 데 심산유곡이 필요한 것은 아닙니다.

───

진리의 실천은 심산유곡에서 하는 것이 아니라 함께 살아가는 세상 속에서 하는 것입니다. 진리를 실천하면서 진리를 체험하는 것, 이것이 수행자의 삶이고 불자의 삶이라고 생각합니다. 정진바라밀은 이러한 삶을 열심히 살아가는 것을 의미합니다.

부처님의 정진은 열반의 순간까지 그치지 않았습니다. 『반니원경(般泥洹經)』은 부처님께서 열반에 드실 무렵의 이야기를 전하는 경입니다. 이 경에서 부처님께서는 80세의 노구에도 불구하고 왕사성의 수도원에서 안거를 지내신 후에 다시 포교의 길을 떠납니다. 나란다와 바이샬리를 거쳐 산간벽지인 쿠시나가라로 가시는 부처님의 거룩한 모습은 깨달은 성자의 삶이 어떤 것인가를 여실하게 보여주고 있습니다. 부처님께서는 편안한 곳에 머물면서 존경받기를 거부하시고 진리를 애

타게 기다리는 중생을 찾아 늙은 몸을 이끌고 포교의 길을 나선 것입니다. 부처님께서는 도중에 심한 병을 앓게 되었습니다. 아난존자가 부처님의 병세를 걱정하자 부처님께서는 다음과 같이 말씀하십니다.

아난아, 내 나이 이제 여든 살, 나는 늙고 쇠하였구나. 아난아, 마치 낡은 수레가 가죽끈에 묶여 간신히 움직이는 것과 같이 나의 몸도 가죽끈에 묶여 겨우 움직이고 있구나.

이렇게 간신히 움직이는 몸을 돌보지 않고 부처님께서는 포교의 길을 멈추지 않았습니다. 부처님께서는 깊은 산속에 사는 대장장이 춘다의 집에 가서 공양을 받았습니다. 춘다는 부처님께 공양할 음식을 마련하기 위해 숲속에 들어가 버섯을 주어 왔습니다. 그런데 그 버섯 속에 독버섯이 섞여 있어서 부처님께서는 춘다가 공양한 음식을 드시고 병이 더욱 악화되었습니다. 부처님께서는 세상 사람들이 춘다를 비난할 것을 염려하시어 여래에 대한 최초의 공양과 최후의 공양은 공덕이 가장 큰 공양이라고 춘다를 위로합니다.

부처님께서는 이렇게 마지막까지 중생의 괴로움을 염려하면서 열반을 맞이합니다. 부처님의 열반이 가까워 온 것을 알고 슬퍼하는 아난존자에게 부처님께서는 이렇게 말씀하십니다.

아난아, 슬퍼하지 말라. 여래가 열반에 든 후에 신심 깊은 제자들은 다음 네 곳을 찾아보면서 여래를 생각하라. 탄생지를 찾아가 '이곳에서 여래께서 태어나셨다'고 생각하라. 성도한 곳을 찾아가 '이곳에서 여래께서 위없는 바른 깨달음을 이루셨다'고 생각하라. 설법지를 찾아가 '이곳에서 여래께서 위없는 법의 바퀴를 굴리셨다'고 생각하라. 열반에 든 곳을 찾아가 '이곳에서 여래께서 온전한 입멸에 드셨다'고 생각하라.

부처님께서 우리에게 4대 성지를 찾아가서 여래를 생각하라는 것은 무엇을 의미하는 것일까요? 우리도 부처님처럼 태어나서 죽는 날까지 일체중생을 위하여 열심히 정진하라는 말씀이 아닐까요? 부처님 최후의 말씀은 다음과 같습니다.

게으르지 말라. 열심히 정진하라.

6

세간을 벗어나는 삶

선정바라밀

정진(精進)의 목적은 스스로 불도를 성취함과 동시에 불법을 후세에 이어 모든 중생이 불도(佛道)를 성취하게 하는 데 있습니다. 그렇다면 불법은 어떤 것입니까? 그것은 진리를 깨달아 생사의 고해, 즉 세간을 벗어나는 것입니다.

우리는 어떻게 해야 세간을 벗어날 수 있을까요?

———

만약 출세간의 세계가 공간적으로 중생들의 세간, 즉 삼계(三界)와 떨어져 있다면, 우리는 그곳에 가기 위하여 공간을 이동하는 기술이나 도구를 개발해야 할 것입니다. 그러나 부처님께서는 마음이 만법의 근원임을 밝혔습니다. 삼계(三界)는 오직 우리의 마음이 만들어낸 것입니다. 부처님은 이것을 깨달았습니다. 삼계는 마음에서 비롯된 것이므로 삼계에서 벗어나기 위해서는 구차제정(九次第定)을 닦아 칠식주이처(七識住二處)에서 팔해탈(八解脫)을 성취해야 한다는 것이 우리가 살펴본 부처님의 가르침입니다. 그 내용을 간단히 도시하면 다음과 같습니다.

수행법 삼계(三界)	칠식주이처 (七識住二處, 九衆生居)	구차제정(九次第定)	팔해탈(八解脫)
욕계 (欲界)	제일식주(人, 욕계천) 第一識住(人, 欲界天)	탐욕(貪欲)을 버리고 초선(初禪)을 닦음	탐욕(貪欲)에 마음이 속박(結縛)됨
색계 (色界)	제이식주(第二識住, 初禪天) 제삼식주(第三識住, 二禪天) 제사식주(第四識住, 三禪天) 제일처(第一處, 四禪天)	초선(初禪) 성취 → 이선(二禪) 수행 → 이선(二禪) 성취 → 삼선(三禪) 수행 → 삼선(三禪) 성취 → 사선(四禪) 수행 → 사선(四禪) 성취	초해탈(初解脫) 제이해탈(第二解脫) 제삼해탈(第三解脫) 심해탈(心解脫)
무색계 (無色界)	제오식주(第五識住, 空處天) 제육식주(第六識住, 識處天) 제칠식주(第七識住, 無所有處天) 제이처(第二處, 非非想處天)	공무변처정(空無邊處定) 성취 식무변처정(識無邊處定) 성취 무소유처정(無所有處定) 성취 비상비비상처정 (非想非非想處定) 성취	제사해탈(第四解脫) 제오해탈(第五解脫) 제육해탈(第六解脫) 제칠해탈(第七解脫)

　　앞에서 설명해 드렸습니다만, 다시 위의 도표를 중심으로 구차제정을 살펴보겠습니다. 우리 인간은 욕계의 중생입니다. 욕계는 중생의 마음이 눈, 귀, 코, 등의 감각을 통해 일어난 탐욕에 묶여 있을 때 벌어지는 세계입니다. 이러한 사실을 깨닫고 탐욕과 그로 인한 악(惡)·불선법(不善法)을 멀리하는 수행이 초선(初禪)입니다.

초선의 성취를 통해 욕계를 벗어나 색계에 들어가면 감각의 대상에 대한 욕탐은 사라지지만 마음속에서 일어나는 번뇌는 여전히 남아 있습니다. 이 번뇌는 제사선(第四禪)을 성취할 때 비로소 사라집니다. 사선(四禪)의 성취를 통해 마음의 번뇌는 사라졌지만 여전히 진리에 대한 무지, 즉 무명은 남아 있습니다. 따라서 공처정(空處定)에서 멸진정(滅盡定)까지는 무명을 타파하는 수행의 과정이라고 할 수 있습니다.

「선도무극장(禪度無極章)」의 내용은 색계 사선입니다. 이것은 선정바라밀이 마음의 번뇌를 없애는 데 그 목적이 있음을 의미합니다. 선정바라밀을 정의하고 있는 제74경에서는 다음과 같이 이야기하고 있습니다.

선정바라밀이란, 마음을 단정히 하고 그 뜻을 하나로 하여, 여러 선(善)을 모아서 안으로 마음속으로 뜻하고 있는 모든 더러운 악(惡)을 선(善)으로 소멸하는 것이다. 여기에는 사선(四禪)이 있다. 제일선(第一禪)의 행은 탐애(貪愛)와 다섯 가지 요사(妖邪)한 일을 제거하는 것이다. 즉, 눈으로 색을 보고 마음이 음탕해지고 흥분되는 것을 제거하며, 귀로 듣는 소리, 코로 맡는 냄새, 입으로 보는 맛, 몸으로 접촉하는 좋은 것을 제거하는 것이다. 도를 행하고자 하는 뜻을 가진 사람은 반드시 이들을 멀리해야 한다. … 정욕(情慾)을 멀리하여 내정심적(內淨心寂)하는 것을 제일선(第一禪)이라 한다. 제일선에서는 선과 악이 다투는 가운데 선으로 악을 소멸하여 악을 물리치고 선으로 나아가는 것이고, 제이선(第二禪)은 희심(喜心)이 고요하게 그치고[寂止], 저 악(惡)을 소멸하기 위해 머물렀던 선(善)에도 머물지 않는다. 희(喜)와 선(善) 두 마음이 모두 저절로 소멸하여, 십악(十惡)의 연기(煙

氣)가 끊어지고, 밖으로는 마음으로 들어오는 인연을 없앤다. … 제 삼선(第三禪)은 마음을 견고하게 지켜 선악(善惡)이 들어오지 못하게 하여, 마음이 수미산처럼 안정되게 하는 것이다. … 선악을 모두 버려 마음으로 선을 생각하지도 않고, 악도 존재하지 않으면, 마음속은 유리구슬처럼 밝고 맑아진다. … 보살의 마음이 맑아지면 제사선(第四禪)을 얻게 된다.

이와 같이 선(禪)이란 마음을 청정하게 하는 수행입니다. 이것을 마음이 모든 번뇌에서 벗어났다는 의미에서 심해탈이라고 합니다.

그러나 마음이 청정하다고 해서 세간을 벗어난 것은 아닙니다. 단지 욕계를 벗어났을 뿐입니다. 이렇게 욕계를 벗어나 사선을 닦는 세계를 색계라고 합니다.

색계는 공간 속에서 색신(色身, 신체)을 중심으로 자아관념을 형성하고 있는 상태를 말합니다. 욕계(欲界)와의 차이는 마음에 오관을 통해 지각한 외부의 사물에 대한 욕탐이 없다는 점입니다. 외부의 사물에 대해 탐애하지 않고 내면의 마음이 청정하지만 여전히 아집(我執)은 남아 있습니다. 색신(色身)을 '자아'라고 생각하는 것입니다. 근본경전의 구차제정에서는 '아상(我想)'이 무색계(無色界)의 사무색정(四無色定)에서 '공처상(空處想)', '식처상(識處想)', '무소유처상(無所有處想)', '비유상비무상처상(非有想非無想處想)'으로 변화하다가 멸진정(滅盡定)에서 모든 아상(我想)이 멸진하는 것으로 되어 있습니다. 이렇게 마음에서 허망한 아상(我想)이 멸진하는 것을 혜해탈(慧解脫)이라고 합니다. 마음에서 번뇌가 사라지면 심해탈이라 하고, 무명이 사라지면 혜해탈이라하며, 심해탈을 위해서 색계 사선을 닦고, 혜해탈을 위해서 무색계(無

色界) 사무색정(四無色定)을 닦습니다. 그리고 심해탈과 혜해탈이 모두 갖추어지는 것을 구해탈(俱解脫)이라고 하는데 멸진정(滅盡定)은 구해탈이 성취된 경지입니다.

근본경전의 구차제정에서와 마찬가지로 『육도집경』의 「선도무극장(禪度無極章)」에서도 사선은 심해탈(心解脫)을 얻는 수행이며 혜해탈(慧解脫), 즉 반야바라밀의 바탕이 됩니다. 번뇌가 가득한 마음에는 지혜가 생길 수 없습니다. 선정바라밀은 반야바라밀의 토대가 되는 것입니다. 제74경에서는 이것을 다음과 같이 이야기하고 있습니다.

사선(四禪)을 얻고서 구항(溝港, 수다원), 빈래(頻來, 사다함), 불환(不還, 아나함), 응공(應供, 아라한), 불(佛)·여래(如來)·평등정각무상(平等正覺無上)의 명(明, 아누다라삼약삼보리)을 얻고자 하여, 그것을 구하면 곧 얻을 수 있다. 비유하면, 만물이 땅으로 인해서 생기듯이, 오통지(五通智)에서 세존(世尊)에 이르기까지, 모두가 사선(四禪)으로 인해서 이루어진다.

이와 같이 사선은 『육도집경』에서 성문(聲聞) 사과(四果)의 토대일 뿐만 아니라, 여래의 평등정각, 즉 반야의 바탕으로 이해되고 있습니다. 이것은 마음이 청정하지 못하면 지혜롭게 마음이 밝아질 수 없음을 의미합니다.

사선(四禪)을 통해 얻게 되는 성문(聲聞) 사과(四果), 즉 수다원, 사다함, 아나함, 아라한은 어떤 것이고, 이것은 여래의 평등정각과 어떤 차이가 있을까요?

───

『중아함경』의『수유경(水喩經)』에서는 성문의 사과(四果)를 물에 빠진 사람의 비유로 설명하고 있습니다. 사람 가운데는 다음과 같은 일곱 종류의 사람이 있다고 합니다.

(1) 물에 빠져서 나오려고 하지 않고 물속에 누워있는 사람

(2) 물에서 나왔다가 다시 물속으로 들어가는 사람

(3) 물에서 나와 물 위에 머무르는 사람

(4) 물에서 나와 물 위에 머물면서 주위를 살피는 사람

(5) 물 위에서 주위를 살피며 물을 건너가는 사람

(6) 물을 건너가 피안(彼岸)에 도달한 사람

(7) 피안에 도달하여 스스로 피안에 도달했다고 이야기하는 사람

부처님께서 말씀하시는 일곱 종류의 사람은 다음과 같은 사람을 비유한 것입니다.

첫째, 물속에 누워있는 사람은 불선법(不善法)에 뒤덮이고 더러움에 물들어 악법(惡法)의 과보(果報)를 받으면서 생사의 근본을 만드는 사람입니다. 탐·진·치 삼독심(三毒心)에 마음이 뒤덮여 온갖 번뇌에 시달리면서 허망한 유위를 조작하여 생사의 괴로움을 받고 있는 사람을 물속에 누워있는 사람에 비유한 것입니다.

둘째, 물에서 나왔다가 다시 물속으로 들어가는 사람은 선법(善法)을 믿고 지계(持戒), 보시(布施), 다문(多聞), 지혜(智慧) 등의 선법을 닦고

익히다가 믿음이 견고하지 못하여 뒤에 지계(持戒) 등의 선법을 상실하는 사람입니다. 물속에 다시 들어간다는 것은 착한 일을 지속적으로 하지 못하고 게을러지는 것을 비유한 것입니다.

셋째, 물에서 나와 물 위에 머무는 사람은 믿음이 견고해서 지계 등의 선법을 상실하지 않고 있는 사람입니다. 이것은 믿음에 의지해서 선을 행하고 있지만 아직 스스로 선의 근본을 알지 못하고 있는 사람을 비유한 것입니다.

넷째, 물에서 나와 물 위에 머물면서 주위를 살피는 사람은 견고한 믿음으로 지계, 보시(布施), 다문(多聞), 지혜(智慧) 등의 선법을 상실하지 않고, 그 가운데 머물면서 사성제를 여실하게 아는 사람입니다. 이것은 사성제를 여실하게 앎으로써 신견(身見), 계금취견(戒禁取見), 의심(疑心) 등의 세 가지 번뇌가 사라진 사람을 비유한 것입니다. 부처님께서는 이러한 사람을 수다원이라고 불렀습니다. 신견(身見)이란 오온을 자신의 존재로 생각하는 사견(邪見)을 의미하고, 계금취견은 참된 계율이 아닌 삿된 계율을 계율로 삼는 것을 의미합니다. 그리고 의심(疑心)은 업보의 인과응보에 대하여 의심하는 것을 의미합니다. 수다원은 사성제의 도리를 알아서 무아(無我)를 확신하고, 삿된 계율을 버리고, 선업에는 즐거운 과보가 있고, 악업에는 괴로운 과보가 있음을 확신하는 사람입니다. 물이란 생사의 괴로움이 있는 세간을 의미합니다. 수다원은 세간에 있으면서도 진리를 알아서 진리에 대한 확신을 가지고 살아가는 사람을 의미합니다. 이러한 사람은 진리를 알고 있으므로 진리에서 벗어나지 않고 언젠가는 열반을 성취하게 될 것입니다. 그래서 수다원을 입류(入流), 또는 예류(豫流)라고도 부릅니다. 진리를 알고 진리에 대한 확신으로 살아가는 사람은 열반의 바다로 흘러

들어가는 흐름에 들어선 사람이라는 것입니다. 이것은 사성제의 견도(見道)에 해당됩니다. 수다원은 사선(四禪)을 닦아 사성제라는 진리를 이해한 사람을 의미합니다.

다섯째, 물 위에서 주위를 살피면서 물을 건너가는 사람은 선법을 상실하지 않고 선법으로 살아가면서 사성제를 여실하게 알아 탐·진·치가 줄어든 사람을 의미합니다. 부처님께서는 이러한 사람을 사다함이라고 불렀습니다. 무아(無我)의 진리를 알아 무아를 실천함으로써 탐·진·치 삼독심이 많이 제거된 사람을 사다함이라고 합니다. 사다함은 일래(一來)라고도 부르는데 아직 번뇌가 남아 있기 때문에 천상에 갔다가 다시 인간에 돌아와 열반을 성취한다는 의미입니다. 자기존재에 대한 집착이 완전히 사라지지 않아서 한 차례 더 자기존재에 대한 반성이 요구되는 단계를 사다함이라고 할 수 있습니다. 따라서 사다함은 사성제의 수도(修道)의 단계에 있는 사람을 의미한다고 할 수 있습니다.

여섯째, 물을 건너가 피안(彼岸)에 도달한 사람은 사성제를 여실하게 알고 탐·진·치를 멸한 사람을 비유한 것입니다. 부처님께서는 이러한 사람을 아나함이라고 불렀습니다. 아나함은 불환(不還)이라고도 부릅니다. 아나함은 열반의 세계에 도달하여 돌아오지 않는 사람이라는 뜻입니다. 이 사람이 성취한 열반은 생사를 떠나서 얻는 것입니다. 즉, 생사와 열반을 분별하고 있는 사람의 열반입니다. 그래서 비록 열반을 성취했으나 진리를 완전히 성취했다고는 할 수 없습니다.

일곱째, 피안에 도달하여 자신이 피안에 도달했다고 이야기하는 사람은 사성제를 여실하게 알고 실천하여 심해탈과 혜해탈을 성취하고 해탈지견을 얻은 사람을 비유한 것입니다. 해탈지견을 얻은 사람은 지금 여기에 있는 자신의 삶이 곧 열반이라는 것을, 다시 말해서 생사와 열반이 둘이 아니라는 것을 스스로 자각한 사람입니다. 부처님께서는 이런 사람을 아라한이라고 불렀습니다. 이와 같이 아라한은 사성제를 수행하여 오온[生死]의 몸으로 오분법신[涅槃]을 성취한 사람을 의미합니다. 이것은 사성제의 무학도(無學道)에 해당됩니다.

『아함경』에서는 이러한 아라한을 수행의 최고의 과보(果報)로 이야기하고 있습니다. 이러한 아라한의 경지가 부파불교에서는 개인적인 수행의 경지로 이해되었기 때문에 대승불교에서는 개인적인 차원을 넘어서 일체중생이 함께 열반을 성취하는 것을 이상으로 삼고, 이것을 무상정등정각, 즉 아누다라삼약삼보리라고 불렀습니다. 대승불교의 선정은 개인의 열반이 목적이 아니라 일체중생의 성불이 목적이라는 것입니다. 이와 같이 선정바라밀은 일체중생을 제도하려는 원으로 선정(禪定)을 수행하는 것을 의미합니다.

7

—

끝없는 진리의 실현

반야바라밀

공(空)은 업보(業報)를 의미합니다.

———

    불교에서 이야기하는 '공(空)'은 '무아(無我)와 업보(業報)'입니다. 만약 '공'에서 '업보'를 제외한다면 '공'은 허무 이외의 아무것도 아닙니다. 그러나 '공'을 '업보'로 이해하면 '공'은 끝없는 보살행의 바탕이 됩니다. "업보는 있으나 작자(作者)는 없다"는 것이 '공'의 의미입니다. 우리의 모든 행위는 그 목적이 자기 자신의 존재에 있는 것이 아니라 행위 그 자체와 그것이 가져다줄 결과에 있습니다. 보시바라밀의 경우, 보시를 행하면 보시를 받은 사람은 분명히 어려움에서 벗어날 수 있습니다. 그것이 보시바라밀을 실천하는 목적입니다. 보살에게는 어려운 사람을 구제하여 생기는 공덕을 자신이 소유하려는 생각이 조금도 없습니다. 왜냐하면 보살은 '무아'와 '공'을 깨닫고 있기 때문입니다. 『소품반야경(小品般若經)』에서는 이러한 보살의 모습을 다음과 같이 이야기합니다.

세존께서 말씀하신 보살은 무엇을 뜻하는 것입니까? 저는 보살이라고 부를 법이 있는 것을 보지 못했나이다. 세존이시여, 저는 보살을 보지도 못했고, 얻지도 못했으며, '반야바라밀' 또한 보지도 얻지도 못했습니다. 어떤 보살에게 '반야바라밀'을 가르쳐야 할까요?

만약 보살이 이 이야기를 듣고 놀라거나, 두려워하거나, (허무에) 빠지거나, 물러서지 않고 이야기한 바와 같이 실천하면 이것을 보살에게 '반야바라밀'을 가르쳤다고 하나이다.

보살은 우리 앞에 존재하는 인식의 대상도 아니요, 우리가 얻어야 할 어떤 지위도 아닙니다. '반야바라밀'도 인식의 대상이나 초월적 경지가 아닙니다. 오히려 그와 같은 인식의 대상이 되는 존재나, 소득의 대상이 되는 초월적 경지가 헛된 것임을 자각하는 것이 '반야바라밀'이고, 이를 실천하는 사람들, 다시 말해서 '공'과 '무아'를 자각하여 이를 실현하는 사람을 보살이라고 부를 뿐입니다.

진정한 보살은 '거짓된 자기'의 부정을 통해 허무에 빠지는 것이 아니라 진정한 자기인 '무아'를 실현합니다.

———

『소품반야경』에서는 이러한 '반야바라밀'의 실

현에 대하여 다음과 같이 이야기하고 있습니다.

> 세존이시여, 보살이 '반야바라밀'을 향해 갈 때, 색(色) 가운데 머물러서는 안 되며, 수(受)·상(想)·행(行)·식(識) 가운데 머물러서도 안 됩니다. 왜냐하면 색(色) 가운데 머물면 색행(色行)을 짓게 되고, 수(受)·상(想)·행(行)·식(識) 가운데 머물게 되면 식행(識行)을 짓기 때문입니다. 만약 작법(作法)을 행하면 '반야바라밀'을 받을 수 없고, '반야바라밀'을 익힐 수 없고, '반야바라밀'을 구족할 수 없고, 일체지(一切智, sarvajña)를 성취할 수 없습니다.

'반야바라밀'을 성취하기 위한 보살의 수행을 설명하는 내용인데 이것이 구체적으로 어떤 행동을 의미하는지를 알기 어렵습니다. 따라서 실천을 중시하는 대승불교가 오히려 실천을 모호하게 만드는 것을 우리는 오늘의 현실에서 보게 됩니다. '반야바라밀'과 '공'이 추상화되고, 신비화되어 우리의 일상적인 삶이나 수행의 영역으로 이해되지 않고 있는 것입니다. 그러나 그 내용을 살펴보면 추상적이거나 신비적인 것이 아닙니다.

오온은 어리석은 범부들이 아견(我見)을 일으켜 마음으로 집착하고 욕탐을 내는 자아입니다. 이렇게 자아에 대하여 욕탐을 갖는 것을 오온에 머문다고 합니다. 『소품반야경』에서 오온에 머물지 말라고 하는 것은 자아에 대하여 욕탐을 없애라는 의미입니다. 우리의 마음이 자아에 대하여 욕탐을 가지고 머무르면 자아의식이 자라나 새로운 자아가 형성됩니다. 무명에서 벗어나지 못하고 끝없는 생사를 거듭하게 되는 것입니다. 따라서 『소품반야경』에서는 오온에 머물면 '반야바라밀'

을 구족할 수 없고 일체지(一切智)를 성취할 수 없다고 하는 것입니다.

어떻게 하는 것이 오온에 머물지 않는 것인가요?

———

오온이 무상하고 '무아'임을 깨달아 오온에 대하여 욕탐을 일으키지 않는 것이 오온에 머물지 않는 것입니다. 그리고 그 구체적인 실천은 보시(布施)·지계(持戒) 등의 육바라밀을 행하는 것입니다. 『육도집경』의 「명도무극장(明度無極章)」에는 이러한 '반야바라밀'의 구체적인 실현이 현실적으로 묘사되어 있습니다. 「명도무극장」에서 보여주는 명(明), 즉 반야의 내용은 '무아'와 '업보'의 자각과 육바라밀의 실천입니다.

「명도무극장」의 첫 번째 경인 제83경의 주제는 바로 '무아'와 '업보'입니다. 옛날 니가변국(尼呵遍國)의 왕은 하늘로 올라가기를 원했습니다. 그 나라의 바라문들에게 물으니, 여러 가축을 죽여 큰 제사를 올리면 승천할 수 있다고 가르쳤습니다. 그때 보살은 다음과 같이 이야기합니다.

하늘에 오르기를 원하는 사람은 삼존(三尊)에 귀명(歸命)하고, 무상(無常)·고(苦)·공(空)·무아(無我)를 깨달아 간탐(慳貪)을 끊고 뜻을 청정한 곳에 두어 자기의 것을 덜어서 중생을 구제하고 중생을 윤택하게 하는 것이 그 하나이다.

생명(生命)을 자민(慈愍)하여 자기를 용서하듯이 중생을 구제하고, 뜻이 항상 만족하여 없어도 취하지 않고, … 십덕(十德)을 따르고 받들며 정도(正道)로 어버이를 인도하는 것이 그 둘이다.

중생들의 욕(辱)을 참으면서 미치고 취한 중생들을 불쌍히 여겨 독한 마음을 버리고 딱한 마음을 내어 제도하되 해치지 않아야 하며, 삼존으로 깨우치되 이해하면 기뻐하고 자비로써 키우고 평등하게 보호하면서 은혜를 천지에 고루 펴는 것이 그 셋이다.

굳은 뜻으로 정진하되 우러러보면서 고결한 행(行)으로 올라가는 것이 그 넷이다.

사(邪)를 버리고 더러운 것을 없애어 뜻이 허공처럼 고요해지는 것이 그 다섯이다.

번뇌 없애는 법을 널리 배워 일체지(一切智)를 구하는 것이 그 여섯이다.

이 경은 무명(無明)과 명(明)의 차이를 분명히 보여 주고 있습니다. 무명은 바른 것을 모르는 것이고, 명은 바른 것을 아는 것입니다. 우리가 구하는 천상은 제사나 절대자의 구원에 의해 가는 곳이 아니라 선업의 과보로 나타납니다. 이러한 '업보'의 이치를 바르게 아는 것이 반야(般若)입니다.

이와 같이 『육도집경』의 반야는 반야부 경전의 '반야바라밀'보다 훨씬 구체적이며 내용도 알기 쉽습니다. 그 내용을 간단히 정리하면 다음과 같습니다.

제법(諸法)은 무상하기 때문에 사람의 수명은 매우 짧으며 항상 후세를 향해 나아가고 있다. 누구나 태어나서 죽지 않는 것은 없다. 따라서 영원한 실체로서의 자아는 없다. 이러한 '무아'의 실상을 알지 못하는 어리석은 사람들은 욕심에 가득 차서 보시할 줄 모르고 경에서 가르치는 도를 받들지 않는다. 그들은 "선(善)을 행한다고 해서 복이 있는 것도 아니고, 악(惡)을 행한다고 해서 무거운 재앙이 오는 것도 아니다"고 하면서 방자한 마음으로 쾌락을 추구한다. 그러나 이 몸을 버리고 죽으면 업에 의해 후세에 가서 태어나게 되므로 지혜로운 사람은 간탐(慳貪)하는 마음을 끊고 가난한 사람에게 보시를 행하는 등의 육바라밀을 실천한다.

이와 같이 반야부 경전의 '반야바라밀'이 '무아(無我)'와 '공(空)'을 강조하고 있는 반면에 『육도집경』의 '반야'는 '업보(業報)'를 강조하고 있습니다. 무아와 업보는 이론과 실천의 관계에 있습니다. 원리의 입장에서 보면, 제법(諸法)은 무아(無我)지만 실천의 입장에서 보면 모든 것은 업의 결과로 나타난 것입니다. 따라서 『육도집경』에서 이야기하는 반야의 내용인 업보와 『반야경』에서 이야기하는 반야의 내용인 무아와 공은 본질적으로는 다름이 없습니다. 단지 『육도집경』이 보다 현실적이고 구체적인 모습의 '반야바라밀'을 이야기하고 있을 뿐입니다.

'반야바라밀'은 인식의 대상이 아니라 실천의 이념입니다.

———

'반야바라밀'의 실천은 '무아'의 자각 아래 '업보'의 이치에 따라 보시·지계·인욕·정진·선정 등의 바라밀을 실천하는 것입니다. 바꾸어 말하면 모든 바라밀은 '반야바라밀'로 귀결됩니다. 이와 같이 모든 바라밀이 반야바라밀이라고 할 수 있으므로 「명도무극장」에서는 육바라밀의 실천이 곧 '반야바라밀'이라고 이야기하고 있는 것입니다.

　반야바라밀이 없으면 육바라밀을 실천할 수 없고, 육바라밀을 실천하지 않으면 반야바라밀을 성취할 수 없습니다. 이것을 사성제와 비교한다면 멸성제와 도성제의 관계와 같습니다. 도성제는 멸성제를 얻기 위한 수단이 아니라 도성제의 실천이 곧 멸성제입니다. 도성제(道聖諦)는 팔정도(八正道)이고 멸성제(滅聖諦)는 오분법신(五分法身)입니다. 그런데 팔정도는 계정혜 삼학(三學)의 구조를 갖고 있습니다. 따라서 오분법신 가운데 계신·정신·혜신은 팔정도의 실천을 의미합니다. 그리고 해탈신과 해탈지견신은 계정혜 삼학을 수행하여 얻게 되는 수행의 결과입니다. 멸성제는 도성제와 별개의 것이 아니라 도성제의 실천과 그 실천의 결과를 의미하는 것입니다. 다시 말해서 멸성제는 도성제를 수행하여 도달하게 되는 어떤 새로운 경지가 아니라 도성제를 실천하는 삶이 자기화된 것을 의미합니다. 팔정도, 즉 계(戒)·정(定)·혜(慧)의 실천을 자신의 삶으로 삼는 사람이 해탈한 사람이고, 해탈한 사람이 자기 자신이 본래 해탈해 있음을 아는 것이 해탈지견(解脫知見)입니다.

　육바라밀과 반야바라밀의 관계도 이와 같습니다. 육바라밀의 실천을 자신의 삶으로 살아가는 사람이 곧 반야바라밀을 성취한 사람입니다. 연기법의 진리에서 본다면 이렇게 인(因)과 과(果)는 분리되지 않습니다. 반야바라밀을 성취한 사람은 육바라밀을 실천하지 않을 수 없고 육바라밀을 실천하는 사람은 반야바라밀을 성취하게 되는 것입니다.

　육바라밀이 사(事)라면 반야바라밀은 이(理)입니다. 연기하는 법계에서는 이와 사가 본래 분별이 없습니다. 반야로 연기법의 진리를 비추어 보는 사람은 육바라밀을 실천하지 않을 수 없고 육바라밀의 실천에는 항상 반야가 작용하게 되는 것입니다. 이사(理事)의 분별이 없이 살아가는 진리에 따르는 삶, 이것이 육바라밀이고 이것이 반야바라밀을 성취한 모든 부처님과 보살의 삶입니다. 따라서 육바라밀의 실천은 성불을 통해 중단되는 것이 아니라 보다 철저하고 완전해집니다.

이와 같이 불교의 모든 수행은 성불(成佛)이라는 목적을 성취하면 끝나는 것이 아니라 완전한 모습이 됩니다. 성불은 수행의 종점이 아니라 수행의 완성입니다. 이것을 무소득이라고 합니다. 그래서『반야심경』에서는 다음과 같이 이야기하고 있습니다.

사리자여, 제법의 공(空)한 실상(實相)은 생멸(生滅)이 없고, 구정(垢淨)이 없고, 증감(增減)이 없다. 그러므로 공의 세계에는 오온도 없고, 십이입처도 없고, 십팔계도 없고, 십이연기의 유전문과 환멸문도 없고, 고집멸도라는 진리도 없어서 알아야 할 것도 없고, 얻을 것도 없다. 얻을 것이 없기 때문에 보살은 이러한 얻을 것이 없음을 통찰하는 반야에 의지하여 생사의 고해를 건넌다. 그러기 때문에 마음에 걸림이 없고, 마음에 걸림이 없으므로 두려움 없이 전도몽상(顚倒夢想)을 멀리 떠나, 구경에 열반을 이룬다. 삼세의 모든 부처님도 반야에 의지하여 생사의 고해를 건너기 때문에 아누다라삼약삼보리[無上正等正覺]를 얻는다.

보살이 성취하는 열반은 무소득의 열반이며 부처님께서 성취하는 야뇩다라삼약삼보리[無上正等正覺]도 무소득의 아누다라삼약삼보리

[無上正等正覺]라는 것입니다. 여기에서 말하는 무소득이란 열반과 아누다라삼약삼보리[無上正等正覺]가 수행의 종점이 아니라는 의미입니다. 보살은 열반을 성취하면 중생의 교화를 그치는 것이 아니라 끝없는 중생교화의 삶을 살아가게 되고, 부처님께서는 아누다라삼약삼보리[無上正等正覺]를 성취하면 일체중생을 깨달음의 세계로 인도하는 불사(佛事)를 그치지 않게 된다는 것을 무소득이라고 하는 것입니다. 반야바라밀은 이렇게 끝없는 진리의 실현을 의미합니다. 우리는 이러한 반야바라밀의 성취를 통해 영원한 삶, 무량한 수명을 얻게 되는 것입니다. 반야바라밀, 이것이 진정한 생사의 초월입니다.

8
장

———

사홍서원
(四弘誓願)

1

원력(願力)으로 살아가는 무아의 삶

법신(法身)은 무아(無我)입니다.

———

　　　　　무아(無我)를 다른 말로 표현하면 업보(業報)입니다. 이것은 또 공(空)이라고도 부릅니다. 앞에서 살펴본 『잡아함 335. 제일의공경(第一義空經)』은 이러한 법신의 모습을 보여준 것입니다.

세존께서 비구들에게 말씀하셨다.
"내가 이제 너희를 위하여 법을 설하겠다. 처음도 좋고, 중간도 좋고, 마지막도 좋으며, 좋은 의미와 좋은 맛을 지니고 있는, 순일(純一)하게 청정함으로 충만한 청백(淸白)한 범행(梵行)이니 소위 제일의공경(第一義空經)이다. 잘 듣고 바르게 사유하라. 너희를 위하여 이야기하겠다.

어떤 것이 제일의공경인가? 비구들이여, 보는 것(眼)은 생길 때 온 곳이 없고, 사라질 때 간 곳이 없다. 이와 같이 보는 것은 실체가 없이 생겨서, 생기면 곧 멸진(滅盡)한다. 업보(業報)는 있으나 작자(作者)는 없다. 이 망념 덩어리[此陰]가 멸하면 다른 망념 덩어리가 상속할 뿐이다. 그러나 세속에 속하는 법은 그렇지 않다. 듣는 것, 냄새 맡는 것, 맛보는 것, 만지는 것, 생각하는 것도 마찬가지다. 세속에 속하는 법이란 이것이 있는 곳에 저것이 있고, 이것이 나타날 때 저것도 생기는 것이다."

우리는 보는 것이 존재하면서 사물을 인식한다고 생각하고 있습니다. 그리고 보는 것을 자아라고 생각합니다. 이것을 부처님께서는 육입처(六入處)라고 부릅니다. 중생들은 육입처를 태어나서 죽을 때까지 변함없이 존재하는 자아라고 생각하고 있습니다. 그러나 우리가 자아라고 생각하고 있는 것은 삶의 그림자가 모여 있는 망념 덩어리입니다. 이 삶의 그림자는 마치 촛불의 불꽃처럼 잠시도 쉴 사이 없이 멸하고 있으며, 그 뒤를 새로운 삶의 그림자가 이어가고 있습니다. 불꽃이 타면서 나오는 빛은 있지만 기름을 태우면서 타고 있는 촛불은 실재하지 않듯이 업보(業報)는 있지만 업을 지어 과보를 받는 '자신의 존재'는 실재하지 않습니다. 이것이 무아이고 우리의 존재의 실상, 즉 법신입니다.

그러나 욕탐에 결박된 중생들의 마음속에서는 이들이 소멸하지 않고 모여서 오온이라는 존재로 구성됩니다. 이러한 사실에 대하여 알지 못하는 무명의 상태에서 욕탐이 생겨 허망한 존재의 세계가 벌어집니다. 이것이 세속(世俗)의 법(法), 즉 세간(世間)입니다.

우리가 사는 삶의 세계는 우리의 마음에서 연기한 법계입니다. 연기하는 법계에는 시간도 없고, 공간도 없고, 존재도 없습니다. 자신의 존재가 삼세(三世)라는 시간과 세계라는 공간 속에서 태어나 죽어가고 있는 것이 아니라 나와 세계는 항상 한곳에 함께 나타납니다. 내가 있는 곳에 나의 세계가 있고, 내가 나타날 때 나의 세계가 나타납니다. 이것이 연기하는 법계의 모습입니다.

이때의 나는 '존재하는 나'가 아니라 '행위하는 나'입니다. 내가 보고, 느끼고, 생각하고, 의도하고, 인식하는 행위를 할 때 보이고, 느껴지고, 생각되고, 인식되는 것이 나의 세계입니다. 행위를 통해서 마음은 변화합니다. 마음이 변화하면 변화된 마음으로 보고, 느끼고, 행동하게 됩니다. 그러면 세계도 다른 모습으로 인식됩니다. 나와 세계는 내가 짓고 있는 업의 과보로서 나타나고 있는 것입니다. 이러한 업보의 인과관계는 필연적이면서 무시간적입니다. 내가 행한 업과 그 과보로서의 나와 나의 세계가 시간적으로 분리되어 있는 것이 아니라 함께 연기합니다. 도둑이 도둑질을 하고 나서 도둑이 되는 것이 아니라 도둑질을 하면 곧 도둑입니다.

이러한 업보의 연기관계를 모르는 중생들은 "업보는 있으나 작자는 없다"는 말을 들으면 "업을 짓는 자가 없는데 어떻게 업이 존재할 수 있는가?" 하고 의심할 것입니다. 이러한 의심은 중도(中道)를 이해하지 못해서 나온 것입니다. 무아는 중도의 입장에서 이야기된 것이지 무견(無見)에서 이야기된 것이 아닙니다. 유무중도를 이해하지 못하면 무아를 바르게 이해할 수 없는 것입니다. 우리는 나무가 자란다고 이야기합니다. 이 말은 나무가 존재하면서 수분과 영양분을 흡수하여 자란다는 의미입니다. 그러나 나무가 존재하면서 수분과 영양분을 흡수하고 있는 것이 아니라 수분과 영양분에 의해 자라고 있는 것을 우리는 나무라고 부릅니다.

무아(無我)는 '연기(緣起)하는 나'를 의미합니다. 저는 이것을 법신이라는 이름으로 표현하고 있습니다. 법신은 항상 업(業), 즉 행위로 존재합니다. 그리고 법신은 업의 보(報)로서 존재합니다. 예를 들어 중생의 병고를 구제하려는 원을 가진 법신이 그 원을 실현하기 위하여 의술을 익힌다면 그는 질병을 치료할 수 있게 될 것입니다. 그가 의술을 익히고 있을 때는 의술을 익히는 행위를 통해 그는 의과대학생이라는 이름의 법신이 됩니다. 그가 충분히 의술을 익혀서 질병을 치료하게 되면 질병을 치료하는 행위를 통해 그는 의사라는 이름의 법신이 됩니다. 이때 의술을 익히는 행위는 업이고, 의과대학생으로서의 법신은 보입니다. 질병을 치료하는 행위는 업이고, 의사라는 이름의 법신은 보입니다. 법신은 항상 업보의 존재방식을 갖기 때문에 시간적으로 머무르지 않습니다. 의사가 처음 환자를 치료할 때와 많은 경험을 쌓고 치료할 때는 같을 수가 없습니다. 법신은 끊임없는 행위를 통해 항상 새로운 모습으로 나타납니다.

원(願)은 바로 이러한 법신의 자각을 통해 미래의 자기 가능성을 추구하는 의지입니다. 따라서 '어떤 존재가 되겠다'는 식의 '미래의 자기존재'를 선택하는 것이 아니라 '어떻게 하겠다'는 식의 '미래의 자기 행위'를 선택합니다. 원을 축으로 행위가능성을 추구하는 법신은 '의사라는 직업을 갖겠다'고 생각하는 것이 아니라, '질병을 치료하여 병든 사람을 고통에서 해방시키겠다'고 생각하는 것입니다. 이것이 원입니다. 이러한 원을 추구하는 법신에게는 의사로서의 자기존재는 무의미합니다. 오직 병고에 시달리는 사람들을 구제하겠다는 자비심이 충만할 뿐입니다.

**원을 축으로 행위가능성을 추구하는 법신에게 타인은
적이나 경쟁 상대가 아니라 나의 존재의미입니다.**

———

우리의 존재의미는 각자의 존재 속에 있는 것이 아니라 원과 그 원을 실현하는 삶 속에 있습니다. 나의 아들은 나에게 아버지라는 존재의미를 주고 있습니다. 아들이 없으면 나는 아버지가 될 수 없는 것입니다. 따라서 아들은 아버지의 존재의미입니다. 우리 자신을 살펴봅시다. 우리의 존재의미가 나 자신 속에 있는지, 아니면 내가 상대하는 사람들과 존재들 속에 있는지 금방 알 수 있을 것입니다. 우리는 우리의 존재의미를 위해 살아야 합니다. 그래야 우리 자신이 의미 있는 존재가 됩니다.

원은 무제약적이며 무한정한 절대(絶對) 자유의지(自由意志)입니다.

———

법신의 지향축(志向軸)이 되는 원은 행위를 통해 새로운 모습으로 나아가게 한다는 의미에서 미래지향적입니다. 원은 미래지향적이기 때문에 선택에 제약이 있을 수 없습니다. 지금 실천하지 못하는 것은 노력을 통해 미래에 실천할 수 있기 때문에 원만 세우면 무엇이든 할 수가 있습니다. 환자를 치료할 수도 있고, 어리석은 사람을 깨우칠 수도 있고, 어려운 이웃을 도울 수도 있고, 외로운 사람의 다정한 벗이 될 수도 있습니다. 이러한 모든 행위는 제약을 받지 않습니다. 다른 사람의 자유를 방해하지도 않고 다른 사람의 제약을 받지도 않습니다. 따라서 원은 무제약적인 행위의 가능성을 갖는다는 의미에서 '절대자유의지'라고 할 수 있습니다. 우리는 모두 이러한 '절대자유의지'를 지닌 자유로운 법신입니다. 이것이 우리의 참모습입니다.

욕망을 추구하는 자유는 진정한 자유가 아닙니다.

―――

　　　　　　원은 법신을 자각하지 못한 중생들에게는 욕탐 (欲貪)의 형태로 나타납니다. 욕탐은 이미 형성된 자기존재를 변함없이 유지하려는 욕구입니다. 따라서 행위의 선택이 결정되어 있습니다. 욕탐은 자기존재를 유지하는 행위만을 선택합니다. 따라서 자유롭게 행동하는 것처럼 보이지만 중생들은 욕탐의 노예가 되어 행동합니다. 중생들은 욕탐을 마음대로 충족시킬 수 있을 때 자유를 느낍니다. 자신의 욕구를 충족시키는 행위를 마음대로 선택할 수 있을 때 자유롭다고 말하는 것입니다. 그러나 제약 없는 욕탐의 추구를 자유라고 생각한다면 이러한 자유는 진정한 자유가 아니라 환상입니다.

우리는 언어의 자유, 사상의 자유, 신체의 자유, 종교의 자유 등을 이야기합니다. 자신의 욕구에 따라 말할 수 있는 것이 언론의 자유이고, 마음대로 생각할 수 있는 것이 사상의 자유이며, 자기 마음대로 종교를 믿을 수 있는 것이 종교의 자유입니다. 그런데 이렇게 누구나 자기 마음대로 할 수 있는 것을 자유라고 한다면, 우리는 결코 자유로울 수가 없습니다. 왜냐하면 나는 내 마음대로 하고, 너는 너의 마음대로 해야 우리 모두가 자유로울 수 있는데, 내 마음대로 하는 것이 남의 마음에 맞지 않을 때는 상호 간에 갈등과 투쟁이 생기지 않을 수 없습니다. 그리하여 투쟁에서 패배한 사람의 자유는 구속될 수밖에 없습니다.

자유를 개인이 마음대로 욕구를 충족시키는 것이라고 하면 모두가 경쟁의 상대가 되고 적이 됩니다. 자신의 자유를 확보하기 위해서는 남보다 강한 힘을 가져야 합니다. 자유는 투쟁을 통해서만 쟁취됩니다. "자유가 아니면 죽음을 달라"는 말은 자유를 최고의 가치로 삼는 말임과 동시에 목숨을 걸고 쟁취해야 하는 것이 자유라는 의미를 함축하고 있습니다. 자유를 최고의 가치로 생각하는 현대 사회에 경쟁과 투쟁이 심화되는 까닭은 욕탐의 추구를 자유로 생각하기 때문입니다.

원(願)을 축으로 행위가능성을 추구하는 삶은 그 자체가 자유입니다.

———

우리가 원을 세우면 그대로 자유입니다. 욕탐을 버릴 것 없이 법신을 자각하면 욕탐이 그대로 원이 됩니다. 새로 구하고 얻을 것이 없이 깨달으면 그대로 해탈이요, 자유인 것입니다. 이와 같이 자유는 투쟁을 통해서 쟁취되는 것이 아니라 법신의 자각을 통해서 성취됩니다.

이러한 절대자유의 법신에는 죽음이 있을 수 없습니다. 법신은 죽음으로부터도 자유로운 것입니다. 죽음이란 허망한 자기존재를 마음속에 만들어 놓은 사람들에게만 존재합니다. 이러한 사람들은 자기존재의 가능성을 추구하기 때문에 죽음은 모든 자유의 종말입니다. 죽음 앞에서 자기존재 자체가 무의미하게 되는 것입니다. 그러나 법계와 함께 연기하는 법신에게 죽음은 인연이 변하는 하나의 사건일 뿐입니다. 바꾸어 말하면 새로운 행위가능성을 추구하는 하나의 새로운 계기일 뿐입니다. 작자는 없지만 업보는 있으므로 죽음을 통해 사라지는 것은 망념에 의해 취착된 허망한 존재일 뿐, 법계와 함께 연기하는 법신은 항상 법계와 함께합니다. 죽음이란 하나의 착각일 뿐 법신에게 종말은 없습니다.

원을 축으로 살아가는 삶에는 괴로움이 있을 수 없습니다. 앞에 소개한 『증일아함경』[마왕품]의 말씀과 같이 마음은 항상 고요한 선정에 머물면서 법계를 살피고, 법계의 모든 중생들을 괴로움에서 벗어나게 하려는 원을 세우고, 자신이 법계와 함께 연기하고 있음을 자각하면서 온갖 번뇌와 망상으로부터 해탈하여 언제나 기쁨이 충만한 삶이 세간을 벗어난 무아의 삶입니다.

『무심론(無心論)』에서는 이렇게 노래하고 있습니다.

지난날 미혹할 때는 망상심(妄想心)이 있더니 (昔日迷時爲有心)

이제 깨닫고 나니 망상심이 없어라. (今時悟罷了無心)

비록 무심(無心)이나 실상(實相)을 알고 살아가나니 (雖復無心能照用)

실상을 알고 살아가는 삶은 항상 고요하여 그대로일세. (照用常寂卽如如)

망상심이 없으니 아는 놈도 없고, 사는 놈도 없어라. (無心無照亦無用)

아는 놈도 없고, 사는 놈도 없이 살면 그것이 무위(無爲)라네. (無照無用卽無爲)

이것이 여래의 참된 법계(法界)라네. (此是如來眞法界)

보살이나 벽지불과는 다른 세상이라네. (不同菩薩與辟支)

2
—

무엇이 될 것인가, 어떻게 살 것인가?

욕탐(欲貪)과 원(願)

왜 불교의 모든 법회는 사홍서원으로 마무리하는가?

―――――

　　　　　　불교의 모든 법회의식은 삼귀의에서 시작하여 사홍서원에서 끝납니다. 이미 살펴보았듯이 삼귀의는 우리의 참모습을 의미합니다. 그리고 사홍서원은 해탈한 마음, 즉 세간을 벗어난 마음을 의미합니다. 삼귀의와 사홍서원은 허망한 세간(世間)에서 자신의 참모습을 잃고 살아가는 중생들이 자신의 참모습에 돌아가 생사의 고해에서 해탈하여 한없는 원력으로 살아가는 모습을 보여주고 있습니다. 사홍서원은 우리가 어떻게 살아야 하는가를 보여주기 때문에 법회를 마치면서 자신의 삶의 방향을 확인하고 다짐하는 것입니다.

세간(世間)과 출세간은 어떻게 다른가?

―――

『증일아함경』의 「마왕품(魔王品)」에서는 욕탐에 결박된 중생들의 세간과 욕탐에서 해탈한 출세간의 차이를 다음과 같이 이야기하고 있습니다.

> 음식[食]에 아홉 가지가 있음을 관할지니, 네 가지 세간의 음식[四種人間食]과 다섯 가지 출세간의 음식[五種出人間食]이다. 어떤 것이 네 가지 세간의 음식인가? 첫째는 단식(摶食)이요, 둘째는 갱락식(更樂食)[觸食]이요, 셋째는 염식(念食)[意思食]이요, 넷째는 식식(識食)이다. … 출세간(出世間)의 징표가 되는 다섯 가지 음식이란 어떤 것인가? 첫째는 선식(禪食)이요, 둘째는 원식(願食)이며, 셋째는 염식(念食)이요, 넷째는 팔해탈식(八解脫食)이요, 다섯째는 희식(喜食)이다.

오온(五蘊)을 자아로 취하여 살고 있는 중생들은 네 가지 음식을 먹음으로써 생사의 세계, 즉 세간(世間)에 머물면서 그 자아를 유지시킨다고 합니다. 『잡아함경(371)』에서는 네 가지 음식으로 단식(摶食), 촉식(觸食), 의사식(意思識), 식식(識食)이 있다고 이야기합니다. 그런데 이 경에서는 여기에 출세간의 다섯 가지 음식을 더하여 이야기하고 있습니다.

세간의 네 가지 자양분이란 오온의 질료를 의미합니다.

첫째, 단식은 우리가 먹는 음식을 의미합니다. 우리는 음식을 먹음으로써 유지되는 몸을 통해 색온(色蘊)을 구성하여 자아로 집착합니다.

둘째, 촉식은 십이연기에서 촉(觸)을 의미합니다. 육입처(六入處)로 대상을 지각할 때 발생하는 경험이 촉(觸)인데, 이 경험을 통해 수(受), 상(想), 사(思)가 발생한다는 것은 이미 이야기한 바가 있습니다. 이러한 촉(觸)을 오온을 유지시키는 음식이라고 비유한 것이 촉식(觸食)입니다. 촉식(觸食)을 『증일아함경』에서는 갱락식(更樂食)이라고 하고 있는데, 『증일아함경』에서는 촉(觸)을 갱락(更樂)이라고 번역하고 있으므로 촉식(觸食)과 갱락식(更樂食)은 같은 말입니다.

셋째, 의사식은 촉에서 발생하는 수(受), 상(想), 사(思)를 의미합니다. 『증일아함경』에서는 이것을 염식(念食)이라고 번역하고 있습니다.

넷째, 식식은 십이입처에서 발생하는 육식(六識)을 의미합니다.

오취온(五取蘊)의 존재방식을 지닌 중생들은 십이입처(十二入處)와 촉(觸)에서 생긴 의식을 욕탐으로 취하여 자기존재로 삼고 있다는 의미에서 십이입처와 촉을 통해 발생한 의식을 중생을 키우는 네 가지 자양분이라고 합니다.

그런데 이 경에서는 오분법신(五分法身)의 존재방식으로 살아가는 사람들의 삶을 유지시키는 자양분으로 선(禪)·원(願)·념(念)·팔해탈(八解脫)·희(喜)를 이야기하고 있습니다. 출세간의 특징은 이들 다섯 가지입니다. 해탈한 사람들은 선정(禪定)을 통해 망념을 가라앉히고 살아갑니다. 이것이 선식(禪食)입니다.

선정(禪定)을 닦아 욕탐을 없애고 자비로운 마음으로 중생들을 위해 원을 일으킵니다. 이것을 원식(願食)이라고 합니다.

항상 사념처(四念處)를 수행하며 살아갑니다. 이것을 념식(念食)이라고 합니다.

사념처를 수행하면 성취하게 되는 팔해탈(八解脫)이 팔해탈식(八解脫食)입니다.

이렇게 사는 삶은 항상 기쁨으로 충만합니다. 이것을 희식(喜食)이라고 합니다.

오온을 자아로 취하여 살아가는 중생들의 세계, 즉 세간(世間)이 욕탐을 축으로 끊임없이 자기존재를 붙잡고 사는 힘들고 고통스러운 삶인 반면, 오분법신으로 살아가는 출세간의 삶은 선정을 통해 욕탐을 없애고 서원(誓願)을 세워 해탈의 즐거움을 누리는 열반의 세계라는 것을 이 경은 보여주고 있습니다.

세간을 이루는 마음이 욕탐(欲貪)이라면 출세간을 이루는 마음은 원(願)입니다.

———

불교에서 발원(發願)을 중요하게 여기는 것은 원이 출세간의 근본이 되기 때문입니다. 원이나 욕탐은 다 같이 우리의 의욕입니다. 욕탐을 멸한 출세간이라고 해서 의욕이 사라지는 것은 아닙니다. 출세간에서 의욕은 원의 형태로 나타납니다. 원의 원어는 'pranidhana'인데, 이 말은 '앞'이라는 의미의 접두사 'pra'와 '놓다'라는 의미의 'nidhana'가 결합된 말입니다. 문자 그대로의 의미는 '앞에 놓음'인데, 어떤 목표를 앞에 세워놓고 그 목표를 간절하게 원하여 노력하고 정진하는 것을 의미하는 말입니다. 그러니까 미래의 원하는 결과를 얻기 위해서 노력하는 것이 원입니다.

그렇다면 욕탐과 원은 어떤 차이가 있을까요? 이미 살펴본 바와 같이 중생들은 삶을 통해 체험된 내용을 모아서 오온이라는 존재를 구성하고, 오온 가운데 애착이 가는 것을 자아로 취하여 자아를 변함 없이 유지하려는 욕망으로 살아가고 있습니다. 오온이라는 존재를 조작하는 것도 욕탐에 결박된 마음이고, 자아를 취하여 애착하는 것도 욕탐에 결박된 마음입니다. 이렇게 욕탐에 결박된 마음으로 살아가는 삶의 방식이 오취온이라는 중생들의 존재방식입니다. 오취온으로 존재하는 중생들은 항상 자기가 변함없이 존재하기를 원합니다. 욕탐은 이렇게 변함없이 존재하려는 욕구입니다.

이러한 욕탐은 자신을 변함없이 유지하려 하기 때문에 항상 과거지향적(過去志向的)입니다. 중생들이 미래의 존재가능성을 추구하고 있지만 목적은 과거에 이미 형성된 자기존재의 유지에 있으므로 진정한 의미의 미래지향(未來志向)은 아닙니다. 욕탐은 자기존재의 유지를 최상의 목표로 삼기 때문에 자기존재가 잘 유지되고 있다고 생각될 때는 행복을 느끼고 거기에 안주하려고 합니다. 그러나 본래 오온은 무상하기 때문에 오온을 취해서 자기존재로 삼고 있는 오취온은 잠시도 동일성을 유지할 수가 없습니다. 따라서 자기 동일성을 유지하기 위해서는 끊임없이 외부의 사물을 취하여 자기존재를 유지시켜야 합니다. 몸을 유지시키기 위해서는 좋은 음식을 먹어야 하고, 즐거운 감정을 유지시키기 위해서는 아름다운 음악을 듣거나 좋은 경치를 보아야 합니다. 그러나 먹은 음식은 소화가 되면 다시 먹어야 하고, 아름다운 음악이나 경치는 듣고 보는 순간 즐거움을 줄 뿐 영원한 즐거움을 주지는 못합니다.

이러한 욕탐에는 본질적으로 만족이 있을 수 없습니다. 행복과 안정은 언제나 순간적이고 행복한 순간이 지나면 다시 불만과 불안에 휩싸여 어떻게 하면 보다 안전하게 자신을 유지할 수 있을까를 생각하게 됩니다. 그래서 중생들은 자신의 욕탐을 지속적으로 충족시켜줄 대상을 찾아 그것을 소유하려고 합니다. 욕탐은 이렇게 자신의 유지를 위해서 무엇인가를 소유하려는 형태로 나타납니다. 욕탐은 소유하려는 의지인 것입니다. 그러나 아무리 많은 것을 소유해도 결과는 마찬가지입니다. 오히려 더 많은 불만을 느낄 뿐입니다. 좋은 음식을 먹으면 보다 좋은 음식을 먹고 싶고, 좋은 옷을 입으면 보다 좋은 옷을 입어야 만족하게 됩니다. 이와 같이 순간적인 행복과 더 큰 불만이 순환적으로 반복되는 것이 욕탐을 축으로 자기의 존재가능성을 추구하는 중생들의 삶입니다.

욕탐에 결박된 중생들은 항상 '무엇이 될 것인가'를 추구합니다.

───────

중생들은 자신이 원하는 '존재'가 되고 싶고, 원하는 '존재'를 갖고 싶어 합니다. "나는 무엇이 되고 싶다.", "나는 무엇을 갖고 싶다." 이렇게 항상 '무엇'을 추구합니다. '무엇'은 '존재'를 의미합니다. "의사가 되고 싶다"는 것은 "의사라는 존재가 되고 싶다"는 것을 의미하고, "자동차를 갖고 싶다"는 것은 "자동차라는 존재를 갖고 싶다"는 것입니다.

중생들이 '무엇'을 원하는 것은 그 존재가 자신을 유지하고, 자신을 행복하게 하는 데 도움이 된다고 믿기 때문입니다. "의사가 되고 싶다"는 것은 의사라는 직업이 자신의 존재를 안전하게 유지시켜줄 수 있다고 믿기 때문이고, "자동차를 갖고 싶다"는 것은 자동차가 자신을 안락하게 해준다고 믿기 때문입니다.

존재를 추구하는 삶 속에서는 항상 타인이 적이나 경쟁의 상대로 인식됩니다. 왜냐하면 자신이 원하는 존재를 다른 사람들도 원하고 있기 때문입니다. 의사가 되기 위해서는 의사가 되려는 다른 사람들과 경쟁을 해야 하고, 좋은 물건을 소유하기 위해서는 다른 사람의 것을 자기의 것으로 만들어야 하기 때문입니다. 이렇게 적대감을 가지고 경쟁하다가 자신의 욕구가 타인에 의해 좌절되면 분노를 느끼게 됩니다. 그리고 그 사람을 해치거나 제거하여 자신의 욕구를 충족시키려는 어리석은 생각에 빠집니다. 욕탐을 축으로 존재를 추구하며 살아가는 중생들의 삶 속에는 이렇게 항상 욕심내고, 성내고, 어리석은 탐·진·치 삼독심(三毒心)이 끊임없이 반복됩니다. 모든 존재는 무상하고 무아라는 진리에 무지한 상태에서, 마음은 욕탐에 결박되고, 욕탐의 충족을 위해서 함께 살아가는 이웃과 투쟁하는 가운데 분노에 빠져들고, 분노심에서 더욱 어리석은 생각을 일으키는 것이 욕탐에 결박된 중생의 삶의 세계입니다. "삼계(三界)는 불타고 있다"는 부처님의 말씀은 탐·진·치 삼독(三毒)의 불길이 끊임없이 타고 있는 중생계의 모습을 이야기한 것입니다.

원(願)은 욕탐에서 해탈한 마음의 상태를 의미합니다.

———

모든 존재는 연기하기 때문에 무상하며, 무상하기 때문에 존재를 추구하는 삶은 괴로움이라는 것을 깨닫고 무상하고 괴로운 존재는 진정한 나가 아니라는 것을 분명하게 자각한 사람의 마음에서 일어나는 참된 삶의 의지입니다. 따라서 원을 축으로 미래의 가능성을 추구하는 삶 속에서는 자기를 변함없이 유지하려는 헛된 욕망은 나타날 수 없습니다.

우리의 참모습은 법계(法界)와 함께 연기하고 있는 법신(法身)입니다. 법신은 시간적 존재가 아닙니다. 지금 여기 이렇게 법계와 함께 연기하고 있는 존재, 이것이 법신입니다. 따라서 법신은 과거의 존재도 아니고 미래의 존재도 아닙니다. 그렇다고 현재의 존재도 아닙니다. 『금강경』에서 "과거심(過去心)도 불가득(不可得)이요, 미래심(未來心)도 불가득(不可得)이며, 현재심(現在心)도 불가득(不可得)이다"라고 하신 말씀은 법신을 이야기한 것입니다. 과거·미래·현재라는 시간은 중생들이 허망한 존재를 조작함으로써 생긴 허구적인 관념일 뿐입니다.

원(願)은 법신(法身)을 자각한 사람의 마음입니다. 법신을 자각한 사람은 헛된 욕망을 떠나 진리에 대한 무상의 깨달음을 성취하여 일체중생을 제도하리라는 마음을 일으키지 않을 수 없습니다. 그가 이런 생각을 일으켰다고 해서 미래에 자기가 부처님이라는 존재가 될 것이라고는 생각하지 않습니다. 만약 부처님이라는 존재가 되려는 생각을 한다면 이것 역시 욕탐입니다. 그래서 회양 선사는 마조 선사에게 기왓장을 갈아 보였고, 의상 대사는 『법성게』에서 "처음 발심하는 때에 곧 정각을 이룬다(初發心時便正覺)"고 말씀하신 것입니다. 우리의 마음에 탐욕이 사라져 원력(願力)이 충만하면 그것이 곧 정각(正覺)이라는 것입니다.

원(願)은 끊임없이 미래를 지향합니다.

─────

　　　　　　　법신은 이렇게 시간을 초월한 절대적 존재이지만 그렇다고 해서 현재에 안주하는 존재는 아닙니다. 앞에 말씀드렸듯이 원은 그 언어적 의미가 지시하듯이 미래지향적입니다. 그래서 사홍서원은 다음과 같습니다.

중생무변서원도(衆生無邊誓願度) 가없는 중생을 제도하겠습니다.

번뇌무진서원단(煩惱無盡誓願斷) 다함없는 번뇌를 끊겠습니다.

법문무량서원학(法門無量誓願學) 한량없는 법문을 배우겠습니다.

불도무상서원성(佛道無上誓願成) 위없는 불도를 이루겠습니다.

가없는 중생을 구제하고, 다함이 없는 번뇌를 끊고, 무량한 법문을 배우고, 무상의 불도를 성취하는 삶은 현재에 안주하는 삶이 아닙니다. 법신은 법계와 함께 연기하는 존재입니다. 법계의 모든 중생은 남이 아니라 자신과 함께 연기하고 있는 자신의 법신입니다. 법신이 문제 삼는 번뇌는 자기 개인의 번뇌가 아닙니다. 우리 사회가 안고 있는 제반 사회적 문제가 법신이 끊어 없애야 할 번뇌입니다. 법문(法門)은 이러한 사회적인 문제를 해결할 수 있는 방법이며, 불도(佛道)는 함께 살아가는 모든 사람이 성취해야 할 깨달음입니다.

법신은 이렇게 자신이 법계와 함께 연기하고 있는 존재임을 자각함으로써 법계에서 함께 살아가는 모든 삶의 문제를 자신의 문제로 생각합니다. 이렇게 자기화한 문제의 해결을 위해 일으키는 마음이 원(願)입니다. 그래서 모든 문제를 자기화한 법신이 발원하는 사홍서원은 다음과 같습니다.

자성중생서원도(自性衆生誓願度) 자성인 중생을 제도하겠습니다.

자성번뇌서원단(自性煩惱誓願斷) 자성인 번뇌를 끊겠습니다.

자성법문서원학(自性法門誓願學) 자성인 법문을 배우겠습니다.

자성불도서원성(自性佛道誓願成) 자성인 불도를 이루겠습니다.

원(願)을 일으킨 법신(法身)은 항상 '어떻게 할 것인가'를 추구합니다.

————

　　　　　이와 같이 법계의 모든 문제를 해결하려는 원의 성취를 위해서 법신은 항상 "어떻게 해야 할 것인가?"를 추구합니다. "어떻게 할 것인가?" 이것이 법신이 묻는 물음입니다. 중생의 욕탐(欲貪)은 미래의 존재가능성(存在可能性)을 추구하는 의지라면 법신의 원은 미래의 행위가능성(行爲可能性)을 추구하는 의지인 것입니다.

　앞에서 말씀드렸듯이 존재가능성을 추구하는 욕탐은 진정한 의미의 미래지향적 의지가 아닙니다. "의사가 되고 싶다"는 말은 '나'라는 존재가 '의사'라는 존재로 되겠다는 말이며, 이때의 '나'의 존재는 미래에 의사가 되어도 변함없는 '나'의 존재이고, 내가 미래에 될 '의사'라는 존재도 이미 존재하고 있는 '의사라는 직업'과 전혀 다를 바가 없는 '돈 잘 버는 직업'입니다. 그러니까 의사가 되겠다는 욕탐은 지금은 소유하지 못하고 있는, 이미 돈 잘 버는 직업으로 존재하고 있는 의사라는 직업을 미래에는 소유하겠다는 것일 뿐, 진정한 의미에서의 새로운 자기존재의 가능성을 추구하는 것은 아닙니다. 이와 같이 존재가능성을 추구하는 욕탐은 자아와 세계를 존재화하고, 존재화한 자아가 존재화한 세계 속에서 자기의 소유를 추구하기 때문에 과거에 존재화한 것의 추구라는 점에서 과거지향적입니다.

　그리고 이것은 진정한 자기의 삶도 아닙니다. 이미 존재하고 있는, 다른 사람들이 만들어 놓은 직업이나 존재를 소유하는 것이기 때문에 그 속에는 자신의 삶이라고 할 수 있는 것이 없습니다. 그저 남이 하는 대로 하면서 사는 삶이 되는 것이지요. 얼마 전 타계한 스티브 잡스는 2005년 스탠퍼드대학 졸업식에 초청을 받아 다음과 같은 말을 했다고 합니다.

> 다른 사람의 삶을 사느라 낭비하지 마세요.
> 그건 다른 사람이 생각한 대로 사는 겁니다.
> 당신의 내면의 진정한 목소리에 귀를 기울이세요.
> 늘 갈망하고 바보처럼 도전하세요.

자신의 내면의 목소리에 귀를 기울이고 늘 갈망하고 바보처럼 도전하는 것, 이것이 원(願)입니다. 사홍서원을 보십시오. 이 얼마나 바보 같은 생각입니까? 가없는 중생을 모두 건지겠다니 이것이 가능한 일입니까? 그러나 불가능하다고 생각되는 일들을 하겠다고 갈망하고 도전한 사람들이 인류의 역사를 바꾸고 이끌어 왔습니다. 부처님께서 생사를 극복하겠다고 출가를 결심했을 때 아버지 정반왕은 이렇게 말했습니다. "아들아, 그 문제는 누구도 해결할 수 없단다." 그러나 부처님은 생사해탈을 갈망하고 바보처럼 도전했습니다. 그 도전이 없었다면 오늘 불법(佛法)도 없을 것입니다.

법신을 자각하여 행위가능성을 추구하는 원은 끊임없이 자신을 변화시켜 갑니다. 병고에 시달리는 사람들을 보면 병고에 시달리는 사람들을 병고에서 구제하리라는 원을 세웁니다. 그에게 의사는 돈 잘 버는 직업이 아니라 질병을 치료하는 법신(法身)입니다. 따라서 의사가 되겠다는 원은 '지금은 병을 치료할 수 없지만 앞으로는 병을 치료할 수 있는 법신이 되겠다'는 자기존재의 진정한 변화를 추구합니다. 행위가능성의 추구를 통해 진정한 자기존재의 미래를 선택하는 것입니다. 그에게는 돈벌이가 목적이 아니라 병든 사람의 치유가 목적입니다. 그래서 그는 항상 '어떻게 하면 병을 치료할 수 있을까?'를 생각합니다. 스티브 잡스는 말합니다.

무덤에서 가장 부자가 되는 일 따윈 중요하지 않다.
매일 밤 자기 전에 우리는 정말 놀랄 만한 일을 했다고 말하는 것이 내게 중요하다.

우리에게 필요한 것은 돈이 아니라 가치 있는 삶입니다. 사홍서원은 우리에게 가장 가치 있는 삶이 무엇인가를 이야기하고 있습니다. 그러므로 우리는 항상 사홍서원을 마음에 담고 살아야 합니다.

열반에 든 스티브 잡스에게 존경과 감사를 드리면서 그가 우리에게 남긴 말로 이 글을 마무리하고자 합니다.

다른 사람의 삶을 사느라 낭비하지 마세요.
그건 다른 사람이 생각한 대로 사는 겁니다.
당신의 내면의 진정한 목소리에 귀를 기울이세요.
늘 갈망하고 바보처럼 도전하세요.

이중표

전남대학교 철학과를 졸업한 뒤 동국대학교 대학원에서 불교학 석·박사 학위를 취득했다. 이후 전남대학교 철학과 교수로 재직했으며, 정년 후 동 대학교 철학과 명예교수로 위촉됐다. 호남불교문화연구소 소장, 범한철학회 회장, 불교학연구회 회장을 역임했으며, 현재 불교 신행 단체인 붓다나라를 설립하여 포교와 교육에 힘쓰고 있다.

저서로는 『정선 디가 니까야』, 『정선 맛지마 니까야』, 『정선 쌍윳따 니까야』, 『니까야로 읽는 반야심경』, 『니까야로 읽는 금강경』, 『담마빠다』, 『붓다의 철학』, 『붓다가 깨달은 연기법』, 『근본불교』 외 여러 책이 있으며, 역서로 『붓다의 연기법과 인공지능』, 『불교와 양자역학』 등이 있다.

불교란 무엇인가

© 이중표, 2017

2017년 4월 24일 초판 1쇄 발행
2023년 8월 11일 초판 7쇄 발행

지은이 이중표
발행인 박상근(至弘) · 편집인 류지호 · 편집이사 양동민
편집 김재호, 양민호, 김소영, 최호승, 하다해 · 디자인 쿠담디자인
제작 김명환 · 마케팅 김대현, 이선호 · 관리 윤정안
콘텐츠국 유권준, 정승채
펴낸 곳 불광출판사 (03169) 서울시 종로구 사직로10길 17 인왕빌딩 301호
　　　대표전화 02) 420-3200 편집부 02) 420-3300 팩시밀리 02) 420-3400
　　　출판등록 제300-2009-130호(1979. 10. 10.)

ISBN 978-89-7479-962-5 (03220)

값 18,000원